WESTEND

THOMAS STROHSCHNEIDER

KRANKENHAUS IM AUSVERKAUF

Private Gewinne auf Kosten unserer Gesundheit

WESTEND

Mehr über unsere Autoren und Bücher:
www.westendverlag.de

Die Deutsche Nationalbibliothek verzeichnet diese Publikation in der Deutschen Nationalbibliografie; detaillierte bibliografische Daten sind im Internet über http://dnb.d-nb.de abrufbar.

Aus Gründen der besseren Lesbarkeit verwende ich im Buch das generische Maskulinum, beispielsweise »der Patient«. Ich meine immer alle Geschlechter im Sinne der Gleichbehandlung. Die verkürzte Sprachform hat redaktionelle und pragmatische Gründe und ist wertfrei.

FSC
www.fsc.org
MIX
Papier aus verantwortungsvollen Quellen
FSC® C083411

ISBN: 978-3-86489-371-1

Umschlaggestaltung: Buchgut, Berlin
Lektorat: Tobias Keil
Redaktion: Timo Oelmayer
Satz: Publikations Atelier, Dreieich
Druck und Bindung: CPI – Clausen & Bosse, Leck
Printed in Germany

Inhalt

Vorwort: Medizin in der Krise
Von Werner Bartens

Die Medizin ist in Gefahr. Nicht primär durch neuartige Viren oder andere tückische Erreger, obwohl es während der Corona-Pandemie den Anschein haben mag, als ob dies die größte denkbare Bedrohung für das Heilwesen wäre. Eine andere Gefahr verändert die Medizin jedoch viel grundlegender, obwohl sie weniger sichtbar und weniger medientauglich ist. Gleichwohl geht sie von einer Seuche aus, die seit Jahren Krankenhäuser, Arztpraxen und mittlerweile das gesamte Gesundheitssystem infiziert hat: Es ist die Seuche der Profitgier, der maximalen Gewinnorientierung und der Kommerzialisierung, die immer weiter um sich greift und gegen die bisher kein Kraut gewachsen zu sein scheint.

Das größte Problem daran ist nicht, dass einzelne Führungskräfte, Konzernlenker und Geschäftsführer unverschämt viel am Geschäft mit Gesundheit und Krankheit verdienen, auch wenn dies bereits ein Ärgernis für sich darstellt. Gefährlich und verantwortungslos ist vielmehr, dass der Ausverkauf der Krankenhäuser und des Gesundheitswesens insgesamt auf Kosten derer geht, denen es eigentlich dienen und die einen Nutzen davon haben sollten – den Patientinnen und Patienten.

Zuallererst leiden die Kranken darunter, wenn das Ringen um die beste Diagnostik und Therapie mehr und mehr von der Frage nach dem größtmöglichen Erlös überlagert wird. Patientinnen und Patienten bekommen dann falsche oder unnötige Behandlungen oder werden mit Untersuchungen traktiert, die sich zwar finanziell lohnen, aber medizinisch unnötig oder zumindest fragwürdig sind. Nicht mehr das Wohlergehen der Kranken und ihre bestmögliche Versorgung stehen dann im Vordergrund, sondern jede Neuaufnahme wird von dem Gedanken überlagert, den Aufenthalt der Kranken in der Klinik möglichst gewinnbringend zu gestalten.

Das Ergebnis ist eine fehlgeleitete Medizin, die dazu führt, dass Patienten schlechter versorgt werden oder Opfer von Übertherapie und Überdiagnostik werden. Manche Kranke erleiden dann zu viele und vor allem zu viele unnötige Interventionen, anderen werden lebenswichtige Behandlungen vorenthalten, weil »ihre« Krankheit nicht lukrativ genug ist und deshalb ganze Abteilungen zunächst kleingespart und dann geschlossen worden sind, in denen sich Fachleute darum hätten kümmern können.

Die Qualität der Medizin ist durch eine Reihe von Mechanismen bedroht, die oft auf subtile Weise wirken. Es ist eine Medizin mit dem Preisschild, denn ökonomische Fehlanreize haben die Heilkunde längst aus der Balance gebracht. Dazu gehört, um nur einige Beispiele zu nennen, das System der Fallpauschalen, das Krankheiten vereinheitlicht, ohne die individuellen Bedürfnisse und Nöte der Patienten zu erfassen. Die knappe Kalkulation pro Fall verleitet dazu, Patienten mit immer mehr Diagnosen zu versehen und ihnen Eingriffe zu verordnen, die sich gut abrechnen lassen. Gleichzeitig darf der Aufenthalt der Patienten in der Klinik nicht zu lange dauern, weil er dann zu teuer wird und nicht mehr von der Pauschale gedeckt ist.

Die mögliche Folge sind »blutige Entlassungen« – Patienten müssen das Krankenhaus zu früh verlassen, obwohl ihr Heilungsverlauf oder ihre Wundversorgung das aus medizinischer Sicht noch nicht zulassen würden. Eine weitere Schattenseite des kommerziellen Drucks in Krankenhäusern ist die »Drehtürmedizin«. Dabei wird eine Klinikbehandlung nach der Salamitaktik in zwei Aufenthalte aufgeteilt (inklusive zwei Neuaufnahmen und zwei Entlassungen), weil sich dann mehr für die Versorgung der Patienten abrechnen lässt.

Boni für Chefärzte und anderes Führungspersonal, die dafür belohnt werden, eine Untersuchung oder Therapie in einer bestimmten Häufigkeit durchzuführen, ermuntern dazu, nicht aus medizinischen Gründen, sondern nach pekuniären Erwägungen zu entscheiden, was mit Patienten geschieht. Man stelle sich folgende Konstellation vor: Für 600 und mehr Herzkatheter-Untersuchungen jährlich in der Abteilung gibt es eine fünfstellige Sonderzahlung. Bisher sind aber erst 580 in diesem Jahr dokumentiert. Wird dann Ende November eine Patientin mit Herzbeschwerden behandelt, muss sie nicht, aber sie könnte von dem Eingriff profitieren. Der leitende Arzt muss kein schlechter Mensch sein, wenn die Dame zum Herzkatheter eingeteilt wird. Allein medizinisch motiviert ist diese Entscheidung allerdings nicht. Wäre sie im Januar gekommen, wären ihr die Kranzgefäße womöglich nicht im Herzkatheter aufgedehnt worden.

Ein weiterer entscheidender Punkt: Wenn die Medizin immer stärker ökonomischen Zwängen unterliegt, verlieren gerade die idealistischen, hingebungsvollen Ärztinnen und Ärzte, die besonders engagierten Pflegerinnen und Pfleger die Begeisterung für ihren Beruf. Sie haben sich für diese Tätigkeit entschieden, weil sie gute Medizin machen wollen, fachlich auf hohem Niveau, menschlich und zugewandt. Das braucht Zeit, Empathie und Augenmaß. Gute Medizin richtet sich zudem an medizinischer Erfahrung, evidenzbasierten Empfehlungen und der individuellen Patientengeschichte aus – und nicht an kaufmännischen Prämissen oder Sparvorgaben im Klinikbudget.

Etliche Ärztinnen und Ärzte, Pflegerinnen und Pfleger haben wegen dieser ökonomischen Zwänge und der Aushöhlung der medizinischen Ethik ihren einst so geliebten Beruf bereits verlassen. Sie sehen die Praxis zum Basar verkommen und das Krankenhaus zum Warenhaus – mit ständig wechselndem Sortiment, je nach Marktlage. Statt der Daseinsfürsorge zu dienen, werden Kliniken zu medizinischen Industriebetrieben, die Rentabilitätsvorgaben erfüllen müssen. Seit Jahren geben Klinikärzte wie niedergelassene Mediziner in Umfragen mehrheitlich an, dass sie ihren eigenen Kindern auf keinen Fall zum Arztberuf raten würden.

Thomas Strohschneider hat über Jahre als Arzt in leitenden Positionen tagtäglich miterlebt, wie die Kommerzialisierung in der Medizin die Versorgung der Kranken gefährdet und die Krankenhäuser kaputtzumachen droht. Er beschreibt aus nächster Nähe und äußerst anschaulich, was bürokratische Wortungetüme wie »Case Mix Index« oder »Fallpauschale« oder »Grenzverweildauer« für Leid mit sich bringen und für die Patienten wie das Klinikpersonal bedeuten.

Es gehört zu den vielen Stärken dieses Buches, dass der Autor die Innensicht des Medizinbetriebs seit Jahrzehnten außerordentlich gut kennt – sich aber die Außensicht auf die Perversionen des Systems und seine Auswüchse erhalten hat und die Leserinnen und Leser daran teilhaben lässt. Dabei verliert er nie den Blick für die Patienten aus den Augen, deren Wohl und Wehe als Kranke in einem kranken System teilweise buchstäblich bedroht ist, was jedem Arzt, der seinen Beruf liebt, das Herz zerreißen kann.

Um einem Missverständnis vorzubeugen: Beklagt werden in diesem Buch die Exzesse einer kommerzialisierten Medizin. Das ist etwas anderes als Ökonomisierung. Niemand wird bestreiten, dass Krankenhäuser und Praxen darauf achten müssen, ökonomisch vernünftig zu arbeiten – es sollte selbstverständlich sein, das Geld aus dem Solidarsystem sinnvoll einzusetzen. Wenn die Medizin jedoch zunehmend von betriebswirtschaftlichen Kriterien geprägt wird, wie dies seit Jahren der Fall ist, also der maximale Gewinn im Vordergrund steht und Patienten hauptsächlich dazu dienen, den Profit zu steigern, dann ist der Wesenskern der Medizin ausgehöhlt.

Seit Jahren gibt es Initiativen für eine bessere Medizin, in denen gefordert wird, die optimale Versorgung und die Interessen der Patienten wieder in den Mittelpunkt zu stellen. Seit Beginn der 1990er-Jahre versuchen Vertreter der evidenzbasierten Medizin die besten verfügbaren Studien und Erkenntnisse für Diagnostik, Prävention und Therapie allgemein verfügbar zu machen und in dem Wust von Fachartikeln und Vorgehensweisen die Spreu vom Weizen zu trennen. Doch seit es das Fach gibt, wird es chronisch missachtet. Mit Hilfe der evidenzbasierten Medizin würden unnötiges Leid, überflüssige Untersuchungen und fragwürdige Behandlungen nach und nach aus der Medizin verschwinden, doch die Disziplin kommt gegen die Marktmechanismen nicht an.

Festgefahrene Rituale, liebgewonnene Gewohnheiten und ökonomische Fehlanreize in Krankenhäusern und auf dem »Gesundheitsmarkt« insgesamt tragen dazu bei. Auf diese Weise werden noch immer unangemessene, aber lukrative Eingriffe in großem Stil angeordnet, werden Patienten unnötigerweise operiert, in die Röhre geschoben oder unsinnigen Untersuchungen unterzogen. Andere Kranke bekommen hingegen nicht das, was sie medizinisch bräuchten. Das Humane in der Humanmedizin droht verloren zu gehen. Fühlen sich Patientinnen und Patienten dennoch gut aufgehoben und betreut, so ist das zumeist den verbliebenen engagierten Ärztinnen und Ärzten, Pflegerinnen und Pflegern zu verdanken, die sich dafür aufopfern, dass die Medizin menschlich bleibt. Dass sich die Mitarbeiter in Kliniken dabei oft selbst überfordern und nicht um ihre Überstunden, sondern um eine zugewandte Versorgung kümmern, gehört zu den zynischen Merkmalen des Systems. Selbstausbeutung und der Idealismus vieler Teams sind im knappen Krankenhausbudget eingepreist.

Bereits 2002 hat das renommierte British Medical Journal ein dickes Themenheft einzig der Frage »Too much medicine?« gewidmet. Darin wurden Dutzende Beispiele angeführt für eine Medizin, deren unkritische Anwendung den Patienten mehr schadet als nutzt. Praktische Folgen hatte das kaum, genauso wenig wie die Initiative »Choosing Wisely«, die 2011 von diversen Fachgesellschaften in angloamerikanischen Ländern gestartet wurde (und in Deutschland »Klug entscheiden« heißt, aber weitgehend unbemerkt verläuft). »Choosing Wisely« bedeutet, in der eigenen medizinischen Subdisziplin die Top 5 der überflüssigsten Untersuchungen, unnötigsten Behandlungen und Interventionen zu identifizieren und für Fachkollegen wie Laien zu erklären, warum es beispielsweise zumeist keine Kniespiegelung, kein Röntgenbild vom Rücken, keine Laborkontrolle der Hormone oder Tumormarker braucht und weshalb Antibiotika bei viralen Infekten nicht nur überflüssig, sondern sogar gefährlich sind.

Das Ziel dieser Initiativen für eine bessere Medizin war nicht etwa, an Patienten zu sparen, sondern Patienten Unnötiges zu ersparen. Der Sachverständigenrat für Gesundheit hat 2014 festgestellt, dass eine der größten medizinischen Gefahren in den wohlhabenden Ländern darin besteht, überflüssige, unnötige oder fragwürdige Medizin zu bekommen – das heißt Untersuchungen und Behandlungen, die nicht indiziert sind.

Die Beispiele sind zahlreich und es werden immer mehr. Deutschland hat etliche Weltmeistertitel inne, allerdings in unrühmlichen Disziplinen. In keinem anderen Land der Welt werden so oft Knie- und Hüftgelenke ersetzt, Herzkranzgefäße aufgedehnt und mit einer Gefäßstütze (Stent) versehen, Knie gespiegelt und Operationen am Rücken ausgeführt. Nicht, weil die Menschen in Deutschland kränker und diese Eingriffe deshalb nötiger wären. Die Folge dieser medizinischen Hyperaktivität ist auch nicht, dass es den Menschen in Deutschland besser geht, weil sie so oft operiert werden oder andere Interventionen über sich ergehen lassen. In einschlägigen Parametern zur Lebenserwartung, Lebensqualität und der Selbständigkeit im Alter findet sich Deutschland im europäischen Vergleich regelmäßig im hinteren Drittel.

Viele dieser Eingriffe sind schlicht überflüssig. So könnte knapp die Hälfte aller Untersuchungen mit dem Herzkatheter ersatzlos gestrichen werden. Das würde Patienten die Prozedur ersparen, die – wie jeder medizinische Eingriff – mit Risiken einhergeht. Zudem würde Weniger-ist-Mehr auch die Expertise der Ärzte verbessern, weil sie dann tatsächlich nur solche Kranken behandeln, bei denen es auch nötig wäre. Da der Eingriff aber lukrativ ist und Chefärzte und Abteilungsleiter Sonderzahlungen (früher hieß das »Boni«) erhalten, wenn sie jährlich eine bestimmte Zahl an Eingriffen durchführen, steigt die Zahl der Herzkatheter weiterhin, anstatt zu sinken.

Ähnliches gilt für die Behandlung Frühgeborener, die ein besonderes Maß an Erfahrung verlangt. Dass Übung den Meister macht, weiß jeder Laie – dazu braucht es kein Medizinstudium und keine Facharztausbildung. Die Studienlage ist ebenfalls eindeutig; sie zeigt, dass Frühgeborene, die in einer Klinik behandelt werden, die 50, besser noch 70 der kleinsten Kleinen betreut, weniger Behinderungen, weniger Spätfolgen und andere Komplikationen zu befürchten haben und es zu weniger Todesfällen kommt als bei Frühgeborenen in einer Klinik, die nur 15 oder 20 solcher Babys jährlich betreut. Trotzdem durften Krankenhäuser die Versorgung übernehmen, auch wenn sie nur 14 Neugeborene pro Jahr – nicht pro Arzt, sondern in der gesamten Klinik – behandelten. Mit bis zu 140 000 Euro pro Kind war die Versorgung äußerst lukrativ. Erst 2020 wurde nach langwierigem Rechtsstreit und gegen den Widerstand der Krankenhauslobby eine Änderung beschlossen, die aber nur eine geringe Anhebung der »Mindestmenge« und dies auch in sehr langen Zeitabschnitten vorsieht.

Die hier kurz skizzierte Entwicklung ist nicht vom Himmel gefallen, sondern offenbar politisch so gewollt. Von der ärztlichen Standesvertretung kam wenig Widerstand, zudem gab es zahlreiche Profiteure im System. Das Gesundheitswesen ist der größte Industriezweig in Deutschland neben der Automobilindustrie; in keinem anderen Bereich gibt es so viele registrierte Lobbyisten. Mittlerweile sind etwa 40 Prozent der Krankenhausbetten in privater Hand und werden von Klinikketten und Aktiengesellschaften geführt. Arztpraxen werden aufgekauft und in privatwirtschaftlich straff kalkulierten Medizinischen Versorgungszentren (MVZ) gebündelt, für die angestellte Doktoren Budgetvorgaben erzielen müssen. Krankenhauskonzerne sind ein stabiler Bestandteil von Fonds und Depots, weil sie zuverlässige Gewinne versprechen.

Das Prinzip ist immer das gleiche: Einnahmen aus den gesetzlichen Krankenkassen werden privatisiert und dienen zur Steigerung des Shareholder Value. Gerät eine Klinik ins Straucheln oder kann die geplanten Investitionen doch nicht schultern, werden die Ausgaben hingegen auf die Gemeinschaft umgelegt und staatliches Geld wird beansprucht. Der Solidargedanke wird auf diese Weise pervertiert.

Patientinnen und Patienten leiden unter dieser Fehlentwicklung der Medizin. Sie werden schlechter versorgt. Ärztinnen und Ärzte, Pflegerinnen und Pfleger brennen aus und wenden sich von ihrem Beruf ab. Thomas Strohschneider hat einen Warnruf geschrieben, der hoffentlich zu einem Weckruf wird. Die Medizin ist in einem fragilen Zustand. Höchste Zeit, zu handeln und etwas zu ändern – dieses Buch bietet dazu Anregungen und Anlass.

Werner Bartens
Januar 2022

Dr. med. Werner Bartens, 1966 in Göttingen geboren, ist der »Medizinmann« der *Süddeutschen Zeitung*. Studium der Medizin, Geschichte, Germanistik in Gießen, Freiburg, Montpellier, Washington D.C. US-Examen Medizin (1992), anschließend Forschungsstipendiat an den Nationalen Gesundheitsinstituten (NIH) in Bethesda (USA). 1993 Staatsexamen Medizin in Freiburg und Promotion zum Dr. med. 1995 Magisterexamen Deutsch und Geschichte. Bartens arbeitete als Arzt in der Inneren Medizin an den Unikliniken Freiburg und Würzburg, anschließend Stipendiat am MPI für Immunbiologie Freiburg (Arbeitsgruppe Nobelpreisträger Georges Köhler). Seit 1997 Buchautor, Übersetzer, Autor und tätig für *SZ, ZEIT, FAZ, taz*. 2000 bis 2005 Redakteur der *Badischen Zeitung*; Seit 2005 Redakteur im Ressort Wissen der *SZ*, seit 2008 Leitender Redakteur. Bartens hat mehr als 20 Sachbücher veröffentlicht, darunter Bestseller wie *Das Lexikon der Medizin-Irrtümer, Körperglück, Lob der langen Liebe* und *Ist das Medizin – oder kann das weg?*. Bartens ist zu Fragen der Medizin oft im Fernsehen zu Gast. Er wurde vielfach mit Journalistenpreisen geehrt und 2009 »Wissenschaftsjournalist des Jahres«.

Weitere Infos: www.werner-bartens.de

1 Krankenhaus-Monopoly

Monopoly. Wer kennt das weltweit bekannte Brettspiel nicht? Die Idee dazu entstand Anfang des 20. Jahrhunderts in den USA. Ziel des Spiels ist es, möglichst viel Geld zu verdienen und die Mitspieler gleichzeitig in die Insolvenz zu treiben. Das gelingt umso besser, je mehr lukrative Grundstücke und Immobilien ein Spieler besitzt. Bestenfalls wird er zum Monopolisten. Die Strategie dabei lautet, das zu erwerben, was am profitabelsten ist.

Verfolgt man die Entwicklung des Krankenhausmarkts in Deutschland seit Mitte der 90er-Jahre des letzten Jahrhunderts, dann erinnert das auf fatale Weise an diese Spielidee: Gesundheitslobbyisten und Ökonomen geben das Ziel aus, möglichst nur die Kliniken am Markt zu halten, die Gewinne erzielen. Wer nicht gut genug wirtschaftet, vielleicht auch nur taktisch falsch hinzukauft oder einfach kein Glück hat, ist am Markt chancenlos und wird vom Konkurrenten aufgekauft. Im Fall des Krankenhaussystems ist es kein Spiel, sondern blutiger Überlebenskampf.

Die Umstrukturierung des Gesundheitswesens ist politisch gesteuert. Verlierer sind in erster Linie Patienten, Ärzte und die in der Pflege Tätigen. Der teilweise subtil im Hintergrund ablaufende Paradigmenwechsel von einem sozial begründeten Gesundheitswesen zu einer ökonomisch dominierten Gesundheitsindustrie hat weitreichende Auswirkungen. Und politische Akteure haben offensichtlich nicht den Mut, verantwortungsvoll und vor allem bedarfs- und sozialgerecht über das Fortbestehen von Kliniken oder deren Schließungen zu entscheiden. Sie überlassen die Entscheidung dem freien Markt. Diese Vorgehensweise ist für die bundes- und länderpolitisch verantwortlichen Gesundheitspolitiker bis hin zu Landräten und Landkreisabgeordneten der einfachere Weg. Weil man die Schließung von wirtschaftlich in Schieflage oder in Insolvenz geratenen Kliniken dadurch als »selbstverschuldet« deklarieren kann. Man stiehlt sich aus der Verantwortung. Zwar kommt es bei Krankenhausschließungen regelmäßig zu Bürgerprotesten. Diese sind aber lokal begrenzt, interessieren nur einen Teil der Bevölkerung und nach relativ kurzer Zeit beruhigt sich die Lage wieder – und weicht einer ohnmächtigen Akzeptanz. De facto sind es in der Regel fast ausschließlich ökonomische Parameter, die zur Schließung einer Klinik führen, auch wenn Befürworter dies immer wieder mit fehlenden Qualitätsstandards, Überkapazitäten oder wirtschaftlich belastenden und überflüssigen Doppelstrukturen begründen. Von fast 2500 Kliniken zum Zeitpunkt der Wende 1989 existieren derzeit noch etwas mehr als 1800 Kliniken.[1] Jedes Jahr werden weitere geschlossen. Glaubt man den Gesundheitsökonomen einer Bertelsmann-Studie, wären für ganz Deutschland künftig 600 Kliniken ausreichend. Andere Gesundheitsökonomen sprechen sogar von nur noch 400.[2] Als Vorbild verweisen die Verfasser der Studie auf Länder wie Dänemark, wo eine deutlich geringere Krankenhausdichte besteht. Sie unterschlagen in der Diskussion allerdings die fundamentalen Unterschiede der beiden Gesundheitssysteme: In Dänemark ist das Gesundheitswesen zum Beispiel komplett steuerlich finanziert, es gibt keine Privatversicherten, dafür ein leistungsabhängiges Abrechnungssystem und eine komplett andere Infrastruktur. Was gleichzeitig von vielen Menschen im Land wenig oder überhaupt nicht wahrgenommen wird, ist: Im Hintergrund vollzieht sich eine weitere, bedrohliche Entwicklung, mit der dieser »Markt« reguliert werden soll – Kliniken werden mehr und mehr privatisiert. Längst haben sich mächtige Klinikkonzerne, Tochterunternehmen großer Pharmakonzerne oder privater Krankenkassenverbände darangemacht, den Markt zu erobern. Dieser verspricht Renditen, die im Vergleich zu anderen Industriezweigen traumhaft sind. Deutschland hat zwischenzeitlich weltweit den höchsten Anteil von Krankenhausbetten in privatwirtschaftlicher Trägerschaft, nahezu 40 Prozent. Und der Anteil wächst weiter.[3] Kliniken in öffentlicher oder freigemeinnütziger Trägerschaft sehen sich einem Konkurrenzkampf ausgesetzt, den sie, sofern die Politik dies nicht verhindert, auf Dauer nicht gewinnen werden. Es ist zu befürchten, dass weitere Kliniken »feindliche Übernahmen« erleben.

Bekennt man sich als Arzt zur Gruppe der Gegner solcher Entwicklungen im Gesundheitswesen, kommt meist von den Befürwortern dieser gesundheitspolitischen Veränderungen, ad hoc und stereotyp, der Vorwurf der Ignoranz, Ahnungslosigkeit und Verantwortungslosigkeit gegenüber ökonomischen Realitäten. Man riskiert, als Ewig-Gestriger, als Hinterwäldler und Sozialromantiker diskreditiert zu werden. Ärzten wird unterstellt, sie hätten kein betriebswirtschaftliches Denken und seien Reformverweigerer.

Um das vorweg klarzustellen: Eine erfolgreiche und gute Medizin braucht ökonomisches Denken und Handeln. Schließlich hat jeder in der Medizin Tätige die Verantwortung, das Geld der Bürger, das diese in Sozialkassen einbezahlt haben, sinnvoll und verantwortlich zu verwenden und nicht zu verschwenden. Ökonomisches Denken und Handeln und verantwortungsbewusste Effizienz stehen einer menschendienlichen Medizin nicht grundsätzlich entgegen. Auch Schließungen von Kliniken unter bedarfsgerechter und sozialer Abwägung muss und wird es geben. Aber in der Methodik, der Strategie und den Zielen gibt es fundamentale Unterschiede: Ökonomisches Handeln und Denken müssen ärztliches Handeln ermöglichen! Dieses wiederum muss ausschließlich dem Patientenwohl dienen. Eine der folgenschwersten Veränderungen dieser schleichenden und fast unbemerkt ablaufenden Prozesse betrifft die Patienten: Die Verschiebung der Wertehierarchie, weg von einer dienenden hin zu einer vorwiegend ökonomisch ausgerichteten Medizin, setzt Ärzte zunehmend unter Druck. Sie sind in diesem System gefangen, unterwerfen sich immer mehr den wirtschaftlichen Zwängen und verinnerlichen diese ihnen ständig suggerierte Logik.

Das ist deshalb gefährlich für den hilfesuchenden Patienten, weil er sich dann nicht immer darauf verlassen kann, dass Ärzte und Krankenhäuser die jeweils bestmöglichen Therapieentscheidungen treffen, sondern Indikationen nach wirtschaftlichen Kriterien stellen. Viele Ärzte wehren sich gegen diese subtile Instrumentalisierung ihres Berufsstandes, weil sie fundamental gegen das ärztliche Ethos verstößt!

Ziel dieses Buches ist es, Hintergründe und Auswirkungen der gesundheitspolitischen Veränderungen der letzten Jahre, vor allem im Krankenhauswesen, zu beschreiben. Besonders im Fokus stehen dabei die zwei erwähnten Aspekte: die fortschreitende Privatisierung des Krankenhaus- und Gesundheitsmarktes und eine von Gesundheitsökonomen angestrebte weitere massive Reduzierung von Kliniken in Deutschland. Die unmittelbaren Auswirkungen dieser Entwicklungen auf Patienten und in der Medizin Tätige kommen beispielhaft zur Sprache und sind durch eigene konkrete Erfahrungen belegt. Die Hoffnung des Autors und vieler Beschäftigter im Gesundheitswesen ist es, mit diesem Buch dazu beizutragen, dass sich vielleicht doch noch aufhalten lässt, was längst begonnen hat: ein Destruktionsprozess, der unter dem Ziel der Gewinnmaximierung und Renditeerwartungen unsere Solidargemeinschaft und unser Gesundheitswesen auf fundamentale Weise angreift. Mit der Folge, dass sich eine menschenverachtende Gesundheitsindustrie mehr und mehr etabliert. Der Musiker und Liedermacher Klaus Lage hat vor über 30 Jahren in seinem Song »Monopoli« passend formuliert, was mittlerweile auch im Krankenhauswesen traurige Realität ist: »Wir sind nur die Randfiguren in einem schlechten Spiel. Und die Herrn der Schlossallee verlangen viel zu viel.«[4]

2 Wohnsitzlos

Vor mir sitzt hinter seinem Schreibtisch der Kaufmännische Direktor der Klinik. Er könnte mein Sohn sein. Knapp über 30 Jahre alt. Mit Krawatte und Anzug. Nach dem Studium der Betriebswirtschaft begann seine Karriere als Praktikant, er stieg dann auf zum Assistent der Geschäftsführung in einer zum Konzern gehörenden Klinik. Er ist erst vor wenigen Monaten von der Konzernleitung auf diesen Posten berufen worden, nachdem sein Vorgänger in eine andere Klinik gewechselt hatte. In meiner achtjährigen Tätigkeit als Chefarzt ist er in der Zwischenzeit der Dritte, mit dem ich es in dieser Position zu tun habe. Das fällt mir aber schon gar nicht mehr besonders auf, denn auch die Geschäftsführung hat kürzlich zum vierten Mal in diesem Zeitraum gewechselt. Ganz sicher hat man dem jungen Mann eine große Karriere im Konzern in Aussicht gestellt: Geschäftsführer, Regionalgeschäftsführer, Führungsposition in der Konzernzentrale – wer weiß: »Vielleicht schaffen Sie es ja sogar bis zum CEO?« Natürlich muss er dazu zunächst einmal Erfolge vorweisen und durch seine Leistung imponieren. Oberste Priorität: Die wirtschaftlichen Zahlen und Bilanzen der Klinik müssen die Konzernvorgaben erfüllen. Die Klinik muss die vorgegebenen Gewinne machen. Anders als sein Vorgänger möchte er diesen Erfolg mit aller Konsequenz erreichen. Dazu muss er sich natürlich durchsetzen und beweisen – gerade gegen die Alten, Ewig-Gestrigen. Auch gegen Chefärzte, die offensichtlich einfach nicht kapieren wollen, dass der wirtschaftliche Erfolg und das Erreichen von Gewinnen für einen privaten Klinikbetreiber überlebensnotwendig sind. Entsprechend zeigt er ein ernstes Gesicht, verschränkt die Arme vor der Brust und kommt nach einem kurzen allgemeinen Geplänkel (»wie geht es Ihnen?«) gleich zum Thema. »Dieser eine Patient, den Sie nun seit mehreren Wochen in Ihrer Abteilung betreuen, den können wir so definitiv nicht mehr in der Klinik halten.« Mir war schon vor diesem Gespräch und dem Herbeizitieren zu dieser Aussprache klar, dass das sein Thema sein würde. Denn es ist nicht unser erstes Gespräch in dieser Angelegenheit. Schon einige Wochen zuvor hatte mir der Kaufmännische Direktor unmissverständlich klargemacht, dass dieser Patient ökonomisch betrachtet ein wirtschaftliches Desaster für die Klinik sei. Sein Vorschlag: Ich müsse diesen Patienten irgendwie loswerden, ihn notfalls wieder auf die Straße entlassen, denn von da sei er schließlich auch hergebracht worden und dort sei er ja auch lange Zeit zurechtgekommen. Und schließlich: Eine Klinik könne nicht die sozialen Defizite unserer Gesellschaft lösen. Er fügt an, dass es meine Aufgabe als Abteilungsleiter sei, dieses Problem zu lösen. Insbesondere dann, wenn alle Bemühungen des involvierten Sozialdienstes der Klinik gescheitert seien oder sich zumindest keine kurzfristigen Perspektiven ergeben würden. Ich bin innerlich aufgewühlt und wütend. Äußerlich versuche ich ruhig zu bleiben. Nein – dieser junge Technokrat soll nicht ein Erfolgs- und Machtgefühl erleben. Ich habe »meinen« Patienten vor Augen und denke nochmals an die letzten Wochen. An das Drama um einen Obdachlosen, das die Pflegekräfte und Ärzte erlebten, und die Entwicklung, die der Patient durchgemacht hat. Den Kampf aller beteiligten Ärzte, Pflegekräfte, Sozialdienstmitarbeiter, Servicekräfte und der Klinikseelsorge um und für diesen Menschen.

An einem frühen Sommerabend wird mein Patient, ein Wohnsitzloser, mit dem Rettungswagen in die Notaufnahme unserer Klinik gebracht. Eine Passantin hatte Hilfe geholt, weil sie den Mann an zwei Tagen nacheinander an exakt derselben Stelle im Stadtpark hatte liegen sehen. Als sie ihn anspricht, reagiert er nicht.

Viele Menschen dürften an dem Hilflosen vorbeigegangen sein. Die sich sorgende Passantin ruft die Polizei an und wartet, bis diese eintrifft. Die Polizisten können natürlich wenig tun, erkennen aber, dass die Situation der im Polizeijargon »hilflosen Person« sehr schlecht ist, und sie beordern den Rettungsdienst. Allein schon die Bergung, Erstversorgung und der Transport des Patienten in unsere Klinik sind eine Herausforderung für das Rettungsdienstpersonal. Der Patient wird in die Notaufnahme unserer Klinik eingeliefert. Der Mann ist kaum ansprechbar, liegt zusammengerollt auf der Liege. Die Kleider, vor allem die Unterwäsche, sind sicher seit Monaten nicht gewechselt worden. Die Kleider sind mit Schimmel überzogen. Eingekotet, fest am Leib sitzend, sodass sie mit Scheren und Spezialwerkzeug vom Körper gelöst werden müssen. Der rechte Vorfuß ist schwer durchblutungsgestört, entzündet, drei Zehen sind komplett mumifiziert und schwarz, mehrere Stellen am Vorfuß zeigen eine eitrig-feuchte Gangrän mit einem Madenbefall. Die Socken lassen sich beim ersten Versuch nur partiell entfernen. Ein unbeschreiblicher Gestank nach Kot, Urin, abgestorbenem, verjauchtem Gewebe und vermoderten Kleidern. Noch Stunden später liegt der Geruch in den Räumen der Ambulanz, trotz Intensivlüften, Desinfektions- und Reinigungsmaßnahmen. Der Erstbehandlungsraum kann später erst nach mehrfachen Reinigungs- und Desinfektionsmaßnahmen wieder zugänglich gemacht werden. Die wenigen, vom Rettungsdienst mitgebrachten Habseligkeiten können nur in einem Abfallsack entsorgt werden. Immerhin findet man unter seinen Sachen einen alten, abgelaufenen Ausweis. Name, vermutlich der letzte Wohnsitz und das Alter sind somit bekannt. Er ist 54 Jahre alt, laut Ausweis 1,78 m groß. Stark abgemagert, wiegt vermutlich weniger als 45 Kilogramm. Sein kachektischer Körper zeigt alle Hinweise einer schweren Exsikkose, einer Austrocknung des Körpers. Er stöhnt bei jeder Berührung. Eine Kontaktaufnahme zu ihm ist nicht möglich. Der Blutdruck ist niedrig, die Herzfrequenz so hoch wie nach einer schweren körperlichen Anstrengung. Das Pflegepersonal leistet Heroisches. Es läuft das Routineprogramm ab: Blutabnahmen, Infusionstherapie, Schmerzmittelgabe, Kreislaufstabilisierung, Sauerstoffgabe, EKG. Der Patient wird mehrfach am ganzen Körper mit Seife und Desinfektionsmittel grob gereinigt. Festsitzende Beläge und die meisten Körperhaare werden mit Scheren und Rasierer entfernt. Das EKG zeigt dann: Der Patient hat ein akutes Coronarsyndrom, also einen Herzinfarkt. Fast alle Blutlaborwerte sind pathologisch, insbesondere sind die Herzenzyme als indirekter Hinweis auf ein ablaufendes Infarktgeschehen deutlich erhöht. Sie zeigen außerdem eine schwere Anämie, das heißt, rote Blutkörperchen fehlen als Sauerstoffträger. Dazu sind die Leukozyten (weiße Blutkörperchen) massiv erhöht, was auf eine schwere generalisierte Entzündungsreaktion hinweist. Das rechte Bein ist kritisch durchblutungsgestört. Pulse sind dort nicht tastbar, schon der Puls in der rechten Leiste lässt sich nicht fühlen. Somit stellt sich eine desolate Situation dar mit, medizinisch nüchtern ausgedrückt, folgenden Diagnosen: schweres Coronarsyndrom, Anämie, Sepsis, verursacht wohl durch eine feuchte Gangrän am rechten Fuß, schwere arterielle Durchblutungsstörung, Dehydrierung, schwere Verwahrlosung.

Verschiedene Fachdisziplinen arbeiten nun zusammen: Anästhesisten und Intensivmediziner, Kardiologen, Gefäßchirurgen. Nach zahlreichen intensivmedizinischen Maßnahmen und leichter Stabilisierung des Zustandes erfolgt eine Notfall-Herzkatheter-Untersuchung. Es stellt sich heraus, dass zwei der drei Herzkranzarterien nahezu verschlossen sind. Den Kardiologen gelingt es, diese beiden hochgradig verengten Stellen mit Ballonkathetern wieder aufzudehnen und an diesen Stellen Stents zum Offenhalten zu implantieren. Auf dem Kathetertisch kommt es dabei zu einer kritischen Situation mit einem Herzstillstand. Der Patient muss kurzzeitig reanimiert werden. Dies hat Erfolg. Er wird danach zur Überwachung auf die Intensivstation übernommen. Blutkonserven, Antibiotika, kreislaufwirksame Medikamente. Es wird in den Folgetagen die ganze Palette des in solchen Situationen medizinisch notwendigen Programms abgespult. Der Patient stabilisiert sich zunehmend, ist nun ansprechbar, jedoch kaum kommunikativ, antwortet fast nur mit Ja oder Nein. Die meiste Zeit liegt er in Embryonalstellung im

Bett, zieht die Bettdecke bis zum Gesicht hoch. Die Situation des rechten Beines ist kritisch. Es besteht die Gefahr einer Beinamputation. Eine Kernspinuntersuchung der Aorta, Becken- und Beinarterien ergibt in der rechten Beckenarterie einen Arterienverschluss. Außerdem ist die Hauptarterie am rechten Oberschenkel auf ganzer Länge verschlossen. Ohne rasche Maßnahmen wird der Patient sein Bein verlieren oder an einer Sepsis versterben. Der Sozialdienst unserer Klinik versucht intensiv, das Umfeld des Patienten auszuloten, um mögliche nächste Angehörige zu finden – vergeblich. Eine Pflegschaft soll eingerichtet werden, das dauert in der Regel mehrere Tage. Zusätzlich wird ein Amtsrichter eingeschaltet. Der Patient verweigert zunächst die Nahrungsaufnahme. Das intensive Kümmern des Pflegepersonals führt dann dazu, dass er langsam zugänglicher wird. Er beginnt Nahrung zu sich zu nehmen. Er ist anfänglich noch zu schwach und muss gefüttert werden. Ab und zu beantwortet er nun Fragen etwas ausführlicher. Es erfordert mehrere geduldige Gespräche, bis der Patient in die notwendigen weiteren Behandlungsmaßnahmen einwilligt. Er scheint zu verstehen, dass er sonst sterben oder zumindest sein rechtes Bein verlieren wird. Und offensichtlich möchte er dies nicht! So führen wir eine Wiedereröffnung der rechtsseitig verschlossenen Beckenarterie mittels einer Katheterintervention durch, ein Stent wird implantiert. Der Eingriff ist erfolgreich, die Durchblutung des rechten Beines danach deutlich besser. Gleichzeitig werden die abgestorbenen Zehen und ein Teil des nicht mehr zu rettenden Vorfußes amputiert und eine Wundbehandlung mit einem Vakuum-Therapie-System begonnen. Zwar geht es dem Patienten danach deutlich besser, die Entzündungswerte im Blut normalisieren sich, er benötigt deutlich weniger Schmerzmittel. Aber es zeigt sich, dass die immer noch verschlossene Oberschenkelarterie die Durchblutung des Unterschenkels so einschränkt, dass eine Abheilung der Wunde am Vorfuß nicht zu erwarten ist. Wieder sind mehrere Gespräche notwendig, bis sich der Patient zur nächsten Therapiemaßnahme durchringen kann: die Implantation eines Bypasses von der Leistenarterie bis zur

Kniearterie hin. In einer mehrstündigen Operation implantiere ich ihm einen solchen Bypass. Die Maßnahme ist erfolgreich. Im Verlauf der nächsten Tage verbreitet sich zunehmender Optimismus, dass das Bein erhalten und keine weiteren Amputationen notwendig sein werden. Der Patient verbringt über drei Wochen auf der Intensivstation, dann weitere Wochen auf der Normalstation.

Zu diesem Zeitpunkt meldet sich der Kaufmännische Direktor erneut bei mir und zum ersten Mal auch der Geschäftsführer der Klinik. Sie möchten eine »Rücksprache«. Offensichtlich ist der Fall zum Problemfall geworden.

Warum ist der Patient gerade in unsere Klinik eingeliefert worden? Warum nicht in eine der zahlreichen anderen Kliniken in unserer Stadt, deren Träger die Stadt oder die Kirchen sind? Diese Fragen wurden mir bereits bei unserem ersten Gespräch unverblümt vom Kaufmännischen Direktor gestellt. Auf meinen Einwand hin, dass wir die dem Auffindungsort nächstgelegene Klinik waren und der Rettungsdienst eine »hilflose Person in kritischem Zustand« in unserer Notaufnahme angemeldet hatte, gab es zunächst keine weiteren Kommentare. Immerhin konnte ich mich etwas aus der Schusslinie nehmen, denn die Entscheidung zur stationären Aufnahme des Patienten in unsere Klinik erfolgte durch das Personal in der Notaufnahme. Sie mussten die prekäre Situation meistern und über das weitere Vorgehen entscheiden. Ein Normalbürger und wohl auch unser Kaufmännischer Direktor hätten sich bei Annäherung an den Patienten bei dessen Einlieferung vermutlich übergeben.

Inzwischen befindet sich der Patient schon über sechs Wochen in unserer Klinik. Seine Behandlung hat bis zu diesem Zeitpunkt bereits eine große Menge an Ressourcen verschlungen. Der Sozialdienst bemüht sich um Zusagen für Versicherungsleistungen, damit der Klinik wenigstens ein Teil der Kosten später erstattet wird. Unser Patient ist anfänglich schwierig, verweigert oft Behandlungen. Er liegt anfangs in einer Embryonalstellung im Bett. Nach und nach schafft es aber das Pflegepersonal, Vertrauen bei ihm zu gewinnen. Dann sitzt er doch ab und zu am Bettrand. Die wöchentlich zweimal notwendigen Wechsel des Vakuumverbandes am rechten Fuß lässt er geschehen. Die Heilung der Wunden schreitet gut fort. Ich dränge ihn, dass jetzt unbedingt Mobilisationsmaßnahmen und eine Physiotherapie notwendig seien, damit er wieder ohne fremde Hilfe gehen könne. Er verweigert dies zunächst. Dies begründet er damit, dass er ja überhaupt keine Kleider habe und nicht in einem Klinikhemd auf den Krankenhausflur möchte. Das leuchtet mir ein. Am gleichen Abend gehe ich zuhause an meinen Kleiderschrank. Der Patient ist fast gleich groß wie ich. Er hat zwischenzeitlich auch wieder etwas Gewicht zugelegt, so dass ich einfach ein Kleidersortiment – Unterwäsche, Hemden, eine Jeans, Pullover, Gürtel, Schlafanzug – zusammenstelle und es am nächsten Tag dem Patienten übergebe. Ungläubig schaut er mich an. Dann, als ich ihm zum dritten Mal versichere, dass das alles nun ihm gehöre und er nichts dafür bezahlen müsse, sieht man zum ersten Mal nach acht Wochen Klinikaufenthalt ein Lächeln in seinem Gesicht. Das Pflegepersonal versorgt ihn weiter mit den notwendigsten Mitteln zur Körperpflege. Am nächsten Morgen begegnet mir der Patient – in mir bekannten Kleidern – zusammen mit dem Physiotherapeuten und unter Verwendung eines Gehwagens auf dem Stationsflur. Am Abend gehe ich nochmals in sein Patientenzimmer. Eigentlich will ich mich nur kurz nach seinem Befinden erkundigen. Dann aber vergesse ich den Termin bei der Verwaltung, der noch auf mich wartet, weil ich an seinem Bett sitze und ihm zuhöre. Ohne dass ich ihn dazu dränge, erzählt er mir seine Lebensgeschichte. Leise, zurückhaltend, aber ohne Stocken. Er hat ein Studium in Wirtschaftswissenschaften hinter sich, arbeitete dann viele Jahre als Controller in einer Firma. Er heiratete, kaufte sich eine große Wohnung. Kinder habe er keine, sie waren aber geplant. Es kommt zur Insolvenz der Firma, er verliert seinen Arbeitsplatz, es folgen Eheprobleme. Schließlich trennt sich seine Frau von ihm. Es kommt zur zunehmenden Flucht in den Alkohol. Die Wohnung geht verloren, er ist total verschuldet. Zunächst wohnt er bei einem Bekannten, der ihn nach einigen Alkoholexzessen vor die Tür setzt. Seither lebt er auf der Straße. Er ist seit fast 15 Jahren wohnsitzlos. Warum er sich nicht an Hilfseinrichtungen, Sozialdienste oder karitative Einrichtungen gewendet habe? Schamgefühl, Kraft- und Mutlosigkeit sowie das Bedürfnis, dass ihn die ganze Welt einfach in Ruhe lassen soll. Er hatte anfangs noch Zugriff auf sein Bankkonto, konnte etwas Geld abheben, das er vor allem für Zigaretten und auch Alkohol verbrauchte. Irgendwann gab es keinen Zugriff mehr. Wie er sich bis heute überhaupt durchschlagen und überleben konnte, darüber möchte er nicht sprechen. Zu Angehörigen, vor allem zu seinem Bruder, habe er jeden Kontakt verloren. Auf meine Frage, ob er denn bereit wäre, von der Straße wegzuwollen, antwortet er zunächst eher ablehnend. Ich verspreche ihm, dass ich mit unserem Sozialdienst nochmals Rücksprache nehmen werde, um für ihn Lösungen zu finden. Er drückt mir zuletzt die Hand und sagt, ich solle ihn zukünftig einfach mit seinem Vornamen, Stefan (Name geändert), ansprechen.

Kurz nach dieser Begegnung mit dem Patienten werde ich erneut zum Geschäftsführer und später ein weiteres Mal zum Kaufmännischen Direktor der Klinik zitiert. Thema: Entlassung des Patienten. Alle meine Einwendungen, dass wir diesen Patienten mit dieser aus medizinischer und menschlicher Sicht betrachteten Erfolgsgeschichte nun nicht einfach im Stich lassen und auf die Straße setzen können, werden zwar mit einem verständnisvollen Ton kommentiert, jedoch wird mir nahegelegt, für die baldige Entlassung des Patienten zu sorgen. Wie schon öfters in den regelmäßig mit der Geschäftsführung stattfindenden Jour-fixe-Terminen angesprochen, wird wieder darauf hingewiesen, dass Abteilungen nur dann im Portfolio einer Klinik gehalten werden können, wenn sie erfolgreich, das heißt mit einem Gewinn, arbeiten. Eine schwarze Null, wie sie meine Abteilung habe, reiche dafür nicht. Und: Solche Art von Patienten würde aber ein erhebliches wirtschaftliches Risiko bedeuten und der Klinik ein dickes Minus bescheren. Dezent und fast nebenbei wird betont, dass die Personalbesetzung und möglicherweise die Vertragsverlängerung von Mitarbeitern zunächst Vorleistungen erforderten.

Die Mitarbeiter des Sozialdienstes hängen sich mit allen ihnen zur Verfügung stehenden Mitteln in den Fall. Da der Patient während seiner Berufstätigkeit über Jahre hin brav seine Beiträge in eine Krankenkasse bezahlt und seine Mitgliedschaft nie gekündigt hat, muss ihn die Krankenkasse nach zunächst juristischem Hin und Her wieder aufnehmen. Sie macht schließlich eine Kostenzusage. Immerhin wird die Klinik somit mehrere Tausend Euro erhalten. Allerdings wird dieser Betrag bei Weitem nicht kostendeckend sein angesichts der enormen Ressourcen, die der Patient bereits bisher verbraucht hat. Die Abrechnung mit den Krankenkassen nach dem sogenannten Fallpauschalen- oder auch DRG-System (Diagnosis Related Groups) ermöglicht im Rahmen enger Grenzen die Abrechnung nur nach einer Hauptdiagnose. Obwohl bei dem Patienten gleichzeitig mehrere schwere und dringend behandlungsbedürftige Krankheiten vorlagen, werden diese als Nebendiagnosen bei der späteren Abrechnung nur als »erschwerend« berücksichtigt.

Man kann den Ärger und die Kritik vieler für das wirtschaftliche Wohlergehen einer Klinik Verantwortlicher in Teilen durchaus nachvollziehen. Kliniken, die sich vermehrt um solche Fälle wie Stefan kümmern, werden dafür bestraft. Es wird pauschal abgerechnet. Zwar sind für weitere Leistungen und Maßnahmen Zuschläge möglich, die aber bei Weitem nicht die entstehenden Kosten decken. Übersetzt bedeutet das: Beauftrage ich einen Handwerker, beispielsweise einen Maler, um alle Zimmer meiner Wohnung zu renovieren, bekommt dieser nur seine Material- und Lohnkosten für das »Hauptzimmer« bezahlt, für die restlichen Zimmer aber nur eine kleine Zuzahlung, die bei Weitem nicht seine Arbeitszeiten und Materialkosten ausgleicht. Glauben Sie, Sie finden in der freien Wirtschaft einen solchen Handwerker? Der Maler könnte natürlich auch anders vorgehen: Er kommt zunächst und bearbeitet das erste Zimmer, rechnet dieses komplett ab und stellt sich einige Wochen später wieder vor und bearbeitet das zweite Zimmer. Wieder kann er dies, wie vereinbart und nun erlaubt, voll abrechnen. Und so weiter! Ganz so einfach ist es allerdings in der Medizin nicht. Denn man kann in gewissem Zeitabstand den Patienten mit der gleichen Diagnose nicht erneut stationär aufnehmen und abrechnen, sonst kommt es zu einer sogenannten Fallzusammenführung und zu Rechnungskürzungen. Also muss man – dazu braucht es manchmal auch etwas Fantasie – den Patienten mit einer neuen Hauptdiagnose aufnehmen. Dann kann man den Einzelfall abrechnen und – sofern sich keine Besonderheiten oder Komplikationen ergeben – daran sogar verdienen. Oder eine gewisse Zeitspanne verstreichen lassen, dann wird daraus ein »neuer Fall«. Im Fall von Stefan: Käme er zunächst »nur« mit einem Herzinfarkt in die Klinik, ergebe sich daraus ein DRG-Erlös, der pauschal abzurechnen ist. Kommt er dann das nächste Mal mit einer Sepsis, wäre dies die Hauptdiagnose und würde entsprechend nach DRG voll vergütet werden. Würde er nach seiner Entlassung dann erneut mit der Diagnose einer peripheren arteriellen Durchblutungsstörung aufgenommen, beginnt das Spiel mit einer neuen DRG. Nun hatte aber unser Patient das Pech, dass er gleichzeitig alle diese schweren, jede für sich lebensbedrohlichen Erkrankungen hatte. Eine zwischenzeitliche Entlassung des Patienten war nicht möglich. Hinzu kommen seine komplexe und desolate soziale Situation und viele damit zusammenhängende Probleme. Diese erfordern einen enormen, multidisziplinären Aufwand an Medizin, Pflege und Begleitdiensten. Zum Beispiel auch stundenlange Telefonate, Bürokratieaufwand und Bemühungen des Sozialdienstes, die nicht abgerechnet werden können. Kurzum: Trotz einer letztendlich erfolgten Fallvergütung »kostet« jeder zusätzliche Behandlungstag und die Klinik macht dementsprechend Verluste. Statt eines Stefans könnten in der gleichen Zeitspanne etwa zehn Patienten durchgeschleust werde, die sich einer Hüftprothesen-Implantation unterziehen. Dies wäre ein Vielfaches an Erlös mit deutlich weniger Ressourcenaufwand.

Kein Wunder also, dass der Kaufmännische Direktor nach nunmehr zehn Wochen stationärem Aufenthalt des Patienten mir nun gegenübersitzt und letztendlich die möglichst schnelle Entlassung meines Patienten einfordert. Und mir »vorsorglich« zu verstehen gibt, dass es auch meine Aufgabe als Chefarzt sei, die Patientenaufnahme zu steuern. Das heißt auch, solche Patienten möglichst von der Klinik fernzuhalten. Weil dieser Patient, wie schon mehrfach erwähnt, wirtschaftlich betrachtet ein Desaster sei. Und wieder das Argument: Schließlich sei eine Klinik nicht dazu da, die sozialen Probleme einer Gesellschaft zu lösen. Nach diesem Gespräch mit dem Kaufmännischen Direktor berichte ich meinen Mitarbeitern in unserer Abteilungsbesprechung darüber. Ihre Reaktionen: Unverständnis, Wut, Enttäuschung. Und schließlich deren eindeutiges Votum: Diesen Patienten entlassen wir erst, wenn sein weiterer Heilverlauf gesichert ist und kein direktes Risiko einer gesundheitlichen Gefährdung sowie möglichst eine Perspektive für seine soziale Situation besteht. Selbst meine Anmerkung, dass wir mit unserem Widerstand gegen die Geschäftsführung unter Umständen riskieren, dass sich daraus auch negative Auswirkungen bezüglich Stellenbesetzungen und Vertragsverlängerungen einzelner Mitarbeiter ergeben und sogar die Existenz der gesamten Abteilung auf dem Spiel stehen könnte, ändert an der Entschlossenheit meiner Mitarbeiter nichts.

Stefan ist insgesamt noch weitere vier Wochen in unserer Abteilung. Er wird intensiv ärztlich und pflegerisch betreut. Die Physiotherapie kümmert sich täglich um ihn. Bei den regelmäßigen Verbandswechseln an der noch offenen Vorfußamputationsstelle zeigt sich eine gute Wundheilung. Anfänglich bewegt er sich auf Stationsebene vorwiegend mit dem Rollstuhl, dann ist er mit Krücken unterwegs. Schließlich kann er gut auf der Treppe gehen. Zuletzt reicht ihm ein Gehstock als Unterstützung aus. Ein anderer Patient wäre eigentlich in eine Rehabilitationseinrichtung gekommen. Bei Stefan wird dies von der Krankenkasse abgelehnt. Stefan willigt nun auch in eine psychologische Betreuung ein. Er blüht auf, spricht mit Mitpatienten und dem Pflegepersonal, ist voller Lebensfreude, plant seine Zukunft. Unser Sozialdienst leistet in dieser Zeit eine tolle Arbeit. Es gelingt ihm schließlich, für Stefan eine kleine Rentenzusage zu erwirken. Schließlich hatte er ja auch jahrelang in die Rentenkasse eingezahlt. Und dann der große Tag: die Zusage eines Sozialverbandes, dass Stefan eine kleine Einzimmerwohnung erhalten wird! Wir öffnen an diesem Tag in unserer Abteilungsbesprechung eine Flasche Sekt und stoßen an. Unser Kaufmännischer Direktor ist in dieser Zeit im Urlaub. Vielleicht spielt uns das in die Karten und verschont mich vor weiteren rechtfertigenden Gesprächen. Leider nein: Es kommt dann die erneute Aufforderung, mich bei ihm zu melden. Doch bevor nun der Streit eskaliert, kann ich ihm die freudige Mitteilung machen, dass Stefan in zwei Tagen entlassen werden kann. Direkt in seine eigene kleine Wohnung in einer betreuten Wohnanlage. So ist das Gespräch kurz, aber am Ende nicht ohne den nochmaligen Hinweis seitens des Direktors, zukünftig solche Patienten möglichst nicht in unserer Klinik aufzunehmen.

Stefan stellt sich vier Wochen nach seiner Entlassung nochmals in meiner Sprechstunde vor. Er kommt mir auf dem Gang entgegen. Er ist gepflegt, trägt saubere Kleidung. Die Wunde am Vorfuß ist nahezu abgeheilt, er benötigt keinen Gehstock mehr. Er umarmt mich spontan und bedankt sich überschwänglich. Er hat eine große Tüte mit Schokolade dabei, verteilt diese an die Sekretärin und die Pflegekräfte und spricht lange mit ihnen. Dann sagt er zu meinem Assistenten und mir: »Sie haben aus mir einen neuen Menschen gemacht.«

Für solche Momente bin ich Arzt geworden. Es lässt mich für kurze Zeit die Realität der zunehmend Ökonomie-getriebenen Medizin vergessen.

Die Abteilung Gefäßchirurgie und zwei weitere Abteilungen der Klinik wurden etwa ein Jahr nach dieser Geschichte vom Klinikträger geschlossen, allen Mitarbeitern gekündigt. Die offizielle Formulierung der Klinikleitung in der Presse lautete: notwendige Umstrukturierungsmaßnahmen und Neuausrichtung der Klinik.

3 Ärzte-Manager

»Gesundheit ist ein primäres Gemeingut.« Diesen Satz hat Papst Franziskus in seiner Botschaft zum Welttag der Kranken 2021 gesagt. Schon zu Anfang seines Pontifikats warnte er immer wieder vor der Gefahr, dass Gesundheit zur Ware wird.[1] »Wer Medizin und Ökonomie zu Gegensätzen erklärt, stiehlt sich aus der Verantwortung.«[2] Dieses Statement kommt von Professor Heinz Lohmann, Gesundheitsunternehmer und Vorsitzender der Initiative Gesundheitswirtschaft, gleichzeitig Berater zahlreicher gesundheitspolitischer Gremien. Die meisten Menschen in unserem Land würden vermutlich – jeweils einzeln betrachtet – beiden Aussagen zustimmen. Kliniken gehören zur Daseinsvorsorge in einer Gesellschaft. Sie sind verpflichtet, eine qualitativ hochwertige Patientenversorgung zu gewährleisten. Gleichzeitig sollen sie mit den ihnen zur Verfügung stehenden Mitteln und Ressourcen verantwortlich umgehen. Dabei die richtige Balance zu finden, ist ein zentraler Punkt und vielfach Thema bei gesundheitspolitischen Diskussionen. Diese Ausgewogenheit scheint aber nach Meinung einer Mehrheit der Ärzteschaft, insbesondere der Krankenhausärzte, in den letzten Jahren in eine Schieflage geraten zu sein. Das Gesundheitswesen ist ohne Zweifel zuallererst ein wichtiger Teilbereich des Sozialsystems unserer Gesellschaft. Es entwickelt sich aber in den letzten Jahren vom Gesundheitswesen zunehmend zu einer Gesundheitswirtschaft. In keinem Wirtschaftszweig sind derzeit höhere Renditen zu erzielen. Und damit ist das Dilemma offensichtlich, denn ein Sozialsystem muss als Priorität die Bedürfnisse der Bevölkerung im Fokus haben. Ein Wirtschaftsunternehmen hingegen wird immer zuerst die Rendite im Blick haben. Es gehört zu den Automatismen eines Wirtschaftssystems, dass sämtliche Bereiche, die Umsätze und Gewinne versprechen, für Unternehmen interessant sind. Im Bereich des Gesundheitswesens lotet man mit subtilen Methoden aus, wie weit man gehen kann. So sind bereits Ende des letzten Jahrhunderts Krankenhäuser ins Visier von Investoren geraten und mächtige private Klinikkonzerne entstanden. Diese schleichende Privatisierung der Kliniken in Deutschland hat zwischenzeitlich dazu geführt, dass es in keinem Land der Welt mehr Krankenhausbetten in der Hand privatwirtschaftlich geführter, teilweise börsennotierter Unternehmen gibt.[3] Private Klinikkonzerne sind die Protagonisten, die das Krankenhauswesen – einem Zuckerguss gleich – mit betriebswirtschaftlichen Management-Paradigmen überziehen und die Durchdringung des Gesundheitswesens mit gewinnorientierten Denkmustern anstreben. Gegen diese Entwicklung baut sich ein wachsender Widerstand der Ärzteschaft, von Ärzteverbänden sowie in Teilen der Bevölkerung auf. Sie warnen vor den Gefahren einer Kommerzialisierung im Krankenhauswesen. Seitens der privaten Klinikbetreiber werden dann die immer gleichen stereotypen Vorwürfe gegenüber der Ärzteschaft erhoben: Ärzten fehle ökonomisches, unternehmerisches und managementbezogenes Verständnis oder sie würden sich solchen Themen gar verweigern. Das ist nicht richtig. Denn kaum ein vernünftiger Arzt verweigert sich dem Argument, dass eine gute Medizin grundlegend auch auf ökonomisches Handeln achten muss. Die aus Steuergeldern und Sozialabgaben kommenden finanziellen Ressourcen müssen verantwortungsvoll verwendet, dürfen jedoch nicht verschwendet werden.

Ärztliche Führungskräfte sind in hohem Maße bereit, die Verantwortung für eine effiziente und wirtschaftlich vernünftige Steuerung von Krankenhäusern und ihren Abteilungen mitzutragen. Schließlich ist ihnen sehr wohl bewusst, dass auch ihre Vergütungen aus Sozialkassen kommen und von den berufstätigen

Menschen im Lande finanziert werden müssen. Sie wissen um ihre besondere Verpflichtung und »schleichen sich nicht aus der Verantwortung«, wie es ihnen oft unterstellt wird. Sie wehren sich aber zunehmend gegen negative Auswirkungen. Denn Fakt ist, dass sich das Gesundheitswesen, getrieben von profitorientierten Konzernen und mit der Unterstützung von Lobbyisten und Teilen der Politik, immer mehr von einer sozialen Humanmedizin entfernt. Oberste Prämissen im Handeln der Ärzte sind das Wohl und die Gesundheit ihrer Patienten. Sie wollen verhindern, dass Radikalität und Brutalität des Privatisierungsdenkens den Kern ärztlichen Wirkens infizieren. In der Berufsordnung für die nordrheinischen Ärzte ist am Anfang folgende Aussage verankert: »Ärztinnen und Ärzte dienen der Gesundheit des einzelnen Menschen und der Bevölkerung. Der ärztliche Beruf ist kein Gewerbe. Er ist seiner Natur nach ein freier Beruf.«[4] Schon längst haben es Krankenhausmanager mit Unterstützung von Teilen der Politik geschafft, an den Grundfesten dieser ethischen Berufsdefinition zu rütteln. Mit subtilen Managementmethoden, Anwendung von Steuerungsinstrumenten aus der Wirtschaft und einer Ausrichtung auf ökonomische Zielvorgaben wird der soziale Charakter ärztlichen Handelns, ja der ganze Arztberuf in seiner eigentlichen Profession ins Wanken gebracht. Giovanni Maio, Medizinethiker und Inhaber des Lehrstuhls für Medizinethik an der Universität Freiburg sowie Berater der katholischen Deutschen Bischofskonferenz in ethischen Fragen, sagt dazu: »Der Arztberuf ist etwas Besonderes, weil der Arzt mit dem wichtigsten Gut zu tun hat, das ein Mensch überhaupt besitzt, nämlich Leib und Leben.«[5] Das Paradigma, das heute von den privaten Klinikkonzernen mantraartig wie ein Naturgesetz gepredigt wird, dass Krankenhäuser Gewinne erwirtschaften müssen, muss in Frage gestellt werden. Insbesondere dann, wenn Aktionäre aus den Gewinnen Dividenden erhalten oder das reale Vermögen und damit die Macht der Klinikbetreiber durch den Besitz von immer mehr Kliniken steigt; sogar große Investitionen in ausländischen Gesundheitsmärkten werden mit diesen Gewinnen bereits getätigt. Es ist eine gesellschaftliche Entscheidung. Wie Maio richtig konstatiert, ist vor dem Hintergrund eines zunehmenden Effizienz-, Produktivitäts- und Wirtschaftlichkeitsdrucks die Freiheit des Arztes als eigene, unabhängige Profession eher hinderlich.[6] Deshalb wird von Klinikmanagern bewusst an einer Strategie zur De-Professionalisierung und Entwertung des Arztberufes gearbeitet. Der Arzt ist in diesem System lediglich als reiner Leistungserbringer und Dienstleister erwünscht. Nicht als kritischer Mahner oder als der an »verstaubten« ärztlich-ethischen Grundwerten Festhaltende. Behandlungen von Patienten sind wirtschaftlich betrachtet für Klinikindustriebetriebe nur dann interessant, wenn Aufwand und Ertrag in einem möglichst guten Gewinnverhältnis stehen. Ärztliche Führungskräfte müssen sich deshalb zunehmend mit ökonomischen, unternehmerischen und managementbezogenen Themen auseinandersetzen. Ihre eigentlichen Kernkompetenzen und ihre ureigenen Aufgaben, nämlich eine qualitativ gute medizinische Versorgung ihrer Patienten zu gewährleisten, werden dabei zunehmend verdrängt. Neben der medizinischen Kernkompetenz wird vom ärztlichen Führungspersonal in wachsendem Ausmaß breites ökonomisches Wissen eingefordert mit der Verpflichtung, dieses auch von ihren Mitarbeitern zu verlangen. Diese Themen waren bisher nicht oder nur wenig Gegenstand medizinischer Ausbildungscurricula und traditionell auch nicht im Verantwortungsbereich der Ärzte. Dass die Führungsstruktur einer Klinik mit dem klassischen Triumvirat Krankenhausdirektor, ärztlicher Direktor und Oberschwester heute nur noch ein Relikt vergangener Zeiten ist, ist wohl allen Beteiligten klar. Dass sich jedoch die Entscheidungsebene zwischenzeitlich komplett verschoben hat, ist dem Diktat des über allem stehenden Wirtschaftlichkeitsdenkens zuzuschreiben. Die Kliniken sind im Würgegriff von kühl kalkulierenden Krankenhausmanagern. Von Führungskräften privater Klinikkonzerne wird dabei immer wieder beteuert, wie intensiv und gleichsam auf Augenhöhe die berufs- und gesundheitspolitischen Debatten in ihren Kliniken zwischen Geschäftsführung und den ärztlichen Führungskräften stattfinden.

Es wird auffällig oft betont, wie frei und demokratisch Entscheidungsprozesse geführt und dabei in hohem Maße die Expertise und Kompetenz der leitenden Ärzte berücksichtigt werden. Wie aber sieht es in der Realität aus?

Weil es zum Thema Zusammenarbeit zwischen ärztlichen Führungskräften und Geschäftsleitungen in deutschen Kliniken kaum aussagekräftige empirische Daten gibt, führte die Deutsche Gesellschaft für Innere Medizin (DGIM) bereits 2013 eine umfangreiche empirische Studie über diesen Themenkomplex durch (DGIM-Studie Ärzte-Management 2013).[7] In einer von externen Beratern konzipierten und begleiteten umfangreichen Online-Befragung wurden ärztliche Führungskräfte internistischer Abteilungen in ganz Deutschland, Chefärzte und leitende Oberärzte befragt. Die Befragungsergebnisse wurden anonymisiert, insgesamt wurden 627 Fragebögen ausgewertet. Der Großteil der Befragten arbeitete zu diesem Zeitpunkt in mittelgroßen und großen Krankenhäusern. Die Auswertung dieser Studie ergab ein differenziertes und ganz anderes Bild als das in den Hochglanzprospekten vieler Kliniken propagierte harmonische Zusammenspiel zwischen Geschäftsführung und leitenden Ärzten. Nicht nur auf die Frage nach typischen Gesprächsthemen zeigte sich eine bemerkenswerte Einseitigkeit: Fast 85 Prozent der befragten Ärzte gaben an, dass die Gespräche zwischen ihnen und der Geschäftsführung überwiegend von Wirtschaftlichkeits- und Einsparungsthemen dominiert sind. Es sind also vor allem Geld- und Finanzthemen. Die Ergebnisse zeigen, dass es große Defizite bezüglich des interdisziplinären Themenspektrums der gemeinsamen Management-Agenda gibt. Fast 90 Prozent der Befragten rechnen damit, dass der Ökonomisierungsdruck und die Gewinnerwartungen deutlich negative Auswirkungen auf das Arzt-Patienten-Verhältnis haben. Über 75 Prozent der ärztlichen Führungskräfte bemängeln, dass ihnen nicht adäquat Mittel zur Verfügung gestellt werden, um die medizinische Leistungsfähigkeit ihrer Abteilungen auszuschöpfen. Fast 60 Prozent gaben an, dass das ärztliche Personal nicht ausreichend ist, um die vorgegebenen Ziele zu erreichen. Die Befragungsergebnisse zeigen außerdem deutlich, dass das ärztliche Führungspersonal mit teilweise fraglichen Methoden dazu gezwungen wird, Leistungs-, Budget- und Umsatzvorgaben zu erfüllen. Ihnen werden regelmäßig wirtschaftliche Leistungsziele vorgegeben. Ein aus der Industrie und dem Bankenwesen übernommenes und vor allem bei privaten Klinikkonzernen angewandtes Steuerungsinstrument sind die mit der Geschäftsführung jährlich neu zu verhandelnden Zielvereinbarungen, früher Boni genannt. Diese sind Erfolgsbeteiligungen und als sogenannte variable Vergütung oft ein nicht unerheblicher Teil des Jahreseinkommens eines Chefarztes. Von Seiten der Konzern- und Geschäftsführung werden solche Erfolgsbeteiligungen für ärztliche Führungskräfte als effektiv und zielführend für die wirtschaftliche Steuerung von Krankenhäusern angesehen. Ganz anders schätzen dies die in der Studie befragten Chef- und leitenden Oberärzte ein. Etwa ein Viertel der Befragten gab an, dass die Erfolgsbeteiligung einen signifikant hohen Anteil gemessen an ihrer Grundvergütung ausmacht. Mehr als die Hälfte der Befragten muss zum Erhalt der Erfolgsbeteiligung betriebswirtschaftliche Zielvorgaben der Geschäftsführung erfüllen. Bei einem weiteren Teil ist es ein Mix aus wirtschaftlichen und medizinischen Zielvorgaben. Nur bei weniger als 7 Prozent werden rein medizinische Themen als Vorgaben vereinbart. Die Einschätzungen zu den Auswirkungen von Erfolgsbeteiligungen sind aus Sicht der ärztlichen Führungskräfte weitgehend negativ. So befürchten 84 Prozent, dass Erfolgsbeteiligungen ärztliches Entscheidungsverhalten und das ärztliche Selbstverständnis beeinflussen. 70 Prozent empfinden Erfolgsbeteiligungen nicht als wirkliche Wertschätzung des Arbeitgebers für ihren Einsatz, sondern eher als ein Knebelungsinstrument.

Die auch öffentlich geführten intensiven politischen Diskussionen zum Thema Erfolgsbeteiligung haben in den letzten Jahren immerhin zur Folge gehabt, dass auf Druck von Ärzteverbänden und Gewerkschaften die Erfüllung von solchen Zielvereinbarungen nicht an beispielsweise Fall- oder Operationszahlen gekoppelt sein darf. Trotzdem: Auch wenn die Formulierungen in diesen Zielvereinbarungsverträgen in der Zwischenzeit vorsichtiger und abwägender sind, so ist das Ziel unverändert das gleiche geblieben. Ärztliche Führungskräfte sollen wie in einem Hamsterrad Leistungen erbringen, um betriebswirtschaftliche Vorgaben und Gewinnmargen zu erfüllen. Die Geschichte vom Esel und der verlockenden Aussicht auf die Karotte. Dass Krankenhäuser Gewinne erwirtschaften sollen, ist aber alles andere als ein Naturgesetz. Es ist eine politische und gesellschaftliche Entscheidung!

Private Klinikbetreiber sehen dies natürlich völlig anders. Sie verweisen, in diesem Fall durchaus zu Recht, darauf, dass sich der Staat in den letzten Jahren zunehmend aus seiner eigentlich gesetzlich festgeschriebenen Verantwortlichkeit herausnimmt. Das in Deutschland für das Krankenhauswesen vereinbarte duale Finanzierungssystem sieht für Personal-, Betriebs- und Managementkosten eine Finanzierung über die Erlöse aus Kranken- und Sozialkassen vor. Für Investitionskosten, wie beispielsweise Krankenhausneubauten, deren Erhalt, Modernisierungen und Renovierungsmaßnahmen, sind aber steuerliche Haushaltsmittel vorgesehen und damit eigentlich die Bundesländer zuständig. Dieses Finanzierungssystem ist allerdings längst in eine Schieflage geraten: Der jährliche Rückgang der staatlichen Subventionen zur finanziellen Deckung von Investitionen im Krankenhauswesen, teilweise im zweistelligen Prozentbereich, hat zu einem riesigen Finanzierungsloch und einem Investitionsstau geführt. Es fehlen Milliardenbeträge. Eine dringende Korrektur ist notwendig, der Staat muss seiner Verantwortung nachkommen. Dieser Zustand muss als Versagen der Gesundheitspolitik bezeichnet werden.

Tun die privaten Klinikkonzerne doch das Richtige? Ohne erwirtschaftete Gewinne keine Investitionen? Ohne ausreichende Investitionen zunehmende Qualitätsverluste und eine schlechtere Patientenversorgung? Diese einfach klingende Formel hat jedoch viele kritische Variablen und die Lösung liegt nicht darin, einen rigorosen

und gnadenlosen Gewinnmaximierungs- und Wettbewerbskurs im Klinikwesen zu befeuern. Man sollte sich bewusst machen, dass Krankenhäuser primär nicht als Unternehmen mit dem Ziel einer Gewinnabschöpfung fungieren. Unabhängig von diesem Grundsatz sind die Methoden zu hinterfragen, mit denen man versucht, aus einem vorwiegend über Sozialkassen finanzierten System Gewinne herauszupressen. Die genannte DGIM-Studie macht deutlich, dass Ärzte weitgehend andere Vorstellungen von den Aufgaben und Zielen eines Krankenhauses haben als manche Klinikmanager. Besonders einseitig und aus Sicht der leitenden Ärzte ungerecht wird die Sache dann, wenn es um Verantwortung und wirtschaftliche Probleme geht. Nahezu alle in der DGIM-Studie befragten Ärzte geben an, dass ihnen von Seiten der Geschäftsführung in erheblichem Umfang die betriebswirtschaftliche Verantwortung zugeschoben wird und regelmäßig ambitionierte wirtschaftliche Leistungsziele eingebläut werden. Umgekehrt können Ärzte nicht einfach ihre medizinische Verantwortung an eine Verwaltungsebene abgeben.
In der Praxis sieht das dann so aus: Bei Nichterreichen von Erlöszielen werden die Schuldigen zunächst in der Ärzteschaft gesucht. Fehler im Management hingegen werden eher versteckt, verharmlost, bleiben oft ohne Konsequenzen oder werden intern gelöst (beliebt: neue Geschäftsführung) beziehungsweise nach außen hin mit hektischer Betriebsamkeit bearbeitet. Es erfolgen dann meist Umstrukturierungsmaßnahmen, etwa die Schließungen von vermeintlich unwirtschaftlichen Abteilungen und die gleichzeitigen Neueröffnungen von Abteilungen, die höhere Gewinnmargen versprechen. Auch die Trennung von Mitarbeitern, die Einführung weiterer bürokratischer, mehr oder weniger sinnvoller Controlling- und Steuerungsmaßnahmen oder das Outsourcing von Dienstleistungssparten sowie immer neue und teilweise perfide Einsparmaßnahmen sind die üblichen Reaktionen. Dass Kliniken von einem guten Ruf leben, den sie sich meist über Jahre oder Jahrzehnte aufgebaut haben, und dass dieser stark von den in der Klinik wirkenden Personen und Persönlichkeiten geprägt wird, spielt hierbei kaum noch

eine Rolle. War früher ein Chefarzt über viele Jahre, teilweise sogar Jahrzehnte das Gesicht und Aushängeschild einer Klinik oder einer Abteilung, so ist er in diesem System eher ein Störenfried. Es sei denn, er liefert gute Zahlen. Besonders für Patienten mit chronischen Erkrankungen spielt das Arzt-Patienten-Verhältnis jedoch eine wichtige Rolle. Die meisten Patienten kommen in eine Klinik, weil sie sich dort gut versorgt und aufgehoben fühlen und weil es dort einen Arzt gibt, der sich um sie kümmert und der oder dem sie vertrauen können. Sie kommen nicht, weil diese Klinik Spitzenreiter bei der Gewinnabgabe an die Konzernzentrale ist. Vertrauen von Patienten in eine Medizin, die als oberstes Ziel eine objektive und empathische Behandlung anstrebt, muss ebenso mühsam erarbeitet werden, wie das in Ärzte und Kliniken. Dies setzt Kontinuität und oft jahrelanges gutes Wirken voraus. Dieses Klinikprofil und diese Philosophie dürfen nicht in jährlichen Abständen auf dem Altar der Wirtschaftlichkeit geopfert werden!

In der eigenen Klinik habe ich erlebt, wie in einem Zeitraum von gut acht Jahren vier Mal der Geschäftsführer und drei Mal der Kaufmännische Direktor wechselten – oder ausgewechselt wurden. Von den häufigen Wechseln im Bereich der zweiten Führungsebene erst gar nicht zu reden. Im Vergleich dazu scheint der Job eines Fußball-Bundesligatrainers konstant! Mit jedem Wechsel in der Geschäftsführung wurden neue Strategiekonzepte und ehrgeizige Zielvorgaben vorgestellt, Abteilungen degradiert oder aufgelöst, neue Abteilungen mit der Aussicht auf höhere Gewinnmargen eingeführt. Ärzte wurden hinausgemobbt oder gekündigt. Bei den Klinikmitarbeitern wurde für die Neuausrichtung der Klinik geworben. Die Geschäftsführung und Konzernzentrale umschreibt dies oftmals mit »notwendigen Umstrukturierungsmaßnahmen« oder einer »zukunftsorientierten Neuorientierung«. Mit großem Pomp und Medienaufwand wird dann versucht, das neue Zukunftskonzept der Klinik in der Stadt, dem Umfeld und bei den niedergelassenen zuweisenden Ärzten, den Patienten und den Klinikmitarbeitern anzupreisen. Was denken aber wohl niedergelassene Ärzte, die ihre

Patienten im Vertrauen auf eine funktionierende Klinikstruktur in eine Klinik einweisen möchten, wenn innerhalb von neun Jahren beispielsweise drei Mal der Chefarzt sowie die gesamte Belegschaft der Kardiologie ausgewechselt und immer wieder ein mühsamer Neustart und Aufbau notwendig werden? Welche Außenwirkung mag es haben, wenn ein bisher als Stadtteilkrankenhaus fungierendes, alt eingesessenes und für die Grund- und Notfallversorgung zuständiges Klinikum von heute auf morgen Kernabteilungen, wie eine Allgemein- und Viszeralchirurgie oder eine Gastroenterologie, aus ihrem Portfolio nimmt? Und dafür dann, obwohl der Markt eigentlich ganz gut gesättigt und schon starke »Konkurrenz« vorhanden ist, eine neue Abteilung für Wirbelsäulenchirurgie eröffnet wird? Dazu muss man wohl wissen, dass in den letzten beiden Jahrzehnten offensichtlich in Deutschland eine Rückenschmerz-Epidemie ausgebrochen sein muss und die Zahl der stationären Behandlungen wegen Rückenschmerzen um 70 Prozent, die Zahl der Rückenoperationen zwischen 2007 und 2013 von 452 000 auf 772 000 angestiegen ist.[8] Oder sollte man lediglich wissen, dass ein neues, lukratives Vergütungssystem sowie die in den meisten Fällen gute, elektive Planbarkeit solcher Operationen die Anreize setzen? Honni soit qui mal y pense – es sei verdammt, wer da Falsches denkt!

Ärzte-Manager. Das war das Thema der zitierten DGIM-Studie, die als Fazit einen dringenden Diskussionsbedarf auf gesundheitspolitischer Ebene feststellt und die aktuelle Instrumentalisierung ärztlichen Handelns unter dem Primat einer Gewinnabschöpfung kritisch hinterfragt. Die Studie legt auch nahe, sich mit der Gefahr einer negativen Auswirkung auf die Patientenversorgung zu beschäftigen. Sie fordert darüber hinaus ausdrücklich die konstruktive, effiziente Zusammenarbeit zwischen Ärzten und kaufmännischen Führungskräften. Eine gute und effiziente Medizin setzt gesunde wirtschaftliche Strukturen voraus. Ein gemeinsames Wirken kann aber überhaupt erst dann möglich sein, wenn auch die Ökonomie das Wohl des Patienten als oberstes Ziel mit allen Konsequenzen akzeptiert. Und wenn Ärzte nicht Manager sind, sondern Ärzte bleiben und nicht dem faustischen Werben nachgeben und damit ihre eigene Profession, ihre Seele verkaufen. Die Ökonomie muss ärztliches Handeln ermöglichen, sie darf nicht das ärztliche Handeln bestimmen.

4 Case Mix

Sprache ist oft verräterisch. Sie kann Denkmuster und Kernbotschaften offenbaren. Sie kann sich auch zu einer Fachsprache entwickeln, die nur noch von Insidern verstanden wird und auch werden soll. Sie kann dazu dienen, sich abzugrenzen von Laien, von Unwissenden, von vermeintlich naiven Ewig-Gestrigen oder um eine Sache wichtig und groß erscheinen zu lassen. Beispiel Computerbranche: Wer die Fachbegriffe und den Insider-Jargon nicht beherrscht, ist »out«, hat keine Berechtigung mitzudiskutieren, wird nicht ernst genommen. Anglizismen spielen eine wichtige Rolle. Der Paradigmenwechsel im Krankenhauswesen ist ein Paradebeispiel dafür. Die Umwandlung von Kliniken in Wirtschaftsunternehmen spiegelt sich in der Sprache wider.

Als ich mir mal wieder einen »spannenden« Vortrag einer an der Klinik beschäftigten »Case Managerin« (Fallbetreuerin) anhören musste, der nur so von solchen Anglizismen strotzte, erlaubte ich mir, meine Frage in Englisch zu stellen. Zunächst allgemeine Belustigung und Verwunderung. Auf meine Erklärung, dass man bei so vielen Anleihen aus dem Englischen doch gleich besser ganz zur englischen Sprache wechseln sollte, gab es große Verärgerung. Mir wurde deutlich gemacht, wie »ahnungslos« ich doch eigentlich sei. Dabei war es mehr ein inneres Aufbegehren gegen das Unbehagen, in erster Linie nicht mehr meiner Profession als Arzt zu dienen, sondern Patienten als »Case«, als einen Fall betrachten zu müssen. Im genannten Vortrag ging es um die effektive Patientensteuerung von stationär behandelten Patienten, um sogenannte clinical pathways, übersetzt: Behandlungspfade. Nicht eine in diesem Zusammenhang durchaus sinnvolle und dem Patientenwohl dienliche medizinische Untersuchungsabfolge und Behandlungs-Algorithmen waren das Thema, sondern die möglichst effektive Steuerung und wirtschaftliche Abbildung zur Erzielung eines maximalen Erlöses bei unseren »Fällen«.

Zwischen 1999 und 2002 fand im deutschen Gesundheitswesen eine fundamentale Neuausrichtung statt. Von dem bis dato zur Finanzierung der Kliniken praktizierten System über sogenannte Tagessätze, bei dem jeder Tag der Liegezeit über einen Pauschalbetrag, den sogenannten Tagessatz, berechnet wurde, wechselte man zum sogenannten Fallpauschalen-System. Dieses System wurde ursprünglich in Australien erdacht. Deshalb übernahm man auch die englische Bezeichnung »DRG-System« (Diagnosis Related Groups) in den Fachjargon. Verkürzt zusammengefasst: Die Klinik erhält für die Behandlung einer bestimmten Erkrankung einen Pauschalbetrag, der alle Behandlungskosten, Operationen und Therapien abdeckt. Die DRG-Codierung richtet sich in der Regel nach der Hauptdiagnose. Dass die Finanzierung über sogenannte Tagessätze, also einen ausgehandelten Festbetrag für jeden Krankenhaustag, Schwächen hatte und Änderungen notwendig waren, wird kaum jemand im Gesundheitswesen ernsthaft bestreiten. Wie Bernd Hontschik, Chirurg und Autor, in seinem Buch »Erkranken schadet Ihrer Gesundheit« schreibt, »ist das fundamental Fatale an dem neuen Bezahlsystem die ökonomische Verknüpfung zwischen der medizinischen Tätigkeit und der Diagnose mit der Höhe der Bezahlung«.[1] Dass Australien sich längst wieder teilweise von diesem System verabschiedet beziehungsweise es deutlich modifiziert und verändert hat, will man in unseren Landen nicht so gerne hören. Deutschland hat es mit seinem ureigenen Anspruch auf Perfektion weiterentwickelt. 2020 gab es in dem Fallpauschalen-Katalog knapp 1300 DRGs.[2] Das funktioniert, vereinfacht gesagt, so: Die aus einem Fall erzielbaren Vergütungen richten sich im Wesentlichen nach einer Grundpauschale. Für eine bestimmte Erkrankung ist die stationäre Verweildauer vorgegeben – eine Mindest- und eine Höchstverweildauer. Der Patient darf also nicht zu früh, sollte aber auch nicht zu spät entlassen werden. Am besten in der sogenannten mittleren Verweildauer (siehe Kapitel »Grenzverweildauer«). Für das Entlassmanagement sind in letzter Konsequenz vor allem Chefärzte und Abteilungsleiter verantwortlich. Manche Kliniken leisten sich hierfür sogar Entlassungsmanager, die das steuern sollen. Als Kontrollmechanismen hat man verschiedene Steuerungsinstrumente geschaffen. Zum Beispiel ein sogenanntes Ampel-System, das den Status der Patienten im Hinblick auf die Liegezeiten angibt. Grün bedeutet, alles ist noch in Ordnung. Gelb ist der Hinweis auf eine baldige Überschreitung der Liegezeit. Rot bedeutet, dass der Patient eigentlich schon längst hätte entlassen werden müssen. Einmal im Monat findet in vielen Kliniken eine sogenannte Leitungskonferenz statt. Die Chefärzte und Abteilungsleiter sitzen dann der geballten Macht der Geschäftsführung und Vertretern des kaufmännischen Bereichs gegenüber. Dabei geht es im Wesentlichen um wirtschaftliche Themen. Medizinisches ist eher ein kleiner Themenbereich. In aufwendigen Tabellen wird vorgeführt, wer sich mit seiner Abteilung im grünen oder roten Bereich bewegt, welche Erlöse eine Abteilung erzielt, wie weit man sich von den Erlöserwartungen entfernt hat und so weiter. Versuche von Abteilungsleitern, negative Zahlen zu erklären oder zu rechtfertigen, beispielsweise aufgrund von Ausfällen erkrankter Mitarbeiter oder durch Engpässe bei den OP-Kapazitäten wegen fehlenden OP-Personals, finden dabei wenig Gehör. Ein Chefarztkollege nannte diese Treffen einmal einen »Generaleinlauf«. Wie auf der Schulbank sitzend und auf die Zeugnisvergabe wartend, wird dann mit mehr oder weniger verblümten Worten dazu aufgefordert, dass man nach dem Sommerloch doch noch einmal »richtig Gas geben muss«. Auch bei der monatlichen Einzelbesprechung des Chefarztes mit der Geschäftsführung, dem sogenannten Jour fixe, dominieren Wirtschaftsthemen. Hier wird der Druck nochmals erhöht. Über Stellenbesetzungen oder Personalerweiterungen braucht man erst gar nicht zu diskutieren. Denn, so wird uns regelmäßig signalisiert, dazu müsste man zunächst in Vorleistung gehen. Die Latte wird aber in der Regel so hoch gelegt, dass man sie meist nicht überspringen kann. Und wehe, man gehört gerade zu den sogenannten Minderleistern und hat die Planziele verfehlt. Dann stehen durchaus Sanktionen im Raum, die bis hin zur Nichtbesetzung einer Planstelle bei Ausscheiden eines Mitarbeiters oder sogar zu Androhung einer Abteilungsschließung gehen.

Ein wichtiges Steuerungsinstrument und *die* Zahl schlechthin für die ökonomische Bewertung einer Abteilung ist der sogenannte Case Mix Index. Ein Abteilungsleiter sollte diese magische Zahl selbst nachts im Traum herbeten können. Sie gibt die Fallschwere der behandelten Patienten in seiner Abteilung an. Dabei kann ein Patient nicht krank genug sein, damit man das Maximum des potenziellen Fallerlöses herausholen kann. Aber bitte möglichst nur auf dem Papier! Denn schließlich soll er ja zeitgerecht die Klinik wieder verlassen. Das System funktioniert so, dass jedes Jahr zwischen Krankenkassenverbänden, Vertretern von Kliniken und Gesetzgebern sogenannte Basisfallwerte vereinbart werden.[3] Dieser Basisfallwert, der derzeit etwa bei 3500 Euro liegt, ist die Grundpauschale und wird dann multipliziert mit einem Index, der für jede Erkrankung vorgegeben wird. Bei leichteren Erkrankungen liegt der Index beispielsweise bei 0,4 oder 0,7, bei schweren Erkrankungen und je nach Wertigkeit von Begleiterkrankungen kann er auf Werte über drei und mehr ansteigen. Also sollte man möglichst die Begleiterkrankungen dokumentieren, die den Schweregrad und damit den Index in die Höhe treiben. Der Durchschnittswert aus der Summe aller in der Abteilung behandelter Patienten bildet den sogenannten Case Mix Index. Diese Zahl multipliziert mit dem Basisfallwert und der Patientenzahl ergibt den Gesamterlös einer Abteilung. Relevante Begleiterkrankungen können dabei den Schweregrad deutlich steigern. Was auf der einen Seite sinnvoll erscheint, weil ein multimorbider Patient einen deutlich höheren Aufwand und Ressourcenverbrauch bedeutet, ist durch den ständigen Abrechnungskampf zwischen Krankenkassen und Controllern der Kliniken pervertiert worden: Um einen optimalen Fallerlös zu erzielen, gilt es, alle Optionen auszuschöpfen, um den Patienten möglichst krank erscheinen zu lassen. Welche Erkrankung am Ende erfasst und behandelt werden soll, entscheidet sich daran, ob sie »erlösrelevant« ist, nicht aber »patientenrelevant«. Man nimmt tunlichst die Erkrankung, die den höchsten Erlös einbringt. Begleiterkrankungen, die vielleicht für den Patienten wichtig sind, werden eher ignoriert, wenn es dafür kein Geld gibt! Mit Blick auf die Erlössituation einer Abteilung kann es zum Beispiel passieren, dass die Geschäftsführung einer Klinik bemängelt, dass man zu viele »leichte Fälle« behandelt und die schweren Fälle mit hohen Erlössummen fehlen. Operiert eine Gefäßchirurgie beispielsweise zu viele Patienten mit Krampfadern, was meist ambulant oder mit nur kurzer stationärer Liegezeit in der Klinik geschieht, dann drückt dies den Case Mix Index nach unten. Selbst wenn am anderen Ende der Behandlungsskala auch schwer erkrankte Patienten mit einem »hohen« Case Mix stehen, ist der Durchschnitt aus kaufmännischer Sicht zu niedrig. Der Geschäftsführer fordert mehr oder weniger direkt dazu auf, den Bereich der Krampfaderchirurgie möglichst auf niedrigem Niveau zu halten, selbst wenn viele Patienten mit dem Ergebnis ihrer Behandlung sehr zufrieden sind. Das Argument, dass viele der zufriedenen Patienten dadurch zusätzlich einen positiven Eindruck von der Klinik gewinnen und sich gegebenenfalls auch für die anstehenden Hüftoperationen wieder in diese Klinik begeben und somit also eine langfristige Klinikbindung stattfindet, überzeugt nicht. Jede Abteilung wird einzeln bewertet, das Gesamtbild der Klinik spielt hierbei kaum eine Rolle. Das hat zur Folge, dass man Abteilungen, die aus Sicht der Geschäftsführung weniger oder überhaupt nicht gewinnbringend sind, am liebsten ganz schließen möchte. Der Einspruch, dass solche Schließungen die grundsätzliche Sicherheit von Patienten innerhalb der Klinik gefährden, wird als nicht relevant erachtet. Kommt es beispielsweise bei einer orthopädischen Operation zu einer schweren Gefäßblutung, kann es für den Patienten lebensrettend sein, wenn ein Spezialist sofort zur

Verfügung steht. Gleiches trifft zu, wenn »Herzprobleme«, neurologische Zwischenfälle oder gastroenterologische Probleme auftreten und dann sofort ein Kardiologe, Neurologe oder Gastroenterologe zu Verfügung stehen sollte. Fehlen aber solche Kernabteilungen, erhöht sich im Komplikationsfall das Risiko für den Patienten. Es scheint, als ob dieses Risiko als Kollateralschaden bewusst in Kauf genommen oder verharmlost wird. Jedenfalls vermeidet man tunlichst, dies dem Patienten zum Beispiel auf einer Klinik-Homepage transparent zu machen. Die Frage des Klinikmanagements ist: »Was erlöst ein Fall und was bringt uns der Patient ein?« Die Frage: »Was müssen und sollten wir als Klinik zur sicheren Versorgung unseren Patienten vorhalten und anbieten?«, spielt, wenn überhaupt, eine nachgeordnete Rolle.

Fast jeder Klinikbetreiber hat seine Klinik oder seinen Klinikverbund schon mindestens einmal von einer Unternehmensberatung durchleuchten lassen. Bei privaten Klinikbetreibern, aber auch bei anderen, ist eine der häufigsten Fragen: Welche Abteilungen werden gewinnbringend oder wenigstens kostendeckend betrieben und welche nicht? Es überrascht wohl kaum, dass solche Gutachten in der Regel empfehlen, weniger erlösbringende Abteilungen abzustoßen. Die medizinische Sicherheit für Patienten ist kein Thema.

Das DRG-Abrechnungssystem mit seinem diffizilen Kodiersystem treibt skurrile Blüten. Es ist in der Zwischenzeit, dank deutscher Gründlichkeit, so komplex geworden, dass es nur noch absolute Spezialisten in seiner Gänze erfassen und durchdringen können. Der Medizinische Dienst der Krankenkassen (MDK) beschäftigt deshalb bundesweit Tausende von Kodierfachkräften, deren Aufgabe es ist, Abrechnungen auf ihre Korrektheit zu prüfen sowie Gründe, Fehler und Schwachstellen zu finden, um Rechnungen kürzen zu können. Der MDK Bayern beschäftigte 2019 in 24 Beratungs- und Begutachtungszentren über 1550 Fachkräfte, davon 105 Kodierfachkräfte, 338 Ärzte und 570 pflegefachliche Gutachter.[4] Hinzu kommen Hunderte von angestellten Kodierfachkräften bei den etwa 100 verschiedenen Krankenkassen. Vertreter von Krankenkassen haben dieses Kontrollsystem mehrfach damit gerechtfertigt, dass dadurch Millionen eingespart und damit ungerechtfertigt hohe Rechnungen der Kliniken entlarvt würden. Sogar so starken Tobak wie den Begriff »Abrechnungsbetrug der Kliniken« nahmen einige Krankenkassen-Spitzenfunktionäre in den Mund. Sie verschweigen aber die andere Seite der Medaille. Dass nämlich durch die Komplexität des Systems die Abrechnungen der Kliniken vielfach weit unter dem optimalen Betrag liegen, der eigentlich bei Abrechnung von allen potenziell vergütbaren Leistungen möglich wäre. Allein durch viel zu niedrige und nicht optimal ausgearbeitete Abrechnungen gehen den Kliniken Millionen verloren. Damit die Kliniken überhaupt in diesem Kampf auf Augenhöhe bestehen können, haben sie in den letzten Jahren aufgerüstet. Tausende Kodierfachkräfte und Medizin-Controller sind in Kliniken vorwiegend damit beschäftigt, um jeden Euro zu kämpfen. Nahezu jede Klinik hat mindestens einen Arzt im Medizin-Controlling angestellt, damit die medizinische Expertise und das komplexe Vergütungssystem zusammengeführt werden können. Es stehen sich somit im Abrechnungskampf des DRG-Dschungels zwei sich immer weiter aufrüstende Armeen von Spezialisten gegenüber. Wenn man die Personalkosten auf beiden Seiten berechnet, stellen sich die Fragen, wie hoch der Gewinn für beide Seiten ist oder ob es letztendlich nicht ein Null-Summen-Spiel bleibt. Die Zahl der Ärzte, die bei den verschiedenen MDKs in Deutschland beschäftigt sind, geht ebenso wie die Zahl der im Medizin-Controlling in deutschen Kliniken beschäftigten Ärzte mittlerweile in die Tausende! Auf der einen Seite wird in Deutschland über einen zunehmenden Ärztemangel, zum Beispiel bei den Hausärzten, lamentiert, auf der anderen Seite sind Tausende von approbierten und teuer ausgebildeten Medizinern in Büros eingepfercht und bearbeiten Krankenakten und Kostenrechnungen. Aber nur die Krankenhäuser, die sich dem irrwitzigen Kampf stellen, Kranke in möglichst kurzer Zeit abzufertigen, möglichst wenig Ressourcen dafür zu benötigen und jeden Cent mit perfekt ausgenützten Rechnungsstellungen einzutreiben, werden die Chance haben, den Konkurrenzkampf zu überleben. Kliniken versuchen heute alles, um Rechnungsstellungen zu optimieren, abrechnungsrelevante Fakten nicht zu vergessen und im Wettbewerb mitzuhalten. Es ist oft das Hase-und-Igel-Prinzip. Dafür gibt es für Ärzte- und Klinikpersonal ständige Fortbildungen und Belehrungen von Seiten des Medizin-Controllings. Fast monatlich gibt es neue Vorgaben und Änderungen. Es sind oft Kleinigkeiten, die leicht übersehen werden, jedoch erlösrelevant sind. Stellt man zum Beispiel bei einer Blutuntersuchung fest, dass der Kalium-Wert eines Patienten unter der Normgrenze liegt, dann kann dies relativ einfach mit der täglichen Einnahme einer Kalium-Brausetablette therapiert werden. Mit dem erniedrigten Kaliumwert im Blut kann jetzt aber die Zusatzdiagnose einer sogenannten Hypokaliämie, also eines unter der Norm liegenden Kaliumspiegels, codiert werden. Dies kann im Einzelfall zu einem Mehrerlös von über 1 000 Euro führen. Vorausgesetzt, der Arzt vergisst im täglichen Stress nicht, die medikamentöse Therapie anzusetzen und sie vor allem schriftlich in der Patientenakte zu dokumentieren. Tipps und Tricks, die man immer wieder eingebläut bekommt. Liegt etwa bei einem Patienten in der Blutuntersuchung ein niedriger Hämoglobinwert (roter Blutfarbstoff) vor, stellt man die Diagnose einer Anämie (Blutarmut). Die orale Gabe eines Eisenpräparates ist »erlösrelevant«. Ob dies für den Heilverlauf beim Patienten im Einzelfall sinnvoll ist oder nicht, spielt keine Rolle. Hat ein Patient zum Beispiel Krampfadern an beiden Beinen, wäre es eigentlich in vielen Fällen keine große Herausforderung, die operative Versorgung beider Beine in einem Operationsgeschehen durchzuführen. Die Operationsdauer wäre zwar etwas länger, der Patient würde jedoch keinen zweiten Operationstermin, keinen weiteren Klinikaufenthalt und keine zweite Narkose benötigen. Ein solches Vorgehen wäre jedoch, mit Blick auf den Erlös, schlecht für die Klinik. Der Mehrerlös, den das gleichzeitige Operieren beider Beine in einer operativen Sitzung generiert, ist weitaus geringer, im Verhältnis zu einer zweiten Operation für das andere Bein. Es gibt Tricksereien, die noch weitaus mehr erlösrelevant, medizinisch und ethisch betrachtet jedoch absolut fragwürdig sind. Es gibt den einen oder anderen Arzt, der unter dem Diktat höherer Abrechnungsmargen diesen »Empfehlungen« nachgibt. Etwa, wenn es um die Dauer der Beatmung eines Patienten auf einer Intensivstation geht. Beatmungsstunden triggern hier den Erlös. Ab einer gewissen Stundenzahl steigt der Erlös plötzlich sprunghaft an. Bei MDK-Überprüfungen wird hier genau nachgeschaut. Nur eine Stunde zu früh den Beatmungstubus entfernt und die Beatmung beendet – und schon fehlen Tausende von Euros bei der Abrechnung. Also lieber den Tubus mal länger belassen und das Beatmungsregime hinauszögern. Natürlich gut begründet und dokumentiert! Wie unsinnig und gefährlich das DRG-Abrechnungssystem in manchen Fällen ist, zeigt das Beispiel der Behandlung einer schweren Durchblutungsstörung bei einem chronischen Beinarterienverschluss. Oft geht es dabei um die Frage, ob ein Bein erhalten werden kann. Eine Bypass-Operation zur Umgehung des Gefäßverschlusses kann sehr aufwendig und langwierig sein. In der Regel dauert ein solcher operativer Eingriff mehrere Stunden, gefolgt von vielen weiteren postoperativen Behandlungsmaßnahmen. Eine Oberschenkelamputation wird von einem versierten Chirurgen in weit weniger als einer Stunde vorgenommen. Der DRG-Erlös beider Behandlungsverfahren ist annähernd gleich! Für den Patienten aber mit einem gewaltigen Unterschied: Kann er sein Bein noch über eine längere Zeit behalten oder benötigt er eine Beinprothese oder ist er künftig gar auf einen Rollstuhl angewiesen? Man kann hoffentlich den meisten Ärzten noch trauen, dass sie solche Überlegungen niemals in ihre Therapieentscheidungen einbeziehen. Trotzdem schafft das DRG-Abrechnungssystem gefährliche und widersinnige Anreize.

Noch einmal zusammengefasst: Es gilt das Prinzip, möglichst viele erlösrelevante Diagnosen und Begleiterkrankungen zu erfassen, um die abrechnungsrelevante Fallschwere zu steigern. Das bedeutet, den Patienten so krank zu machen, dass die Codierungen zu höheren Erlösen führen. Das darf natürlich nicht zu offensichtlich passieren und muss einer späteren MDK-Überprüfung standhalten.

Das »Höhercodieren« ist aus Sicht der Wirtschaftlichkeit von Kliniken fast überlebensnotwendig. Dass gerade Krankenkassen dies kritisieren und hier immer wieder von »Abrechnungsbetrug« sprechen, mag in Einzelfällen nachvollziehbar sein, ist aber letztendlich ein Ausgleich für zu niedrig ausgestellte Abrechnungen durch eine nicht optimale Ausschöpfung eigentlich ganz legaler Rechnungsstellungen der Kliniken. Und wer im Glashaus sitzt, sollte eigentlich nicht mit Steinen werfen! Dahinter steckt folgender Sachverhalt: Den meisten Krankenkassen-Beitragszahlern ist nämlich nicht klar, dass ihre Beiträge nicht direkt an ihre jeweiligen Krankenkassen gehen, sondern in einen sogenannten Gesundheitsfonds. Welche Beträge davon bei der jeweiligen Krankenkasse verbleiben, regelt ein Gesetz, das sich »morbiditätsorientierter Risikostrukturausgleich«, kurz Morbi-RSA, nennt. Je schwerer krank die Versicherten einer Krankenkasse sind (oder zu sein scheinen), desto lukrativer wird dies für die Krankenkassen, weil sie dann mehr Gelder aus dem Fonds erwarten dürfen. Krankenkassen haben großes Interesse, dass ihre Versicherten krank sind, aber natürlich nur auf dem Papier! Je schwerer nämlich die Krankheitsdiagnosen sind, umso mehr können sie auf höhere Beiträge aus dem Fonds hoffen. Wenn Krankenkassen von Abrechnungsbetrug sprechen, dann müssen sie vor der eigenen Haustür kehren. Denn nach Einführung des Morbi-RSA wurden Hausärzten von Krankenkassen Prämien für die »Optimierung« von Diagnosen ihrer Patienten angeboten. Dies bedeutet nämlich gleichzeitig auch Mehreinnahmen für die Krankenkasse. Macht man aus der Diagnose »depressives Syndrom« eine echte Depression, aus einem Krampfaderleiden eine fortgeschrittene chronisch venöse Insuffizienz oder aus einer Lungenfunktionsstörung eine fortgeschrittene COPD (chronisch obstruktive Lungenerkrankung), dann profitiert davon die Krankenkasse. Es wurden sogar sogenannte Betreuungsstrukturverträge mit Kassenärztlichen Vereinigungen abgeschlossen und Beauftragte der Kassen suchten Arztpraxen auf, um beim Codieren der Diagnosen zu helfen. Ganz offen sprachen Kassenvertreter darüber, dass Hausärzte möglichst viele und schwere Diagnosen dokumentieren sollen. 2016 wurden bei einer der größten deutschen Krankenkassen staatsanwaltliche Ermittlungen und Durchsuchungen durchgeführt wegen des Verdachts auf Manipulation von Daten ihrer Versicherten. Diese Ermittlungen sind bis heute noch nicht ganz abgeschlossen. Der Medizinkolumnist Bernd Hontschik bezeichnete diesen Vorgang in seinem Beitrag »Eine Krankenkasse ist genug« sogar als organisierten, gewerbsmäßigen Betrug.[5]

Das Fallpauschalen-System dient einer ausschließlich ökonomischen Rationalität. Der Erlös jeder einzelnen Abteilung kann genau eruiert und diese miteinander verglichen werden. Es lässt sich kontinuierlich feststellen, welche Abteilungen ertragreich und welche es weniger sind. Dabei spielt es kaum noch eine Rolle, ob die weniger ertragreiche Abteilung für die Patientenversorgung genauso wichtig ist. Ebenso wenig relevant ist, ob eine Fachdisziplin für die Grundversorgung der Bevölkerung einer Region einen wesentlichen Beitrag leistet. Die Abteilung mit zu geringem Gewinn oder gar Verlust ist nicht weniger wichtig oder leistet schlechtere Arbeit. Es kann eben sein, dass ihre Patienten einfach weniger ertragreiche Diagnosen haben oder ein größerer Anteil der Patienten nicht vorgeplant kommt, sondern als Notfall. Das erfordert meist einen größeren Ressourcenaufwand. Ist eine Fachdisziplin weniger ertragreich, gerät sie in den Fokus der Ökonomen und droht dem Rotstift zum Opfer zu fallen. Das bedeutet aber: In erster Linie entscheiden Krankenhausträger nicht nach der medizinischen Qualität oder einer regional notwendigen Gesundheitsfürsorge für die Bevölkerung, sondern nach dem, was für ihre Klinik rentabel ist. Verlierer sind Patienten und Erkrankte, die für Kliniken betriebswirtschaftlich betrachtet uninteressant sind oder deren Behandlung möglicherweise sogar mit einem Verlustrisiko verbunden ist. Dazu zählen zum Beispiel Schwangere, die vielfach heute schon keine wohnortnahe Klinik mehr vorfinden. Zahlreiche Entbindungsstationen wurden in den letzten Jahren geschlossen. Oder Kinder. Das Angebot an Kinderkliniken oder Fachabteilungen wird immer weiter reduziert. Weil Kinder- und Jugendmedizin kostet! Weil die Behandlung von Kindern, zu Recht, viel mehr personelle, zeitliche und technische Ressourcen benötigt als die von Erwachsenen. Verlierer sind auch Patienten mit schweren oder Mehrfacherkrankungen oder die Patienten mit chronischen Erkrankungen, ältere und häuslich nicht mehr ausreichend versorgte Patienten. Da mit dem DRG-Abrechnungssystem, wie bereits erwähnt, in der Regel nur eine Diagnose abgerechnet werden kann, liegt der Fokus auf der Behandlung dieser Erkrankung. Um den Erlös zu steigern, kann man in Einzelfällen Zusatzdiagnosen kodieren, die den Schweregrad, das heißt den Case Mix, steigern. Ergibt sich aber aus der Zusatz- oder Begleitdiagnose keine Schweregradsteigerung, wird diese Begleiterkrankung aus ökonomischer (und leider dann auch manchmal aus ärztlicher) Sicht uninteressant. Es gibt ausgeklügelte Computerprogramme, mit denen man dies vorab virtuell berechnen kann. Ein Berechnungsprogramm entscheidet also in manchen Fällen über den Umfang und die Art der Behandlung! Hat eine gleichzeitig vorliegende Zweit- oder Dritterkrankung also keine Erlösrelevanz, wird sie nicht oder nur wenig beachtet. Das bedeutet in der Konsequenz: Der ganzheitliche Blick auf den Patienten geht mehr und mehr verloren. Alles, was sich nicht direkt erlösrelevant niederschlägt, gerät aus dem Blick und ist uninteressant. Dadurch werden aber oft wichtige Zusammenhänge verschiedener Erkrankungssymptome und deren Ursachen übersehen. Sobald die Hauptsymptome einigermaßen erfolgreich therapiert wurden, ist aus ökonomischer Sicht Genüge getan. Der Patient kann entlassen werden. Um die weiteren Erkrankungen, etwa Diabetes, Bluthochdruck, offene Beine und so weiter, soll sich gefälligst der Hausarzt oder eine andere Klinik kümmern. Alternativ: Man plant, den Patienten in einiger Zeit wegen einer anderen Diagnose erneut stationär aufzunehmen. Dann kann das Spiel von vorne beginnen, denn nun handelt es sich ja um eine ganz andere Diagnose und damit um eine neue abrechnungsrelevante DRG.

Klinikärzte fungieren als Auftragsarbeiter. Der Erkrankte gerät aus dem Fokus der Bemühungen. Dies geht auf Kosten der Behandlungsqualität. Ein erfahrener Assistenzarzt drückte dies in zynischer Weise einmal so aus: »Wenn ein multimorbider Patient über die Notaufnahme eingewiesen wird, schaue ich zunächst in einem alten Arztbrief und suche Informationen über frühere stationäre Aufenthalte des Patienten. Sind in der Auflistung der Erkrankungen und Begleiterkrankungen mehr als fünf oder sechs schwere Diagnosen erwähnt, nehme ich den Patienten möglichst nicht in meine Abteilung auf, sondern versuche ihn irgendwie loszuwerden.«

Die idealistische Vorstellung des Arztes als Helfer des hilfesuchenden Patienten hat in diesem System nur noch wenig Raum. Aus ökonomischer Sicht gilt sie als vollkommen überholt und ineffizient. Der Patient ist ein Fall, ein »Case«, eine DRG-Diagnose. Und so wird er oftmals auch behandelt.

5 Krankenhaussterben

Geographen des Landschaftsverbands Westfalen-Lippe nahmen 2019 den Krankenhausatlas des Statistischen Bundesamtes unter die Lupe.[1] Ihre Warnung: Die Klinikzahl erreicht in manchen Regionen in Westfalen eine kritische Größe. Manche Regionen würden eine Ausdünnung der Krankenhauslandschaft kaum vertragen. Nach der Analyse der Geographen müssen Menschen in manchen Regionen bereits jetzt schon bis zu 30 Minuten Fahrt in Kauf nehmen, um die nächste Klinik zu erreichen.[2] Diese Situation, bedingt durch Schließungen von Kliniken, ist auch in anderen ländlichen Regionen mehrerer Bundesländer zu beobachten. Es besteht in Deutschland ein deutliches Missverhältnis bei der Klinikversorgung zwischen Stadt und Land. Tatsächlich gibt es einige städtische Regionen und Ballungszentren mit einer Überversorgung. Angesichts des Ärztemangels im ländlichen Raum sind gerade dort Kliniken wichtige Notfalleinrichtungen und Daseinsgrundversorger. Eine ortsnahe und gute Versorgung gibt den Menschen ein Gefühl der Sicherheit und ist ein Qualitätsmarker, für viele Menschen auch ein Kriterium für die Wahl ihres Wohnorts. Die Zahl der Krankenhäuser in Deutschland ist seit Jahren rückläufig. Und damit auch die Zahl der Krankenhausbetten. Nach Angaben des Statistischen Bundesamtes gab es 1991 noch 2 411 Krankenhäuser mit insgesamt 660 000 Betten. 2018 waren es nur noch 1 925 Kliniken mit 498 000 Betten. Auf 100 000 Einwohnern kommen bundesweit im Durchschnitt 600 Betten. Ein Rückgang also von etwa 25 Prozent.[3] Die Frage, ob diese Betten tatsächlich vorgehalten werden oder teilweise nur auf dem Papier existieren, müsste zunächst einmal kritisch hinterfragt werden. Da gibt es beispielsweise eine Stadtklinik, die angeblich 350 Krankenhausbetten hat. Zumindest wirbt sie so auf ihrer Homepage. Auch im Landesbettenplan ist diese Zahl vermerkt. Dass de facto seit mehr als 10 Jahren nur gut 200 Betten belegt werden können, ganze Krankenhausflure und Stationen verwaist sind und auch keineswegs beabsichtigt ist, diese wieder zu eröffnen, ist eine Tatsache, die nur intern hinter vorgehaltener Hand zugegeben wird. Weiß man aber, dass beispielsweise Zuschüsse für Investitionsmaßnahmen auch an Bettenzahlen geknüpft sind oder dass man mit der ausgewiesenen Bettenzahl die Wichtigkeit seiner Marktposition hervorheben kann, dann macht es natürlich einen großen Unterschied, ob die Klinik 200 Betten oder 350 Betten betreibt. Und es sind keine Einzelfälle. Somit entspricht die statistisch angegebene Bettenzahl nicht der Realität. Würden die zuständigen Behörden bundesweit den Landesbettenplan einer Region kritisch überprüfen, wären die tatsächlich belegbaren Betten in Deutschland deutlich geringer. Zu beobachten ist auch eine deutliche Verschiebung bei den Krankenhausträgern. Während 1991 noch fast 50 Prozent der Kliniken in öffentlich-rechtlicher Hand und 39 Prozent in der Trägerschaft von Kirchen, Stiftungen und karitativen Organisationen waren, hat sich das heute fundamental verändert. Die Anzahl der Kliniken in öffentlich-rechtlicher Hand ist auf 29 Prozent geschrumpft, der Anteil privater Klinikträger hat sich zwischen 1991 und 2018 von 15 Prozent auf 37 Prozent mehr als verdoppelt.[4] Und die Entwicklung scheint noch lange nicht am Ende. Krankenhäuser in öffentlicher Trägerschaft sind im Durchschnitt dreimal so groß wie Privatkliniken und doppelt so groß wie Kliniken in freier Trägerschaft. Offensichtlich sind die großen Krankenhäuser für private Klinikkonzerne weniger attraktiv. Sogenannte Maximalversorger hingegen haben eine Garantenpflicht und müssen, gesetzlich festgelegt, die Komplettversorgung der Bevölkerung sichern. Große Kliniken müssen auch die medizinischen Sparten und Disziplinen vorhalten, die kostenintensiv sind und wirtschaftlich gesehen nur mit Subventionen überleben. Sie leisten somit die »teure Medizin«, wie sie zum Beispiel für seltene Stoffwechselerkrankungen, in der Transplantationsmedizin oder bei schweren immunologischen Erkrankungen erforderlich wird. Sie können sich nicht nur auf die im Entgeltsystem besser wirtschaftlich abgebildeten Fachbereiche reduzieren. Wie wichtig eine bedarfsgerecht geplante und sich nicht vorwiegend an wirtschaftlichen Vorgaben orientierende Primärmedizin ist, zeigt die im Vergleich zu vielen anderen Ländern relativ komfortable Situation während der Corona-Pandemie im Hinblick auf das Vorhalten von Intensivbetten. Und trotzdem hat gerade die Pandemie auch in Deutschland die Grenzen und Auswirkungen der Ökonomisierung und die Folgen eines jahrzehntelangen Kaputtsparens im Krankenhausbereich evident gemacht. Das chronisch überforderte System mit den zunehmend reduzierten, einer Effizienz- und Profitabilitätslogik geopferten Vorhaltekapazitäten hat auch das Krankenhauswesen in Deutschland an seine Grenzen gebracht. Zwischen 1991 und bis zum Beginn der Pandemie nahm die Anzahl von Intensivbetten um 36 Prozent von 20 200 auf 27 500 Betten zu. Vorwiegend wurden diese Betten in Großkliniken und Kliniken mittlerer Größe geschaffen, somit überdurchschnittlich in Kliniken mit öffentlich-rechtlicher Trägerschaft. Ohne diesen Anstieg von Intensivbetten wäre Deutschland im Verlauf der Corona-Pandemie in eine weitaus katastrophalere Situation geraten. Man kann postulieren, dass es ohne die relativ gut aufgestellte und bestens organisierte Intensivmedizin in Deutschland zu weitaus mehr Corona-assoziierten Todesfällen gekommen wäre. Größtes Manko war aber das Fehlen von qualifiziertem Intensivpersonal. Das Ausschöpfen von Rationalisierungsreserven, ausgelöst durch die Einführung des Fallpauschalensystems, die dadurch bedingten, schleichenden »Einsparungen« im Bereich der Pflege samt Arbeitsverdichtung und der unsäglichen Dokumentationswut haben qualifiziertes und motiviertes Pflegepersonal in Scharen aus den Kliniken getrieben. Viel zu spät heuchelt die Politik nun ein Sich-Kümmern um die Probleme der Pflege, um Attraktivität, soziale Anerkennung und eine gerechtere finanzielle Entlohnung vor, wohlwissend, dass qualifiziertes Pflege- und vor allem Intensivpersonal nicht auf Bäumen wächst, sondern eine mehrjährige Ausbildung und Erfahrung benötigt.

Die Diskussion um Krankenhausschließungen wird in den letzten Jahren immer heftiger geführt. Selbst inmitten der Corona-Pandemie erklärte der Gesundheitsökonom Reinhard Busse von der Technischen Universität Berlin, dass aus seiner Sicht etwa 800 der insgesamt 1400 Akutkrankenhäuser in Deutschland überflüssig seien.[5] Die Deutsche Krankenhausgesellschaft (DKG) hält entschieden dagegen und weist darauf hin, dass Krankenhäuser zur Daseinsvorsorge dienen und diese wichtige Funktion nicht mit einer radikalen Zentralisierung zu gewährleisten ist.[6] Bereits 2016 schlug die Nationale Akademie der Wissenschaften Leopoldina in einem Thesenkatalog zur Weiterentwicklung des Gesundheitswesens zum Wohle der Patienten vor, dass man als Vorbild Dänemark nehmen könne.[7] Hier kommt auf 250 000 Einwohner ein Krankenhaus. Somit wären in Deutschland nur etwa 330 Akutkrankenhäuser notwendig. Eine ähnliche These vertritt die Bertelsmann Stiftung nach der PR-Methode: Provokationen schaffen Aufmerksamkeit.[8] In ihrer im Juli 2019 veröffentlichten Studie »Zukunftsfähige Krankenhausversorgung« argumentiert sie, dass durch die Schließung von Krankenhäusern frei werdendes Personal, eine bessere Versorgungsqualität sowie bessere Ausstattung und Effizienz von Kliniken erreicht werden könne.[9] Die Stiftung fordert außerdem eine Reduzierung stationärer Krankenhausaufenthalte und eine stärkere Profitorientierung. Sie kommt, basierend auf einer Simulation am Beispiel einer Neustrukturierung der Krankenhausversorgung in Nordrhein-Westfalen, zu dem Schluss, dass unter dem Gesichtspunkt der Erreichbarkeit und Qualität mehr als zwei Drittel der Krankenhäuser dort geschlossen werden könnten. Sowohl die Studie der Leopoldina als auch die Bertelsmann-Studie wurden federführend von dem bereits erwähnten Experten, Professor Busse von der Technischen Universität Berlin, durchgeführt. Erwähnenswert in diesem Zusammenhang ist auch, dass Brigitte Mohn, Mitglied im Vorstand der Bertelsmann-Stiftung, gleichzeitig im Aufsichtsrat des privaten Rhön-Klinikkonzerns sitzt. Die Befürworter einer radikalen Reduzierung der Zahl der Krankenhäuser in Deutschland verweisen gerne auf die Gesundheitssysteme skandinavischer Länder, wo es trotz deutlich weniger Kliniken und Betten laut OECD-Daten eine hohe Qualität bei der Patientenversorgung gebe, in Teilen sogar besser als in Deutschland. Dass bei diesen Studien viele andere Faktoren im länderspezifischen Gesundheitswesen, wie etwa die Vielzahl lokaler Erstversorgungseinrichtungen in Skandinavien, die Qualität und die Rechtskompetenz des Pflegepersonals sowie eine nicht vergleichbare Bevölkerungsverteilung zwischen Stadt und Land, eine Rolle spielen, wird in diesen Vergleichen kaum berücksichtigt. Es wird auch nicht darauf eingegangen, dass ein umfassender internationaler Vergleich der Qualität von Gesundheitssystemen auf der Basis harter Fakten so gut wie nicht existiert. Insofern sind Vergleiche schwierig und dürfen auf keinen Fall aufgrund von Einzeldaten zu wissenschaftlichen oder gar politisch motivierten Schlussfolgerungen herangezogen werden. Die Befürworter von Klinikschließungen führen Dänemark gerne als Beispiel an. Dass Dänemark sich in vielen entscheidenden Eckpunkten deutlich von Deutschland unterscheidet, wird in der Argumentation unterschlagen.[10] In Dänemark gibt es keine Sozialversicherungen, das Gesundheitssystem wird komplett aus Steuern finanziert. Wer in Dänemark wohnt und Steuern bezahlt, ist automatisch auch krankenversichert. Es gibt keine privaten Krankenkassen. Die ambulante Pflege wurde in Dänemark besonders stark ausgebaut und ist kostenlos. In Dänemark versorgt eine Pflegekraft im Durchschnitt drei bis fünf Patienten, in Deutschland sind dies elf bis dreizehn. Zu den Problemen des dänischen Gesundheitssystems gehören auf der anderen Seite die im Vergleich zu Deutschland teilweise sehr langen Wartezeiten, insbesondere auf Operationen und diagnostische Untersuchungen.[11] Ein weiteres Argument der Befürworter für Klinikschließungen ist eine sich dadurch angeblich verbessernde Personalsituation: Durch

Schließung aller Krankenhäuser mit weniger als 200 Betten würde unter anderem Pflegepersonal frei. 2020 gab es in Deutschland 1 040 Kliniken mit weniger als 200 Betten.[12] Ein weiteres Postulat ist, dass für die Erreichbarkeit der nächstliegenden Klinik den Menschen eine Anfahrtszeit von 30 bis 60 Minuten zumutbar sei. Die Zahl der stationär versorgten Patienten lag in den letzten Jahren bei deutlich über 19 Millionen jährlich. Selbst wenn man davon ausgehen möchte, dass durch Verlagerung von Patienten in ambulante Behandlungen eine Reduktion stationärer Patienten passiert, müssen weiterhin mindestens 16 bis 17 Millionen jährlich in Kliniken stationär behandelt werden. Und dafür benötigt man jede Schwester, jeden Pfleger. Wie die Erfahrungen von Klinikschließungen im ländlichen Raum zeigen, geben aber viele der Pflegekräfte ihren Beruf auf. Insbesondere Krankenpflegerinnen, die krankenhausnah wohnen und Beruf und Familie mit entsprechenden Arbeitszeitmodellen gut vereinbaren können. Auch Erfahrungen in der Industrie zeigen, dass alle Firmen Schwierigkeiten haben, Personal an andere Standorte zu versetzen.

Ein äußerst kontrovers diskutiertes Thema im Zusammenhang mit Klinikschließungen ist die Qualitätssicherung in Krankenhäusern. Unbestreitbar sind die Qualität von Behandlungen, von Therapien und Leistungen in Kliniken wichtige Parameter für Patienten und deren zuweisende Hausärzte bei der Auswahl einer Klinik. Qualitätssicherung ist für ein leistungsfähiges Gesundheitssystem unabdingbar. Kaum jemand wird sich ernsthaft gegen Qualitätssicherungsmaßnahmen und Überprüfungen wehren, denn es geht um die bestmögliche Versorgung von Erkrankten und das frühe Erkennen von Mängeln und Unzulänglichkeiten. Das Bundesministerium für Gesundheit verpflichtet alle Leistungserbringer im System der gesetzlichen Krankenversicherung, die Qualität ihrer Leistungen zu dokumentieren und zu verbessern. Im Sozialgesetzbuch V sind die Grundanforderungen an die Qualitätssicherung festgeschrieben.[13] Es beinhaltet die gesetzliche Verpflichtung zur Einführung eines internen Qualitätsmanagements und schreibt die Beteiligung an externen, einrichtungsübergreifenden Qualitätssicherungen vor. Unter internem Qualitätsmanagement versteht man klinikinterne Prozesse zur kontinuierlichen Überprüfung eines Risikomanagements oder eines Fehlers. Externe Qualitätsüberprüfungen sind Verfahren zum Vergleich, zur Bewertung oder zur Kontrolle vor allem organisatorischer Abläufe und von Behandlungsergebnissen. Zur konkreten und verbindlichen Regelung von Abläufen und Bewertungskriterien im ambulanten sowie im stationären Bereich besteht ein sogenannter Gemeinsamer Bundesausschuss (GBA), der sich ständig mit den komplexen Themen beschäftigt und die Richtlinien vorgibt. Der GBA setzt sich aus jeweils fünf Vertretern der gesetzlichen Krankenkassen und der Leistungserbringer sowie drei unparteiischen Mitgliedern zusammen. Patientenvertreter besitzen ein Mitberatungs- und Antrags-, jedoch kein Stimmrecht. Der GBA hat die Gestaltungshoheit, er entscheidet, für welche Bereiche Qualitätsanforderungen bestimmt werden, wie diese detailliert umgesetzt werden müssen und mit welchem Aufwand. Seine Vorgaben sind für die Leistungserbringer verbindlich. Die Qualität ausgewählter Leistungsbereiche der Krankenhäuser wird anhand von verpflichtend zu dokumentierenden Daten gemessen. Behandlungsergebnisse sollen somit vergleichbar sein, gezielte Maßnahmen sollen bei Bedarf zur Qualitätsverbesserung ergriffen werden. In der externen Qualitätssicherung sind derzeit über 220 Indikatoren und 23 Qualitätssicherungsverfahren, vor allem aus den Gebieten Gefäßchirurgie, Hygiene- und Infektionsmanagement, Herzchirurgie, Kardiologie, Gynäkologie, Orthopädie und Unfallchirurgie, Perinatalmedizin, Transplantationsmedizin sowie der Krankenpflege. Hier ist somit ein bundesweiter Vergleich möglich. Damit das alles nicht nur ein zahnloser Tiger ist, wurde in dem 2016 in Kraft getretenen Krankenhausstrukturgesetz die konkrete Überprüfung der Einhaltung der Qualitätsmaßnahmen geregelt.[14] Und ebenso die Strafen bei Nichteinhaltung von Qualitätsanforderungen. Zwar sagt das BMG, dass die Krankenhäuser zunächst zur Verbesserung der Versorgungsqualität beraten und unterstützt werden sollen. Es können aber auch Durchsetzungsmaßnahmen mit Sanktionscharakter erfolgen bis hin zu planungsrechtlichen Konsequenzen. Sprich: Mittels des Instruments der Qualitätssicherung kann über den Verbleib eines Krankenhauses oder einer Fachabteilung im Krankenhausplan des jeweiligen Bundeslandes entschieden werden. In den kommenden Jahren soll der GBA weitere sogenannte planungsrelevante Qualitätsindikatoren entwickeln als Grundlage für Entscheidungen der Krankenhausplanung.

Und genau dies führt jetzt zur Kontroverse. Die Hoffnung der Befürworter radikaler Krankenhausreduzierungen lag darin, dass Qualitätssicherungsmaßnahmen automatisch zur »Trennung von Spreu und Weizen« führen und dass vor allem die kleineren Kliniken diese Hürde der Qualitätssicherungsmaßnahmen reißen und sich somit aus dem Wettbewerb verabschieden. Aber was für ein Staunen: Es zeigte sich das Gegenteil. Bei vielen Indikatoren waren kleinere Kliniken im Vergleich zu großen Häusern sogar besser! Auch wenn immer wieder schlechte Qualitätsstandards als Argument für die Schließung kleinerer Kliniken herangezogen werden, so wird dies durch die Fakten eindeutig widerlegt. Bereits 2015 nahm die Bundesärztekammer in einem Positionspapier (»Qualitätssicherung auf dem Irrweg«) klar dazu Stellung. Insbesondere äußerte sie sich sehr kritisch zu den geplanten Qualitäts-Zu- und Abschlägen nach dem Prinzip einer Belohnung oder Bestrafung.[15] Die Bundesregierung hatte hierzu ein Gutachten aufgelegt. Weder aus dem Gutachten noch aus internationalen Studien ließ sich die Zweckmäßigkeit eines solchen Verfahrens ableiten. Der strukturierte Dialog über Qualitätsaspekte im Krankenhaus zieht sich nunmehr über einen Zeitraum von mehr als 20 Jahren. Trotz der Transparenz der Ergebnisse durch die Veröffentlichung der Qualitätsindikatoren gibt es keine übereinstimmenden Indikatoren, die im Sinne des Krankenhausstrukturgesetzes zwischen ausreichender und unzureichender Qualität einer Klinik oder einer Fachabteilung zu unterscheiden vermögen. Aber genau das sehen die Macher der »Schließungsstudien« als gegeben an. Was Bürgerinnen und

Bürgern seitens der Politik und einiger Interessenverbände als Plus an Versorgungsqualität und Behandlungssicherheit verkauft wird, ist ein Katalog untauglicher und methodisch unausgereifter Instrumente. Mit dem Ziel einer Qualitätsverbesserung hat das nichts zu tun. Vielmehr werden damit gesundheitspolitische Versäumnisse, insbesondere die mangelnde Finanzierung der Krankenhäuser, daraus resultierend die Knappheit und Überlastung des Personals und die ausufernde Bürokratisierung zu Lasten der unmittelbaren Patientenversorgung, kaschiert. Krankenhäuser in Deutschland sind gesetzlich verpflichtet, ihre Struktur- und Leistungsdaten in Qualitätsberichten zu veröffentlichen, deren Gestaltung und Inhalt vorgeschrieben sind. Oft werden dazu die Daten diverser Vergleichs- und Bewertungsportale von Krankenhäusern im Internet benutzt. Aus Sicht der Bundesärztekammer sollten Nutzer solcher Portale dieser vermeintlich geschaffenen Qualitätstransparenz immer mit einer gewissen Skepsis begegnen.[16] Vor allem, wenn die Portale ein Ranking vornehmen. Aussagen wie »die Klinik A ist besser als die Klinik B« sind stark vereinfacht und angesichts der methodisch anspruchsvollen Erhebungen valider Daten auch schwierig.

Ausgerechnet in den Corona-Jahren 2020 und 2021 wurden mehr als 20 Kliniken ganz oder teilweise geschlossen. Es bleibt die Frage, ob man die Entscheidung über Krankenhausstandorte und die notwendige Zahl von Kliniken dem Markt überlässt oder ob nicht die Politik die Verantwortung übernehmen muss, um für die Bevölkerung eine qualitativ gute und regional ausgeglichene Krankenhausversorgung zu garantieren. Ein entscheidender Punkt ist, nach welchen Kriterien man Schließungen festlegt. Ein Teil des Polit-Establishments hat dies nach marktwirtschaftlichen Kriterien so beschlossen: Überleben sollen die wirtschaftlich gesund arbeitenden Kliniken. Andere lässt man defizitär und schließlich insolvent werden, so dass die politisch Verantwortlichen immer ausreichende Argumente finden für die offensichtlich nun unvermeidlichen Klinikschließungen. Dass dabei natürlich keine Chancengleichheit auf dem Markt besteht und die Verlierer dieses »Überlebenskampfes« von vorneherein feststehen, ist den Protagonisten durchaus bewusst. Ob aber gerade die wirtschaftlich gesündesten Kliniken auch die für die Versorgungssituation einer Bevölkerung notwendigen Krankenhäuser sind, spielt bei diesen Überlegungen keine Rolle. Die Bundesregierung stellt jährlich bis zu 500 Millionen Euro Fördermittel aus dem Krankenhausstrukturfonds bereit für freiwillige Schließungen von Krankenhäusern und Bettenabbau![17] Selbst die Corona-Pandemie wird herangezogen, um zu behaupten, dass man viele der kleineren Kliniken überhaupt nicht zur Bewältigung der Krise benötigt hätte.[18] Denn der Großteil der Covid-19-Patienten sei in großen Zentren und Kliniken der Maximalversorgung behandelt und dort auch medizinisch und qualitativ viel besser versorgt worden.[19] Letzteres trifft für die schwersterkrankten Covid-Patienten sicher zu, die etwa als letzte Therapiestufe an eine ECMO (extracorporale Membranoxygenierung) angeschlossen werden mussten. Deshalb erfolgte auch die Zuverlegung aus kleineren, nicht so gut ausgerüsteten Kliniken. Aber um ebendiesen dafür auch eigens prädestinierten und für solche Fälle eingeplanten Großkliniken und Zentren für deren Kernaufgaben den Rücken freizuhalten, waren gerade die vielen kleineren und regional verteilten Kliniken unverzichtbare und absolut notwendige Glieder in einer Kette. Über 40 Prozent der stationären Covid-Patienten wurden in Kliniken mit weniger als 200 Betten behandelt. Ohne diese Situation hätte Deutschland im internationalen Vergleich die Pandemie nicht so glimpflich überstehen können. In Deutschland kommen auf 1 000 Einwohner 6,0 Klinikbetten. Im internationalen Vergleich liegt Deutschland damit an vierter Stelle. Im Vergleich dazu hat Italien 3,2 Betten pro Tausend Einwohner.[20] Deutschland hatte im Jahr 2020 mit 0,5 Prozent die niedrigste Mortalitätsrate bei Corona-Infizierten, Italien lag bei 10,1 Prozent, Großbritannien bei 4,9 Prozent. Noch abstruser sind gar Behauptungen von Corona-Leugnern, die in einem Flugblatt im Februar 2021 (»Freiheitsboten«) die Klinikschließungen als Beweis dafür anführen, eine Bettenknappheit wegen Covid-19-Erkrankter hätte es nie gegeben. Man habe sogar in der Pandemie ohne deshalb auftretende Versorgungsengpässe Kliniken schließen können.[21] Gerade die Corona-Pandemie macht den Kernauftrag der Krankenhäuser in der Daseinsvorsorge und besonders in Notfallsituationen deutlich. Ohne die Basisarbeit der vielen regionalen, kleineren und mittelgroßen Kliniken wäre der Verlauf um ein Vielfaches schlechter gewesen.

Etwas gemäßigtere und nachdenklichere Signale kamen während der Corona-Krise nun auch aus der Politik. So forderte Bundesarbeitsminister Hubertus Heil im April 2020, das Gesundheitssystem nach der Corona-Krise neu zu überdenken.[22] Er konstatierte, dass die marktwirtschaftliche Organisation des Gesundheitswesens in Teilen an seine Grenzen stößt. Fast zur gleichen Zeit forderte der bayerische Ministerpräsident Markus Söder, dass man die zunehmende Privatisierung von Kliniken sowie die Reduzierung von Kliniken und Krankenhausbetten nochmals kritisch neu bewerten müsse.[23] Ob der neue Gesundheitsminister Lauterbach und die jetzige Ampel-Regierung hier eine Trendwende einläuten, bleibt fraglich. Denn noch 2019 hat Herr Lauterbach getwittert, dass man jede zweite Klinik in Deutschland schließen könne. Das mag manche Kritiker nicht verwundern, war er doch als Lobbyist von 2001 bis 2013 im Aufsichtsrat eines der größten börsennotierten Klinikkonzern-Unternehmen, den *Röhn-Kliniken*. Ein Konzern, der 2019 aus seinen Gesundheitsgeschäften 44,5 Millionen Euro Gewinn auswies.[24] Die Hoffnung bleibt, dass Lauterbach dazugelernt hat, Irrtümer erkennt und sich vom Saulus zum Paulus wandelt. Die Corona-Pandemie zeigt uns, dass ein chronisch überfordertes Gesundheits- und vor allem Krankenhaussystem schnell an seine Grenzen kommt. Es ist verwunderlich, dass kein Politiker jemals die Existenz lokaler und regionaler Feuerwehren in Frage stellt. Wenn diese vielleicht nur zwei oder drei wichtige Einsätze im Jahr haben, wäre doch darüber nachzudenken, die Kapazitäten, die Vorhaltereserven drastisch zu reduzieren? Man könnte doch die Feuerwehren aus der Umgebung, etwa aus 60 Kilometer Entfernung, anrücken lassen? Undenkbar. Alle politischen Parteien sind sich darin einig, dass dies der Sicherheit unserer Bevölkerung nicht zumutbar wäre. Im Gegenteil. Bei jeder neuen Katastrophe wird, politisch opportun und vor allem jeweils von Oppositionsparteien, der Mangel an technischen Ressourcen kritisiert und ein massiver Ausbau der Reserven und Vorkehrungen eingefordert. Eine rasche Notfallversorgung, die Absicherung vor Katastrophen und der Schutz der Bevölkerung sind ein wichtiges, unverzichtbares Grundrecht, ein wichtiger Teil der Fürsorge eines Staates. Warum dies offensichtlich bei der Vorhaltung von Kliniken anders diskutiert wird, ist möglicherweise der Tatsache geschuldet, dass es bei Bränden und anderen Notfällen zwar auch um Menschenleben, aber in erster Linie auch um die Vermeidung von Millionen- oder sogar Milliardenschäden geht.

Nicht alle Klinikschließungen in Deutschland sind in den nächsten Jahren vermeidbar, einige sind auch begründbar. Auf keinen Fall können jedoch die bisherigen Versuche zur Erreichung eines Kahlschlags im deutschen Krankenhauswesen so fortgesetzt werden. Ansonsten gerät das Grundrecht der Menschen im Land in Gefahr, dass Krankenhäuser der Vorsorge, der Absicherung und der Daseinsfürsorge dienen müssen. Die Schließung von Kliniken ausschließlich nach ökonomischen und betriebswirtschaftlichen Vorgaben, die Versuche, mit fragwürdigen Qualitätskriterien vor allem kleinere und mittlere regionale Kliniken zu diskreditieren und vom Markt zu nehmen, und der Umweg, mittels Privatisierungen und Klinikübernahmen durch profitorientierte Klinikkonzerne den freien Markt entscheiden zu lassen, können nicht die Lösung sein.

6 Klinikkonzerne

Welche Motive bringen einen Medizintechnik- und Pharmagiganten wie *Fresenius* dazu, eine Tochtergesellschaft zu gründen, die Krankenhäuser in ganz Deutschland aufkauft und mit dem Aufkauf von Kliniken in europäischen Ländern und in Übersee spekuliert? *Fresenius* ist ein weltweit agierender Pharmakonzern im Gesundheitsmarkt mit über 300 000 Mitarbeitern in über 100 Ländern.[1] Der Umsatz liegt bei über 35 Milliarden Euro. Der Konzern hat eine weltweit führende Rolle im Bereich der Dialysegeräte und der Herstellung von Infusions- und Ernährungslösungen. Zum Konzern gehören unter dem Dach der Holding *Helios Health* 89 Kliniken und 130 Medizinische Versorgungszentren in Deutschland mit 73 000 Mitarbeitern. Der Umsatz lag 2020 bei 6,3 Milliarden Euro. Mit der Übernahme der *Wittgenstein Kliniken AG* mit rund 30 Akut- und Fachkliniken und 4 600 Mitarbeitern begann 2001 der Einstieg von *Fresenius* in das Krankenhauswesen. 2005 erfolgte dann der Zukauf der *Helios Kliniken* für 1,5 Milliarden Euro. Die Expansion auf dem Kliniksektor wurde 2013 vorangetrieben mit dem Zukauf von 43 Kliniken und 15 MVZs vom Klinikkonzern *Rhön-Klinikum AG* für eine Summe von 3,4 Milliarden Euro. 2017 erfolgte dann der Schritt in den europäischen Markt, denn Märkte in Europa und in Übersee geraten zunehmend in den Fokus möglicher Investoren und bieten verlockende Markt- und Gewinnchancen. Der *Helios*-Konzern äußerte sich wie folgt zu seiner künftigen Marktstrategie: »Da Privatisierungen in Deutschland zurückgehen, suchen und finden wir neue Wachstumsmöglichkeiten sowohl im Ausland als auch in der Digitalisierung des Gesundheitswesens.« Für ca. 5,8 Milliarden Euro wurde der private spanische Klinikbetreiber *Quirónsalud* mit 44 Krankenhäusern, 44 Gesundheitszentren und etwa 300 Einrichtungen für betriebliches Gesundheitsmanagement hinzugekauft.[2] Jährlich werden dort nach Angaben des Konzerns 15 Millionen Patienten behandelt. Zwischenzeitlich ist *Helios* auch in Lateinamerika an Kliniken beteiligt und auf Expansionskurs. *Quirónsalud* beschäftigt 40 000 Mitarbeiter und erwirtschaftete 2020 einen Umsatz von 3,5 Milliarden Euro. 2020 berichtete *die Süddeutsche Zeitung* über Recherchen des Netzwerkes Steuergerechtigkeit, dass *Fresenius* mit Hilfe von Niederlassungen in Steueroasen Gewinne in Niedrigsteuerstaaten verschiebt, um die Steuerlast zu reduzieren.[3] Wer will angesichts solcher Zahlen und dieser expansiven Marktstrategie noch glauben, dass es *Helios* darum geht, in erster Linie soziale Ziele im Krankenhauswesen zu verfolgen? Aber offensichtlich gibt es genügend Fürsprecher und Lobbyisten im Gesundheitswesen und viele naive Lokalpolitiker, die sich von einer Privatisierung ihrer Kliniken eine finanzielle Gesundung versprechen oder sogar von der Philosophie und Marktstrategie solcher Klinikkonzerne überzeugt sind. Die von Kritikern erhobene Forderung, die Kommerzialisierung des Gesundheitswesens müsse beendet werden, kontert *Fresenius*-Chef Stephan Sturm mit der Behauptung, dass Kommerzialisierung die Gesundheitsversorgung verbessere: »Profite gehen nicht etwa dem Gesundheitswesen verloren, sondern werden von uns zum allergrößten Teil in moderne Medizintechnik, ins Personal und in eine bessere Ausstattung der Kliniken, kurz in eine immer bessere Medizin reinvestiert. Rendite ist also gut für die Patienten.«[4] Dass *Fresenius* für seine *Helios*-Tochter Rendite-Erwartungen von 15 Prozent hatte und sich 2019 entschuldigte, dass man »wegen der größeren regulatorischen Anforderungen dieses Ziel nicht mehr ganz erreichen werde«, wurde sehr bedauert. »Aber auch mit einer Rendite von zehn bis zwölf Prozent kann man gut auskommen«, so sagt es Sturm in einem Interview mit der Tageszeitung *Die Welt*.[5] Rendite ist also auch gut für die Aktionäre.

Der nach Umsatzzahlen zweitgrößte private Klinikbetreiber in Deutschland ist die *Asklepios GmbH*. Sie besteht aus verschiedenen Unternehmen und Klinikgruppen. Ausgewiesener Jahresumsatz 2019: 3,6 Milliarden Euro. Die Mitarbeiterzahl wird mit 49 000 angegeben.[6] Zum Konzern gehören 160 assoziierte Einrichtungen, darunter 36 Krankenhäuser, 19 Fachkliniken, 13 Psychiatrische Kliniken, 41 Rehakliniken und viele weitere Einrichtungen wie medizinische Versorgungszentren. Zu *Asklepios* gehören ferner Gewerbeimmobilien und Luxushotels. *Asklepios* ist außerdem Mehrheitseigentümer des privaten deutschen Fernsehsenders *Health TV*. 1984 hatte der Wirtschaftsprüfer und Rechtsanwalt Bernhard große Boermann zusammen mit Lutz Mario Helmig *Asklepios* gegründet. Notiz am Rande: Später trennte sich Helmig von *Asklepios* und gründete die *Helios Kliniken GmbH* – heute der größte Konkurrent von *Asklepios*. Der Konzern hält außerdem unter anderem Aktienanteile an der *Rhön-Klinikum AG* und dem privaten Klinikbetreiber *MediClin AG*. Auch *Asklepios* beschränkt sich nicht auf den deutschen Gesundheitsmarkt, sondern sucht weltweit nach Investitionsmärkten. So bestehen mehrere Beteiligungen an Kliniken und Gesundheitseinrichtungen in Griechenland, China und Saudi-Arabien. Wird Kritik geäußert an der Konzernstrategie, argumentiert die Firmenzentrale ganz ähnlich wie *Fresenius:* Der Inhaber lasse den ganzen Gewinn wieder in das Unternehmen für Investitionen zurückfließen.

Was man bei dieser Entwicklung jedoch immer im Hinterkopf behalten sollte: Basis der Konzerngewinne sind Gelder aus dem solidarisch finanzierten Gesundheitssystem! Der Verkauf oder Börsengang eines solchen Konzerns würde einen Milliardengewinn einbringen.

Beispielhaftes Lehrstück einer gnadenlosen Privatisierung war der Verkauf Hamburger Krankenhäuser an *Asklepios* 2004. Obwohl sich eine deutliche Mehrheit der Hamburger Bevölkerung in einem Volksentscheid dagegen aussprach, entschied der Senat um den damaligen CDU-Bürgermeister Ole van Beust, die Mehrheit von 75 Prozent am Landesbetrieb der Krankenhäuser an *Asklepios* zu verkaufen, weil der mit über 500 Millionen verschuldete Landesbetrieb »ein Fass ohne Boden ist«. Der Kaufpreis von 318 Millionen Euro wurde von der Stadt Hamburg als großer Erfolg gefeiert. Aus seinem eigenen Vermögen zahlte *Asklepios* 19 Millionen. Die Stadt Hamburg übernahm mehr als die Hälfte der Schulden des Landesbetriebs, etwa 300 Millionen Euro. Weitere vereinbarte 75 Millionen Euro musste *Asklepios* nie bezahlen, denn diese wären erst fällig geworden, wenn *Asklepios* in den ersten fünf Jahren 408 Millionen Euro operativen Gewinn gemacht hätte, was völlig utopisch war. Der *Spiegel* hatte über die Hintergründe 2016 in einer ausführlichen Recherche (»Asklepios-Kliniken: der kranke Konzern«) berichtet.[7] Von Seiten des Konzerns und verschiedener Gesundheitsökonomen hagelte es natürlich Kritik an dieser Berichterstattung. Fakt ist, dass *Asklepios* zu diesem Zeitpunkt die Nummer eins bezüglich ihrer Renditevorgaben war. 14 Prozent sollten es sein, mit einer jährlichen Steigerung von einem Prozent! Welcher andere Industriezweig in Deutschland kann von solchen Renditeerwartungen träumen? Es ist richtig, dass *Asklepios* in den vergangenen Jahren in den Umbau, die Sanierung und in die Neustrukturierung seiner Kliniken einen höheren dreistelligen Millionenbetrag investiert hat. Aber auch die Stadt Hamburg gab dem neuen Investor nochmals 300 Millionen Euro als Zuschuss. Klar ist aber, dass die Landeskliniken Hamburg für »einen Appel und ein Ei« von *Asklepios* erworben wurden und heute ein Milliardenvermögen darstellen. Die weiteren Fakten: Der Stadtstaat Hamburg hat dem Konzern die Grundstücke für 60 Jahre pacht- und mietfrei überlassen. Die Pensionslasten ausgeschiedener Mitarbeiter hat Hamburg ebenso übernommen wie einen Großteil der Kosten für »Rückkehrer«, also für Personal, das nicht bei einem privaten Klinikbetreiber beschäftigt sein wollte. Weil anfänglich etwa 1500 Mitarbeiter vom neuen Eigentümer der Klinik weggingen, sind das etwa weitere 150 Millionen Euro. Gerade mal 15 Millionen Euro dieser Kosten blieben beim *Asklepios-Konzern* hängen. Hier von einer »Win-win-Situation« zu reden, wäre eine Farce.

Helios kaufte 2013 so nebenbei für 3,4 Milliarden Euro 45 Kliniken und 15 Medizinische Versorgungszentren von seinem Konkurrenten, dem *Rhön-Konzern*.[8] Mit diesem Zukauf wurde *Helios* zum Marktführer. Härtester Konkurrent um die Führungsposition ist *Asklepios*, das ein Tochterunternehmen des Medizinzulieferers *B. Braun* ist. *Asklepios* versuchte den *Helios*-Deal noch zu verhindern. Insbesondere fürchtete *Asklepios*, dass bei einem kompletten Zusammenschluss von *Helios* mit *Rhön* eine Marktdominanz entstünde. *Fresenius* verzichtete, letztendlich wohl auch wegen kartellrechtlicher Bedenken, auf eine Komplettübernahme von *Rhön*. Weil bei einem Teilankauf keine Zustimmung der Hauptversammlung notwendig ist, konnte der Ankauf auch nicht von den Konkurrenten gestoppt werden – *Asklepios* und *B. Braun* hatten sich zuvor mit jeweils fünf Prozent bei *Rhön* eingekauft, um den Deal noch zu verhindern. Schon nach der Ankündigung in dem »*Helios*-Deal«, *Rhön*-Kliniken einzukaufen, kam es zu einem Anstieg der *Rhön*-Aktien um elf Prozent. Damals verkündete der Sprecher des *Rhön*-Konzerns: »Zwei Drittel der Gewinne werden an die Aktionäre weitergegeben.« Offensichtlich entscheidet der Konzern weniger nach bedarfsgerechter Versorgung, sondern nach marktwirtschaftlichem Kalkül. Mehr noch: Zunehmend investieren Klinikkonzerne auch in medizinfremde Projekte. So erwarb der Klinikkonzern *Asklepios* 2014 unter anderem das traditionsreiche Hamburger Luxushotel Atlantic und ist an vielen weiteren ähnlichen Investitionsobjekten beteiligt.

Um im jetzigen Finanzierungssystem mit Kliniken Gewinne zu machen, wird mit harten Bandagen gekämpft. Nicht nur der hier zitierte *Spiegel*-Artikel kritisiert die Methoden und Machenschaften, mit denen *Asklepios* hier agiert. Auch der ehemalige Chefarzt einer *Asklepios*-Klinik, Dietrich Hildebrandt, bezieht in seinem Buch *»Die Krankenhausverdiener«* (2016) klar Position gegen dieses System.[9]

Exemplarisch für die Methoden »Selektion nach dem Erlösprinzip« ist ein Vorfall, dem das Fernsehmagazin *Kontraste* nachging.[10] 2019 hat *Asklepios* die Klinik in Parchim (Mecklenburg-Vorpommern) gekauft. Unter Angaben falscher Tatsachen schloss der Klinikkonzern die dort integrierte Kinderklinik, zu deren Betrieb der Konzern laut Krankenhausplan verpflichtet war.[11] Bereits zuvor hatte der Klinikbetreiber die gesetzlichen Vorgaben der Personalbesetzung nach Facharztstandard nicht eingehalten, was der Präsident der Landesärztekammer massiv kritisierte. In dieser bevölkerungs- und strukturschwachen Gegend war die Kinderabteilung weit und breit der einzige Versorger. Die nächste Kinderklinik ist 60 Kilometer entfernt. Eltern mussten nun im Notfall für ihre Kinder weite und zeitraubende Anfahrtswege in Kauf nehmen, die in Einzelfällen sogar das Leben der Kinder gefährdeten. Der Betreiber geriet in die Schlagzeilen. Es hagelte massive Proteste. Der *Kontraste*-Beitrag deckte auf, dass *Asklepios* im Streit um die Schließung der Parchimer Kinderabteilung die Unwahrheit gesagt hatte: Die Klinik hatte behauptet, dass die Schließung wegen »Ärztemangel« erfolgt sei. Später musste sie eingestehen, dass sie selbst dem Chefarzt und zwei Assistenzärzten gekündigt hatte. Mit einem Protestbrief hatten sich auch Ärzte der Rostocker Universitätsklinik an die Landesregierung gewandt, um unter anderem auf die Probleme bei der pädiatrischen Versorgung hinzuweisen. Die massiven Proteste der Bevölkerung und von Vertretern der Ärzteschaft sowie Initiativen der Landesärztekammern und von Vertretern verschiedener politischer Parteien führten schließlich dazu, dass der Klinikkonzern dann eine Kehrtwende machte: Knapp zweieinhalb Jahre nach Schließung der Kinderabteilung wurde die Kinderklinik im Oktober 2021 wieder eröffnet.[12] Ohne diesen massiven Druck und sogar die Androhung von Sanktionen gegen den Klinikbetreiber wäre es wohl bei der dauerhaften Schließung der Parchimer Kinderklinik geblieben. Und die Proteste allein hätten den Klinikbetreiber wohl kaum zur Revision seiner damaligen Entscheidung bewogen, wenn nicht das Land Mecklenburg-Vorpommern finanzielle Hilfe zugesagt hätte.

Ein weiterer großer Player im Konzert der privaten Klinikbetreiber und mit 2,7 Milliarden Euro Umsatz (2018) an dritter Stelle liegend ist die *SANA Kliniken AG*.[13] Der Konzern betreibt bundesweit über 50 Kliniken, Akut-, Fach- und Rehabilitationskliniken, außerdem Altenheime. Der Konzern hat auch das Management von mehreren kommunalen und kirchlichen Krankenhäusern übernommen und bietet einen Einkaufsverbund für viele Kliniken. Das bedeutet, dass die *SANA*-Einkaufszentrale nicht nur für die eigenen Kliniken, sondern auch im Auftrag weiterer Kliniken die Einkaufsverhandlungen führt. Dieser Service ist zu einem attraktiven und einträglichen Geschäftsfeld geworden. Mittlerweile unterhält die *SANA Kliniken AG* den größten Einkaufsverbund in Deutschland und vertritt mit dieser strategischen Einkaufspolitik über 400 Kliniken. Der Konzern beschäftigt etwa 35 000 Mitarbeiter. Seine Strategie ist es, sich vor allem auf den wirtschaftlich attraktiven Feldern der Herz-Kreislauf-Medizin, Orthopädie und Neurologie zu engagieren. Die *SANA* Gruppe wurde 1972 vom *Verein zur Planung und Förderung privater Krankenhäuser e. V.* gegründet, Mitglieder sind private Krankenversicherungsunternehmen, Eigentümer sind derzeit 30 private Krankenkassen. Zusammen mit der Firma *Siemens* und anderen Firmen ist die *SANA* auch an der *Pro Consilio AG* beteiligt, die vom Ärztenetz Hamburg-Ost gegründet wurde. In den 80er-Jahren wuchs der Konzern durch Zukauf kleinerer, in wirtschaftliche Schwierigkeiten geratener Kliniken. Über Managementverträge mit Kliniken in öffentlicher oder freigemeinnütziger Trägerschaft sowie durch die Übernahme der Betriebsführung kommunaler Alten- und Pflegeheime vergrößerte sich der Konzern weiter. Die wirtschaftlich größte Akquisition erfolgte 2005 mit der Übernahme der Mehrheit am *Paritätischen Unternehmensverbund Berlin*. Ein weiteres attraktives Geschäftsfeld ergab sich durch die Zusammenarbeit der *Kassenärztlichen Bundesvereinigung (KBV)* und der *Sana Kliniken AG* mit dem gemeinsamen Betrieb von Labor- und Praxisgemeinschaften. Im weiteren Verlauf vergrößerte sich der Sana-Konzern durch Zukauf von Kliniken oder Mehrheitsbeteiligungen. Beginnend nach der Wende hatte er sich sofort darangemacht, seinen Anteil am attraktiven und teilweise brachliegenden Geschäftsfeld im Osten Deutschlands zu sichern. Exemplarisch ist der 2015 getätigte Zukauf der *Kliniken Leipziger Land* in Bornau und Zwenkau, die der *Helios*-Konzern im Zusammenhang mit dem Kauf von *Rhön*-Kliniken aus kartellrechtlichen Gründen verkaufen musste.[14] *SANA* kaufte auch die Berliner *Polikum*-Gruppe, zu der auch die Leipziger *Medica-Klinik* gehört.[15] Ein weiteres Beispiel aus Süddeutschland: Die Stadt Stuttgart ließ ihr Städtisches Klinikum, ein Klinikverbund mit etwa 2 000 Betten, über einige Zeit vom privaten *SANA*-Konzern managen in der Hoffnung, endlich aus den permanent roten Zahlen herauszukommen. Schon bald registrierte man jedoch in der *SANA*-Zentrale, dass dieser »Riesentanker« kaum zu steuern ist – zumindest nicht gewinnversprechend und mit den üblichen Methoden. Man gab deshalb das Management wieder in die Selbstverwaltung der Stadt Stuttgart zurück. Jedoch machte man der Stadt ein attraktives Angebot und kaufte dem Klinikum die Herzchirurgie ab. Quasi das »Filetstück«, wenn man die Erlössituation im Auge hat. Für die Stadtväter der Stadt Stuttgart ein verlockendes Angebot angesichts der permanenten Defizite und Finanzierungslücken. Ein Deal, der das Finanzloch stopfen sollte. Aber es ist eben gleichzeitig auch die Geschichte vom verkauften Tafelsilber. Ein Zukauf der städtischen Kinderklinik, die allein jedes Jahr einen Minusbetrag im Millionenbereich generiert, wäre den Verantwortlichen der *SANA* nie in den Sinn gekommen! Nach ähnlichem Muster kaufte man 2013 die Städtische Klinik Offenbach. Kaufpreis: ein Euro! Der zuvor angehäufte Schuldenberg blieb bei der Stadt Offenbach.[16]

Berichte über die Kämpfe und Machenschaften privater Klinikkonzerne um die Anteile im Krankenhausbereich ließen sich beliebig fortsetzen. Man könnte über so manchen weiteren privaten Klinikbetreiber schreiben. In der Zwischenzeit befinden sich über 37 Prozent der bundesdeutschen Kliniken in privatwirtschaftlicher Hand und die Entwicklung wird sich, sofern Gesellschaft und Politik dem nicht Einhalt gebieten, fortsetzen. Die Methoden und Vorgehensweisen unterscheiden sich in nichts von den Methoden in anderen Wirtschaftsbereichen, zum Beispiel in der Pharmaindustrie: Wachstum, Globalisierung, Marktposition, Gewinnstreben.

Wie zu Beginn des Kapitels schon einmal kurz erwähnt, beschränken sich die Interessen der Konzerne nicht mehr allein auf Deutschland, sie agieren längst global. Der gesamte Krankenhausmarkt wird immer mehr internationalen Klinikkonzernen und privaten Investoren überlassen. Als Beispiel sei hier der börsennotierte schwedische Konzern *Capio AB* genannt.[17] Der Konzern hat bereits 2001 damit begonnen, Krankenhäuser in Frankreich und in Großbritannien zu übernehmen, und kaufte später den spanischen *Klinikkonzern IDC* von der in Luxemburg ansässigen Private-Equity-Gesellschaft[18] *CVC Capital Partners* hinzu.[19] Neben weiteren Kliniken in Norwegen und Dänemark erwarb *Capio AB* auch Kliniken in Deutschland. So entstand *Capio Deutschland* durch die Übernahme der privaten Klinikkette *Deutsche Klinik GmbH*. Durch weiteren Zukauf besaß der Klinikkonzern Ende 2008 Einrichtungen in Thüringen, Bayern, Hessen, Niedersachsen, Nordrhein-Westfalen und Rheinland-Pfalz. Zwischenzeitlich haben aber zwei Private-Equity-Gesellschaften (*Apax und Nordic-Capital-Fonds*) den *Capio-AB*-Konzern übernommen. Damit ist auch *Capio Deutschland* in Private-Equity-Besitz. Die beiden Fonds verkauften 2007 *Capio Großbritannien* an den australischen börsennotierten Klinikkonzern *Ramsay Health Care*.[20] Ach ja, erinnern Sie sich an *Helios* und den von *Helios* gekauften Klinikkonzern *Quirónsalud* in Spanien? *Capio Spanien* wurde 2011 von *CVC Capital Partners* zurückgekauft und erhielt wieder den alten Namen *IDC*. *CVC* übernahm dann 2014 den spanischen Gesundheitskonzern *Quirón* von *DH Private-Equity-Partners* (London) und wird unter dem Namen *Quirónsalud* zum größten spanischen Klinikkonzern.[21] Und ebendiesen kaufte dann, wie schon erwähnt, 2016 *Helios*. Damit ist aber das Kaufen, Verkaufen und Spekulieren lange noch nicht beendet. So löste der australische Klinikkonzern *Ramsay* 2020 *Capio Deutschland* auf und verkaufte deutsche Kliniken und medizinische Versorgungszentren an private deutsche Investoren, ein Teil der Kliniken auch an den niederländischen Konzern *Bergman Clinics*.[22] Wie diese Konzerne ticken und welche Philosophie sie dabei verfolgen, wird wohl kaum eindeutiger ausgedrückt als in einem Statement des *Capio*-Konzerns über seine Kaufstrategie. Er möchte sich konzentrieren »auf das Angebot hochwertig planbarer Leistungen«. Haben Sie den Durchblick behalten? Nein? Dann geht es Ihnen so wie mir und vermutlich den meisten Menschen in unserem Land. Dieses Verwirrspiel ist beabsichtigt und funktioniert analog dem globalen Finanz- und Wirtschaftsmarkt. Wer eine detaillierte Zusammenfassung möchte, dem sei ein Bericht von Rainer Bobsin empfohlen mit dem Titel: *»Internationales Krankenhaus-Monopoly: Das Beispiel Capio-Kliniken«*.[23] Der Gesundheits- und vor allem der Krankenhausmarkt sind zu einem globalisierten Wirtschaftsmarkt verkommen. Multinationale Konzerne streben mit Fusionen und Klinikübernahmen eine Marktkonzentration an und gehen hierzu auf Shopping-Tour und Renditejagd. Das alles hat nichts mehr zu tun mit einem Gesundheitswesen, das der Daseinsvorsorge der Menschen dienen soll. Es ist ein perfides System geworden, bei dem Aktionäre Gewinne abkassieren, häufig staatliche Subventionen mitnehmen und privatisieren und die nicht attraktiven »Überreste« dem Staat und den Sozialkassen überlassen.

Es ließen sich viele weitere Beispiele anführen, die zeigen, wie private Klinikkonzerne geduldig auf Beute warten, um insolvente Kliniken für einen Spottpreis zu übernehmen und dann so umzustrukturieren, dass daraus Gewinne erwirtschaftet werden. Der Markt funktioniert nach den Prinzipien eines Turbokapitalismus. 2018 machten allein die drei größten deutschen Betreiber von Privatkliniken, *Helios, Asklepios* und *SANA*, einen Umsatz von insgesamt mehr als 12 Milliarden Euro. Bei Betrachtung dieser skrupellosen Ausbeutung des Gesundheitsmarktes fällt mir die Aussage des Philosophen Michael J. Sandel ein: »Die Gier des Menschen ermöglicht es den Märkten, mit ökonomischen Wertvorstellungen alle Lebensbereiche zu durchdringen.«[24]

Dabei geht es um dasselbe wie beim Monopoly-Spiel: Macht, Besitz und Geld. Es wird zwischenzeitlich auch im Krankenhausmarkt international gespielt. Das Schlimme dabei ist, dass es ein Spiel mit der Gesundheit der Menschen ist. Gesundheit wird zur Ware.

7 Privatisierungsstrategien

Gute Medizin kostet Geld. Das ist eine Binsenweisheit. Weil sich die Länder in den letzten Jahren zunehmend aus der dualen Finanzierung der Krankenhäuser zurückziehen und damit ihren gesetzlich festgelegten Investitionspflichten nicht nachkommen, entstehen Finanzierungslücken und ein Investitionsstau. Kliniken müssen deshalb dringend notwendige Investitionen über Kredite finanzieren und landen in den roten Zahlen. Die Anfang des Jahrtausends von der Bundesregierung eingeführten Fallpauschalen für die Kostenerstattung im Gesundheitswesen basieren auf den sogenannten DRGs – Diagnosis Related Groups. Für eine Krankheit ist ein Pauschalbetrag festgelegt. Lediglich bei schweren Begleiterkrankungen oder Krankheitsverläufen kann sich dieser Erlös etwas erhöhen durch sogenannte Bewertungsrelationen. Er deckt jedoch in vielen Fällen nicht annähernd die Kosten der tatsächlich verbrauchten Ressourcen. Die Fallpauschalen sind ursprünglich so berechnet, dass sie die Kosten für Ressourcenverbrauch, Material und Personal abdecken sollen. Für Investitionen in Gebäude, Modernisierungen, Neustrukturierungen, Umbauten und den technischen Betrieb einer Klinik sind die Länder, Landkreise und Städte zuständig. Eigentlich! Kliniken müssen attraktiv und konkurrenzfähig bleiben und einen guten medizinischen Standard bieten. Ohne Investitionen drohen Nachteile im Konkurrenzkampf. Deshalb müssen die wirtschaftlich Verantwortlichen in einer Klinik aus den DRG-Erlösen weitere Gewinne herauspressen, um Mittel für notwendige Investitionen zur Verfügung zu haben. Gelingt dies nicht und gerät die

Klinik weiter in rote Zahlen, drohen die Schließung oder der Verkauf an einen privaten Investor.

Einige Gesundheitspolitiker, Krankenkassenvertreter und lobbygesteuerte Interessenverbände finden diesen Konkurrenz- und Überlebenskampf klammheimlich gut! Deutschland sei, nach deren Meinung, mit Kliniken überversorgt. Viele Kliniken müssten deshalb vom Markt verschwinden. Die wirtschaftlich schwächsten geraten als Erstes in den Fokus. Da sich die Politik nicht traut, klare Vorgaben zu machen und Entscheidungen zu treffen, ist das ein perfides System. Der *Spiegel* bezeichnete dies in einem Beitrag 2016 (»Asklepios-Kliniken. Der kranke Konzern«) als »politisch gewollten Darwinismus«.[1] Auf dem Klinikmarkt herrsche vielerorts Konkurrenz wie zwischen den Lebensmitteldiscountern – mit dem Unterschied, dass die Preise gesetzlich gedeckelt sind. Mehr als ein Drittel der Kliniken in Deutschland schrieb 2020 rote Zahlen, ein Fünftel hatte existenzgefährdende Defizite.[2] Die Betreiber der Kliniken – Städte, Landkreise, kirchliche und karitative Verbände – müssen diese Defizite aus Steuermitteln oder über andere Einnahmen ausgleichen. Beispielsweise musste die Stadt Stuttgart als Träger des Städtischen Klinikums diesem allein im Jahr 2019 einen zweistelligen Millionenbetrag zum Ausgleich des Defizits zuweisen.[3] Die Einnahmen der Kliniken aus den Erlösen der Patientenversorgung, vorwiegend finanziert durch die Krankenkassen, reichen meist nicht einmal zur Deckung der Personal-, Material- und Betriebskosten aus. Es sei denn, man arbeitet intensiv an Sparprogrammen. Oder entwickelt Maßnahmen, die einzig und allein der Erzielung von Gewinnen dienen. Genau das geschieht seit Jahren in Kliniken in privater Trägerschaft! Man muss sich einmal klarmachen, was das bedeutet: Private Klinikkonzerne wie *Helios, Asklepios* oder der *SANA*-Konzern haben mit Geld aus dem solidarisch finanzierten Gesundheitssystem Milliardenvermögen aufgebaut und sogar Gewinne an Aktionäre ausgeschüttet! Und naiv betrachtet scheint es beeindruckend, wie private Klinikkonzerne den kommunalen Krankenhausträgern vormachen, wie man Kliniken zu führen hat, um damit schwarze Zahlen zu schreiben. So mancher Landrat oder Bürgermeister kann da schon schwach werden und sich überlegen, seine Klinik zu verkaufen oder zumindest von einem privaten Klinikkonzern managen zu lassen.

Mit welchen Mitteln und Methoden und auf wessen Kosten erreichen private Klinikbetreiber diese Ziele? Da gibt es eine Vielzahl von Instrumentarien: Man kann Tarifverträge kündigen oder Stellen streichen, um damit Personalkosten zu sparen. Man kann im Bereich der Material- und Betriebskosten durch cleveres Management sowie den Ausbau von Einkaufsverbünden mit der Anwendung marktwirtschaftlicher Einkaufsstrategien viel einsparen. Man kann schon bei der strategischen Auswahl der Kliniken für sein Portfolio deren standortabhängige Zukunftschancen abwägen und eine Vorauswahl treffen. Man kann defizitäre Abteilungen schließen, bei der Patientenauswahl selektieren, sich auf profitversprechende Abteilungen spezialisieren oder sich auf möglichst gut planbare elektive Patientenströme konzentrieren. Patienten mit der Gefahr komplexer oder komplikativer Verläufe, also vorwiegend alte, mehrfacherkrankte und sozial am Rande stehende Menschen, sollte man möglichst fernhalten oder weiterreichen. Auffällig ist, dass Kinderkliniken im Portfolio privater Klinikbetreiber deutlich unterrepräsentiert sind, wohingegen der Anteil orthopädischer Abteilungen überproportional ist im Vergleich zu anderen Klinikbetreibern. Nach dem Motto: das, was gewinnversprechend ist, behalten oder ausbauen, das, was in der Regel defizitär ist, aus dem Angebot streichen oder erst gar nicht in das Portfolio aufnehmen. Dies kann man auch »Rosinenpickerei« nennen. Die weniger lukrativen, aber trotzdem für die medizinische Versorgung unverzichtbaren Bereiche sollen andere Betreiber übernehmen. Der schwarze Peter wird dann meist den kommunalen Klinikverbänden zugeschoben. Sie erfüllen eine Garantenpflicht gegenüber der Bevölkerung und können Abteilungen, die zur Grundversorgung der Bevölkerung notwendig sind, nicht einfach schließen. Sie handeln sich damit weitere Defizite ein und stehen in der öffentlichen Kritik. Nicht selten wird von Gesundheitspolitikern dann argumentiert, dass es die privaten Klinikbetreiber doch auch schaffen, Kliniken gewinnbringend zu führen. Ein oft bemühtes Argument, um eine Privatisierung der eigenen Klinik als das letzte Mittel zu propagieren. Kinderkliniken, das weiß jeder Klinikbetreiber ganz genau, sind in der Regel nie kostendeckend zu betreiben, meist sind sie hoch defizitär. Die Ursachen sind vielfältig. Hauptgrund ist das Ungleichgewicht in der DRG-Vergütung, wenn man den Kostenaufwand, vor allem den medizinischen Personalbedarf, ins Verhältnis zu den Erlösen setzt. In Kinderkliniken fallen hohe Vorhaltungskosten für eine extrem heterogene Patientengruppe an, die von Frühgeborenen mit 500 Gramm über chronisch kranke Kinder bis hin zu adipösen Jugendlichen mit 150 Kilogramm reicht. Das DRG-System bildet die Kosten nicht annähernd gerecht ab. Kinderkliniken zahlen insbesondere bei Kurzliegern massiv drauf. Da ist es für eine Klinik doch viel besser und vor allem lukrativer, Angebote für Wirbelsäulenoperationen, Hüft- und Kniegelenkoperationen oder Herzkathetereingriffe anzubieten, als ein Kind mit einer Stoffwechselerkrankung zu behandeln! Und trotzdem muss in Deutschland flächendeckend eine ausreichende Versorgung in der Kindermedizin gewährleistet bleiben.

Der Krankenhauswettbewerb in Deutschland ist hart. Nach einer Studie des Rheinisch-Westfälischen Instituts für Wirtschaftsforschung (RWI) ist mindestens jede vierte Klinik in Deutschland insolvenzbedroht.[4] Also noch genügend Beute für private Investoren! Seit Jahren sinkt die Gesamtzahl der Kliniken in Deutschland, die Bettenzahl geht zurück. Gleichzeitig steigt die Zahl der Kliniken in privatwirtschaftlicher Hand. Derzeit sind es bereits über 37 Prozent. Die Zahl der Kliniken in öffentlicher Hand ist im gleichen Zeitraum unter ein Drittel gesunken.Doch warum interessieren sich gerade private Klinikunternehmen für den Krankenhausmarkt? Wohl kaum aus Gründen der Wohltätigkeit oder weil sie das Gesundheitswesen in sozialer Weise unterstützen oder gar sanieren möchten. Die eine Erklärung ist, wie schon erläutert: Man kann ungeheuer viel Geld in diesem Markt verdienen, mehr als in jeder anderen Branche! Außerdem: Es eröffnet sich ein großer Absatzmarkt für die »eigenen« Produkte. Denn hinter den Klinikkonzernen stehenden oft große Pharmafirmen.

Klinikbetreiber geben Millionenbeträge für Wirtschaftsprüfer und Unternehmensberater aus, um Vorschläge zu erhalten, wie Klinken möglichst profitabel zu betreiben, und gewinnorientierte Marktstrategien zu entwickeln sind. Kaum eine Klinik, in der nicht in regelmäßigen Abständen hoch bezahlte Manager von *Ernst & Young* oder *McKinsey* durchgejagt werden. Die empfohlenen Strategien sind stets die gleichen. Dazu zählen standardmäßig: Investitionen in betriebswirtschaftlich gut bepreiste Leistungen und Fachbereiche, Rückzug aus den schlecht bezahlten Leistungsangeboten, Schließungen von Abteilungen oder ganzen Klinikstandorten. Besonders negativ eingestuft sind etwa Geburtshilfe, Pädiatrie, Notfallmedizin, Gastroenterologie. Es sind nicht zufällig meist jene Bereiche mit hohen Vorhalte- und Personalkosten. Derzeit en vogue sind dagegen Investitionen unter anderem in Bereichen wie Herzmedizin, insbesondere Herzkatheter, Orthopädie, Wirbelsäulenchirurgie oder plastische Chirurgie. Dabei scheint es keine Rolle zu spielen, was die eigentliche Aufgabe von Krankenhäusern ist: nämlich die Gewährleistung einer ausreichenden und guten medizinischen Grundversorgung der Menschen in der jeweiligen Region. Ohne Frage: In den nächsten Jahren wird es weitere Klinikschließungen in Deutschland geben. Und das ist auch in gewissem Umfang vertretbar und vernünftig. Wenn tatsächlich an einem Standort die kritische Masse für eine qualitativ gute Medizin unterschritten wird, muss man darüber ehrlich nachdenken, insbesondere in Ballungsräumen, wo Anfahrtswege und damit der Faktor Zeit kaum eine Rolle spielen. Hier sind bei einer entsprechend hohen Klinikdichte Krankenhausschließungen weitaus einfacher und ohne wesentliche Verluste der qualitativen Versorgung zu bewerkstelligen als in ländlichen, strukturschwachen Regionen. Für letztere sind Krankenhäuser zur Daseinsvorsoge der Menschen unabdingbar. Absolut notwendig sind bei einer Standortaufgabe deshalb die Übertragung der Versorgungsaufgabe an geeignete benachbarte Krankenhäuser und die Sicherung der Beschäftigungsverhältnisse in Absprache mit Nachbarkliniken. Drohen Klinikschließungen, sitzen die Geier schon auf der Stange: Die attraktiven Bereiche werden gerne übernommen oder sind schon längst verteilt, um die anderen soll sich kümmern, wer will.

Renditeorientierte Klinikketten haben in den letzten Jahren mit zunehmender Aggressivität den Krankenhausbereich gespalten: in For-Profit und Non-Profit-Kliniken, also Kliniken, die in erster Linie Gewinne erwirtschaften sollen, und solche, die eine gute medizinische Versorgung ohne Zielkongruenz zwischen Krankenversorgung und Wirtschaftlichkeit garantieren müssen. Private Betreiber geben ihren Kliniken hohe Renditeziele vor. Ein beliebtes Mittel, um diesen Zielen Nachdruck zu verleihen, ist die klinikinterne, regelmäßige Präsentation wirtschaftlicher Vergleichszahlen. Es wird eine Rangfolge der Fachabteilungen nach Erlösen vorgenommen, völlig unabhängig von den äußeren Voraussetzungen oder Versorgungsnotwendigkeiten (zum Beispiel Orthopädie versus Pädiatrie). Über den am Ende der Rangliste stehenden Abteilungen schwebt ständig das Damoklesschwert der Schließung. Der Druck auf leitende Ärzte bei privaten Klinikkonzernen zur Erreichung dieser Ziele lässt sich nur erahnen und nur wenige trauen sich öffentlich, dieses System zu kritisieren. Die Betrachtung von Patienten als Kunden, die Ausweitung von Operationsindikationen, die Durchführung von Eingriffen unter Umsatzaspekten und betriebswirtschaftlichen Vorgaben werden als Überlebensstrategie teilweise wie selbstverständlich von Klinikmitarbeitern übernommen. Eine weitere Maßnahme privater Klinikkonzerne, um sich wirtschaftliche Vorteile gegenüber öffentlich-rechtlich geführten Krankenhäusern zu verschaffen, ist es, Personalkosten drastisch zu reduzieren. Stichwort: Outsourcing, also die Ausgliederung von Personal in andere Unternehmen. Die Klinikkonzerne haben dazu eigene Tochtergesellschaften gegründet. Alle Bereiche, die nicht unmittelbar der direkten medizinischen Patientenversorgung dienen, werden in Dienstleistungsunternehmen ausgelagert. Reinigungskräfte sind bei fast allen privaten Klinikbetreibern meist schon seit Jahren »ausgelagert«. Inmitten der Corona-Krise kündigte der drittgrößte private Klinikbetreiber, die *SANA*-Kliniken, die bundesweite Entlassung von über 1 000 Mitarbeitern aus der Tochtergesellschaft *DGS-Pro-Service GmbH* an.[5] Betroffen waren vor allem Beschäftigte im Niedriglohnbereich: Hol- und Bringdienste, Pförtner, Stationsassistenten, Beschäftigte im Sicherheitsdienst. Insgesamt wurde über einem Drittel der *DGS*-Mitarbeiter gekündigt. Der *SANA*-Konzern begründete diese Maßnahme mit »neuen Anforderungen, die eine deutlich höhere fachliche Führung, Prozessbegleitung und Prozessüberwachung« erforderlich machten. Wie in allen Klinikunternehmen dienen Tochtergesellschaften in erster Linie dazu, Löhne zu drücken und massive Einsparungen vorzunehmen, damit am Ende die Konzerngewinne gesteigert werden können. Natürlich wird dann vollmundig behauptet, dass die Profite zum größten Teil reinvestiert werden, zum Beispiel in Digitalisierung oder Modernisierung. Das erfolgt aber eher unter dem Aspekt, sich Wettbewerbsvorteile zu generieren. Und natürlich auch um eine ordentliche Rendite an Anteilseigner und Aktionäre auszubezahlen. Aber um nicht nur die privaten Klinikkonzerne an den Pranger zu stellen: Auch öffentlich-rechtliche oder sogar kirchliche Krankenhausbetreiber bedienen sich zunehmend solcher Methoden mit dem Argument, sonst wirtschaftlich gegenüber der privaten Konkurrenz ins Hintertreffen zu geraten. Dabei ist der Kampf um Marktanteile zwischen öffentlich-rechtlichen, karitativ-kirchlichen und privaten Klinikkonzernen ein ungleicher Wettbewerb, zumindest besteht eine deutliche Wettbewerbsverzerrung. Die Verlierer stehen von vorneherein fest. Landkreise sind beispielsweise verpflichtet, für ihre Bevölkerung eine ausreichende und medizinisch notwendige Versorgung im Krankenhausbereich zu garantieren. Dabei haben die Landkreise und Städte aber viele weitere Aufgaben und Verpflichtungen. Diese reichen, um nur einige zu nennen, von sozialer Vorsorge für die Bevölkerung über die Energie- und Trinkwasserversorgung, das Abwassermanagement, die Katastrophenvorsorge, ausreichende Schul- und Ausbildungsangebote bis hin zum Ausbau und Erhalt einer regionalen Infrastruktur. Das alles erfordert große finanzielle Investitionen, die in der Regel über Steuermittel des Bundes, der Länder oder über Gewerbesteuern generiert werden. Die meisten Kommunen und Landkreise kämpfen jedoch mit chronisch leeren Kassen und müssen Prioritäten setzen. Und dann kommt noch jedes Jahr der eigene Krankenhausbetrieb, der wieder mal Gelder benötigt zum Ausgleich eines Defizits oder gar um die mögliche Insolvenz abzuwenden. Die Konkurrenz der privaten Klinikbetreiber hat diese Probleme und Sorgen nicht. Hinter den bereits milliardenschweren Klinikkonzernen stehen noch mächtigere Pharmagiganten oder Organisationen, die in völlig anderen Dimensionen kalkulieren. Hier spielen Kreis- oder Landesliga gegen Bundesliga oder Champions-League!

Das Muster der Veräußerung von Kliniken an private Klinikkonzerne ist immer dasselbe: Eine Klinik in öffentlich-rechtlicher oder karitativer Hand rutscht mehr und mehr in rote Zahlen. Irgendwann beschließen Kreistag, Stadtrat oder Aufsichtsrat, trotz der meist starken Kritik von Beschäftigten, den Verkauf der Klinik. Meist wohlwissend und einkalkulierend, dass dies in der Regel immer mit Personalreduzierungen, schlechterer Bezahlung und gesteigerter Arbeitshetze für die Beschäftigten verbunden ist. Bürgermeister oder Landrat haben es aber satt, sich jedes Jahr wegen neuer Zuschüsse für ihre Krankenhausbetriebe rechtfertigen zu müssen. Und wenn die verkaufte Klinik später doch mittelfristig geschlossen werden muss, was in Einzelfällen durchaus eine schon vorher geplante Strategie des Aufkäufers sein kann, dann kann man den verantwortlichen Lokal- oder Regionalpolitikern, Stadt- und Landräten, Landes- und Gesundheitspolitkern keinen direkten Vorwurf mehr machen. Denn dann ist es ja der Konzern, der verzweifelt versucht hat, eine marode Klinik zu retten, aber leider gescheitert ist. Die politisch Verantwortlichen stehlen sich somit aus ihrer eigentlichen Verpflichtung. Statt die Verantwortung für Klinikschließungen zu übernehmen und den Bürgern zu erklären, dass ohne Änderungen des Finanzierungssystems ihre Kliniken am Markt chancenlos sind, reichen sie den schwarzen Peter lieber an einen Klinikkonzern weiter. Solange also dieser »Kannibalismus«, bewusst oder unbewusst, von politischen Entscheidern gefördert oder toleriert wird, werden private Klinikkonzerne geduldig auf die nächsten Opfer warten. Die Privatisierungsspirale im Krankenhausbereich droht sich ungebremst weiterzudrehen.

8 Ethik oder Monetik

Mehr Ethik statt ausufernder Monetik in der Krankenversorgung. Das war der Ansatz von knapp 250 Verbänden und Ärzten, die unter der Überschrift »Ärzte-Appell« 2019 im *Stern* einen Aufruf veröffentlichten.[1] Darin wird auch ein Masterplan für eine Strukturierung der Kliniklandschaft in Deutschland gefordert. Insbesondere wird der schleichende Übergang der Krankenhäuser in die Hände privater Investoren als ein falscher Weg bezeichnet. Entscheidungen, die in erster Linie Erlöse, nicht aber Patienten im Blick haben, führten, so der Tenor der Studie, zu Fehlanreizen und damit auch zu Gefahren für Patienten. Diese könnten leicht zu Opfern werden, so wurde es im Appell formuliert. Er richtete sich jedoch auch an die Ärzteschaft selbst. Ein Teil würde sich oft viel zu leicht ökonomischen und hierarchischen Zwängen unterordnen. »Wir rufen diese auf, sich nicht länger erpressen und korrumpieren zu lassen.« Ärzte sollten wieder mehr Engagement und Mut beweisen und das Heft des Handelns den kaufmännischen Krankenhausdirektoren aus der Hand nehmen. Nicht unterzeichnet wurde der Appell vom Hartmannbund, dem Ärzteverband der niedergelassenen Ärzte. Auch wenn man Respekt für das Engagement der Autoren habe, so sei der implizite Vorwurf, Ärzte seien erpressbar, kritisch zu hinterfragen, so Vertreter des Hartmannbundes. Dabei sprachen die Autoren doch nur von »einem Teil der Ärzte«, keinesfalls stellten sie Kollegen unter einen Generalverdacht. Unbestreitbar ist, dass es schwarze Schafe auch in der Ärzteschaft gibt. Skandale mit Abrechnungsbetrug, Vorteilsnahmen und Bestechungen sowie rechtskräftige Verurteilungen von Ärzten und Strafen bis hin zum Approbationsentzug in der jüngsten Vergangenheit sind Belege dafür. Kritische Situationen entstehen zweifelsohne, wenn Indikationen gebeugt werden. Dies bedeutet, dass Operationen oder Eingriffe erfolgen, die medizinisch betrachtet nicht sinnvoll oder überflüssig sind. Ob diese Maßnahmen aus eigenem monetärem Interesse oder auf Druck eines Klinikträgers erfolgen, ist für Patienten zweitrangig. Sie können im schlimmsten Fall zu einem völlig überflüssigen Schaden des Patienten führen. Bereits 2017 wurde von der Deutschen Gesellschaft für Innere Medizin ein »Klinik-Codex« erstellt.[2] Dieser fordert ein klares Primat der Medizin vor der Ökonomie. Zitat: »Wir lehnen alle Leistungs-, Finanz-, Ressourcen- und Verhaltensvorgaben ab, welche offensichtlich erkennbar zu einer Einschränkung unseres ärztlichen Handelns und unseres ärztlich-ethischen Selbstverständnisses führen und das Patientenwohl gefährden können.«

Grundlage für ein erfolgreiches Heilen ist eine vertrauensvolle Arzt-Patienten-Beziehung. Eine wesentliche Voraussetzung ist hierbei die Freude am Arztsein. Dazu bedarf es einer Arbeitszufriedenheit, die den Handelnden wesentliche Entscheidungsfreiräume und einen Professionsstatus zugesteht, der sich an den genuinen Grundlagen des Arztseins orientiert. Ärztliches Handeln, das durch eine exzessive Ökonomielogik dominiert wird, zerstört das Vertrauensverhältnis zum Patienten. Es macht den Patienten zum Kunden und den Arzt zum Dienstleister. Der Patient muss befürchten, dass Therapieentscheidungen unter dem Diktat einer Gewinnerzielung gefällt werden. Ärzte verlieren ihre eigentliche Rolle als unparteiische Helfer und Anwälte des Patienten. Der Frust vieler Ärzte ist unter anderem auch darin begründet, dass die ökonomisierte Medizin ihnen kaum noch Freiräume lässt für eine ärztliche Behandlungslogik. Es zählen technisch-performative Kompetenzen weitaus mehr als eine soziale Kompetenz. Eine medizinfremde und das Patientenwohl gefährdende Ökonomisierung fördert ein zunehmendes Misstrauen bei Patienten, die befürchten müssen, dass die Handlungsorientierung »ihres« Arztes eher einer ökonomischen als einer ärztlich-professionellen Ausrichtung folgt. Die exzessive Dokumentationspflicht, das ständige Sich-Erklären und Rechtfertigen gegenüber Krankenkassen und Medizinbetrieben verbrauchen viel Energie und Zeit. Zeit, die für die Behandlung von Erkrankten das wichtigste Gut ist.

Das Verhältnis Arzt und Patient wird durch die fortschreitende Ökonomisierung der Medizin erheblich gefährdet. In den letzten Jahren gibt es immer häufiger kritische Berichte über medizinisch nicht notwendige, jedoch gute Erlöse versprechende Operationen und Untersuchungen, über die Ausnutzung von Fallpauschalen und die Einteilung von Patienten in gewinn- oder verlustbringende Kunden. Dabei ist Gesundheit ein Gut, das ganz andere Bewertungskriterien benötigt. Es besteht zwischen Arzt und Patient kein symmetrisches Verhältnis, es stehen sich keine gleich starken Partner gegenüber, es ist kein Vertrag zwischen »Anbieter« und »Nachfrager«. Ein Patient ist meist ein Hilfesuchender, der schutzbedürftig ist. Das primäre Ziel allen ärztlichen Handelns muss ausschließlich die Gesundheit des Patienten sein. Hier kann der erste Satz des sogenannten Genfer Gelöbnisses des Weltärztebundes in Erinnerung gerufen werden: »Die Gesundheit meines Patienten soll oberstes Gebot meines Handelns sein.«[3] Neben ethischen Maßstäben und Regeln für ärztliches Handeln gibt es jedoch auch rechtliche Bestimmungen. So schließt bereits Artikel 1 des Grundgesetzes, der Grundsatz der Menschenwürde, aus, dass der Patient zum Objekt eines rein ökonomischen Handelns wird.[4] Der Staat hat eine objektive Schutzpflicht für die Gesundheit von Patienten, was in Artikel 2 des Grundgesetzes mit dem Grundrecht auf Leben und körperliche Unversehrtheit betont wird.[5] Daneben gibt es zahlreiche gesetzliche und standesrechtliche Normen. Beispielsweise erfüllen nicht notwendige Operationen oder auch die Aufteilung einer ohne Probleme durchzuführenden einheitlichen Behandlung in mehrere Eingriffe (um mehrere Fallpauschalen zu generieren) den Tatbestand der Körperverletzung (§ 263 StGB). Außerdem kann dies auch als Betrug gegenüber dem Patienten oder den Kostenträgern eingestuft werden. Darüber hinaus wurde die Verantwortung und Haftung des Arztes im Jahr 2013 durch die Verpflichtung zu einer unabhängigen Beratung zusätzlich in einem Patientenrechtegesetz präzisiert.[6] Ohne Zweifel hat jede erbrachte medizinische Leistung auch eine ökonomische Seite. Neben der qualitativ hochwertigen Behandlung muss natürlich auch die Wirtschaftlichkeit beachtet werden. Das solidargemeinschaftlich finanzierte Gesundheitssystem bedarf einer möglichst wirtschaftlichen und sinnvollen Verwendung der zur Verfügung stehenden Finanzmittel. Es besteht aber ein fundamentaler Unterschied zwischen Wirtschaftlichkeit und Ökonomisierung. Wirtschaftlichkeit ist auch ein moralisches Gebot für Ärzte, es bedeutet eine möglichst effiziente, sparsame und wirksame Verwendung der zur Verfügung stehenden Mittel und Ressourcen. Ökonomisierung bedeutet hingegen, dass betriebswirtschaftliche Vorgaben erfüllt werden sollen, die bisweilen den ärztlichen Entscheidungsspielraum einengen. Eine fatale Entwicklung der Ökonomisierung ist die Tatsache, dass man Patienten als Kunden definiert, die als souveräne Verbraucher von Gesundheitsleistungen agieren und Kaufentscheidungen treffen sollen. Der Arzt wird dann zweckrational zum Leistungserbringer. Man kann aber einem Menschen, der dringend Hilfe braucht und sich möglicherweise durch eine schwere Erkrankung in einer existentiellen Krise befindet, nicht nur als Dienstleistungsanbieter gegenübertreten. Die Ökonomisierung der Medizin führt auf subtile Weise zu einer Haltungsänderung und zu einer schleichenden Übernahme eines medizinfremden Denkens. Dagegen müssen sich Ärzte mit allen Mitteln zur Wehr setzen, wenn sie nicht den Kern des ärztlichen Selbstverständnisses und eine Medizin der Beziehung verlieren möchten. Sie müssen sich klar für eine ärztliche Ethik und gegen Monetik entscheiden.

9 Leihschwester

Weinend, die Hände vor das Gesicht geschlagen, sitzt sie alleine in der hintersten Ecke im Stationszimmer, ich hatte sie zunächst gar nicht bemerkt. Als ich am Abend nochmals auf die Station gehe, um nach einigen meiner Patienten zu schauen, suche ich routinemäßig im Stationszimmer nach Patientenunterlagen. Verlegen wischt sie sich die Tränen aus dem Gesicht und versucht es mit einem gequälten Lächeln. »Schwester Sarah, was ist los? Ist etwas passiert?« Ich weiß, dass sie erst seit einigen Wochen auf der Station arbeitet. Sie fiel mir von Anfang an auf, weil sie einen warmherzigen Umgang mit ihren Patienten pflegte, den Ärzten und ihren Kollegen gut gelaunt und offen begegnete und bei Rückfragen zu ihren Patienten bei den Visiten immer sehr gut informiert war. Eine Frohnatur. Schon nach kurzer Zeit war allen klar, sie ist ein Glücksfall für die Station. Umso mehr bin ich überrascht, sie so anzutreffen. Zunächst weicht sie meiner Frage etwas aus. Dann sagt sie mir, dass eine unserer Patientinnen vorher verstorben sei. Ich bin darüber nicht verwundert, denn wir hatten schon vor Tagen alle gemeinsam, Ärzte und Pflegekräfte, mit der jetzt verstorbenen Patientin nach offenen Gesprächen die Entscheidung getroffen, keine lebensverlängernden, sondern nur noch palliative Maßnahmen durchzuführen. Nahestehende Verwandte hatte die Patientin nicht. Die hochbetagte, schwerkranke, jedoch geistig noch zugängliche Patientin trug ihr Schicksal mit bewundernswerter Gelassenheit. Ich versuche Schwester Sarah etwas zu beruhigen, indem ich ihr nochmals die Unausweichlichkeit des Schicksals der Patientin andeute und dass es letztendlich doch eine Erlösung für sie war. Aber dann merke ich, dass sie etwas anderes bewegt. »Sie war eine so liebe, faszinierende Frau. Sie hat mir in den letzten Wochen noch viel aus ihrem Leben erzählt. Da wird man fast sprachlos vor Bewunderung.« Und ich erfahre jetzt von Schwester Sarah Einzelheiten über das Leben der Verstorbenen, über freudige und traurige Schicksalswendungen, über ihre Lebensleistung. Mir wird erst jetzt so richtig bewusst, dass die Verstorbene eine große Persönlichkeit war. Eine hochdekorierte Wissenschaftlerin mit weltweiter Reputation, Präsidentin einer wissenschaftlichen Fachgesellschaft, sozial und politisch engagiert. So ein wenig rührt sich auch ein schlechtes Gewissen in mir. Hätte ich mir nicht auch etwas mehr Zeit nehmen und mich mehr für das Leben der Patientin interessieren sollen? »Sie hatte keine Angst vor dem Sterben. Aber sie hatte große Angst vor dem Alleinsein beim Sterben«, erzählt mir Sarah. »Ich musste ihr versprechen, dass ich oder eine Kollegin bei ihr bin, wenn es mit ihr zu Ende geht. Ich habe es ihr versprochen. Und jetzt habe ich sie doch alleine gelassen.« Als ich vorsichtig nachfrage, ob das Sterben der Patientin sich nicht angedeutet hätte und sie bei ihr hätte bleiben können, schaut Schwester Sarah mich an. Dann bricht ein offensichtlich lang angestauter Frust aus ihr heraus. Und sie erzählt: Seit Wochen herrsche extremer Personalmangel in der Pflege, besonders auf dieser Station. Pflegekräfte hätten sich wieder und wieder an die Pflegedienstleistung gewandt. Man habe auf die prekäre Situation hingewiesen, auf die Tatsache, dass man nur noch das Notwendigste erledigen könne und Patienten ernsten Versorgungsrisiken aussetze. Von einer guten und menschlichen Pflege sei man meilenweit entfernt. Daraufhin seien halbherzige Notlösungen ergriffen worden, wie etwa ein kurzzeitig angeordneter Aufnahmestopp für Patienten auf die Station. Die Stationsleitung habe schon mehrmals Gefährdungs- und Überlastungsanzeigen an die Klinikverwaltung geschrieben. Die Reaktionen seien aber sehr verhalten ausgefallen. Heute habe sie beispielsweise »nur« 14 Patienten auf der Station, jedoch sei sie in der Nachmittagsschicht als examinierte Krankenpflegerin allein mit einer Mitarbeiterin eingeteilt, die ein freiwilliges soziales Jahr absolviere und gerade erst acht Wochen in der Klinik arbeite. »Auf sie muss ich eher aufpassen, als dass sie eine echte Hilfe ist.« Sie selbst sei von der Pflegedienstleistung angewiesen worden, bei Engpässen oder Notfällen personelle Hilfe von der Nachbarstation anzufordern. »Dort haben sie aber die gleiche Situation und sind überfordert, da getraue ich mich schon gar nicht erst anzurufen.« Heute nun habe sie einen frisch operierten Patienten aus dem Aufwachraum des OPs abholen sollen. »Als ich gesagt habe, dass das etwas warten müsse, weil ich gerade am Bett einer Sterbenden sitze, gab es eine heftige Auseinandersetzung mit dem diensthabenden Leiter des Aufwachraums.« Ihr sei vorgehalten worden, sie würde den gesamten Ablauf durcheinanderbringen. Letztendlich habe man ihr gedroht, dass es eine Beschwerde bei der Pflegedienstleitung geben werde, wenn sie nicht umgehend den Patienten in seinem Bett aus dem Aufwachraum abholt. Sie habe sich letztendlich diesem Druck gebeugt, ihrer Hilfskraft noch schnell einige Anweisungen zur Versorgung einiger anderer Patienten gegeben und sei in den Aufwachraum gerannt, der sich einige Stockwerke höher und am ganz anderen Ende des Klinikgebäudes befindet. Da es dem frisch operierten Patienten dann aber nicht ganz so gut gegangen sei, habe man noch einige Maßnahmen treffen müssen, so dass sich der Transport auf die Station etwas verzögerte.

Als Schwester Sarah eine knappe halbe Stunde später mit ihrem frisch operierten Patienten wieder auf der Station eintraf, schaute sie sofort nach der von ihr verlassenen Patientin. Sie fand sie tot im Bett. Die alte Dame war offensichtlich kurz zuvor verstorben. Niemand war bei ihr gewesen. Ich kann jetzt die Bitterkeit und Ohnmacht von Schwester Sarah verstehen. Wir reden noch eine ganze Weile weiter. Ich frage, ob es für die Station denn keine Lösung sei, in solchen Situationen und bei solchen Personalengpässen mehr Pflegekräfte aushilfsweise zu rekrutieren, um die schlimmsten Missstände zu beseitigen? Da schaut mich Sarah müde lächelnd an und entgegnet: »Herr Doktor, ich bin doch schon eine Leihschwester.« Dann fügt sie hinzu: »Eigentlich könnte mir die ganze Situation auf dieser Station und in dieser Klinik egal sein. In ein paar Wochen bin ich hier weg. Aber anderswo ist es oftmals auch nicht besser und ich kann mich einfach nicht mit dieser Situation abfinden. Vielleicht steige ich irgendwann ganz aus meinem Beruf aus. Aber im Moment bin ich froh, dass ich mir als Zeitarbeitskraft immer wieder diese Pausen nehmen kann. Das hält mich in meinem Beruf. Denn eigentlich arbeite ich gern als Krankenschwester in der Klinik.«

Seit Beginn der Jahrtausendwende hat sich ein neues Geschäftsmodell in deutschen Krankenhäusern, Alten- und Pflegeheimen etabliert. Denn ein Markt für Leiharbeitskräfte ist entstanden. Leiharbeitsagenturen für Pflegekräfte, vornehmer auch Personaldienstleister genannt, schossen wie Pilze aus dem Boden. Immer mehr Pflegekräfte werden Kliniken mittlerweile von solchen Agenturen, auf Basis eines zeitlich befristeten Vertrags, angeboten. Ursprünglich wurde Leiharbeit als Kostensparmodell von Industrieunternehmen eingeführt. Der Vorteil lag eindeutig bei den Unternehmen: Viele Sozialleistungen, wie etwa Urlaubsgeld oder ein dreizehntes Monatsgehalt, konnten eingespart werden. Die Lohnkosten waren deutlich unter dem Niveau der Festangestellten, die Zahl der tatsächlich benötigten Arbeitskräfte konnte angepasst, Arbeitsplatzkündigungen und damit für das Unternehmen kostenintensive Sozialpläne vermieden werden. In den klassischen Einsatzbereichen der Arbeitnehmerüberlassung stellen Leiharbeitskräfte eine flexibel einsetzbare Randbelegschaft dar, die man jederzeit loswerden kann, wenn sie nicht mehr benötigt wird. Der Vorteil der Unternehmen geht auf Kosten der Leiharbeitskräfte. Sie sind finanziell deutlich schlechter gestellt als die Stammbelegschaft und werden oftmals nicht als Kollegen auf Augenhöhe behandelt. Im Gesundheitsbereich ist die Situation jedoch komplett umgekehrt. Der Hauptgrund: Der Arbeitsmarkt ist leergefegt und heftig umkämpft. In vielen Krankenhäusern ist die Stammbelegschaft so knapp bemessen, dass bei kurzfristigen krankheitsbedingten Personalausfällen die Kliniken vor der Alternative stehen, entweder Patienten abzuweisen, Operationen abzulehnen und Betten nicht zu belegen oder eben Leiharbeitskräfte zu rekrutieren. In der Gesamtrechnung scheint Letzteres günstiger zu sein. Gleichzeitig wechseln immer mehr Krankenpfleger von einer Festanstellung in die Leiharbeit, weil in ihren Kliniken eine ständige Überlastungssituation besteht. Offenbar sind die Arbeitsbedingungen in vielen Kliniken so schlecht, dass sie nach anderen Lösungen suchen. Hierbei nehmen sie in Kauf, dass sie an immer wieder wechselnden Einsatzorten gebraucht werden. Aber letztendlich können sie selbst Häufigkeit und Dauer ihrer Einsätze bestimmen. Das erfordert natürlich ein gewisses Maß an Unabhängigkeit und Flexibilität. Auch das eigene Zutrauen, sich immer wieder schnell an neue Arbeitsstellen, das Arbeitsumfeld und Mitarbeiter zu gewöhnen, erfordert von Leiharbeitskräften Teamfähigkeit und rasche Auffassungsgabe. Meist sind es sehr gut ausgebildete, selbstbewusste und überdurchschnittlich begabte Pflegekräfte, die diesen Schritt wagen. Natürlich muss ein solches Maß an Flexibilität und Mut auch belohnt werden. Und das schlägt sich letztendlich in einer deutlich besseren Entlohnung nieder. Das macht eben die Sache attraktiv: In manchen Fällen verdienen Leihpflegekräfte ein gutes Drittel mehr als festangestellte. Die Kliniken sind mittlerweile in der Pflege auf Leiharbeitskräfte angewiesen. Waren es vor 15 Jahren nur einzelne Agenturen, die auf dem deutschen Markt Pflegekräfte anboten, so ist das Angebot an mehr oder weniger seriösen Leiharbeitsfirmen in den letzten Jahren stark gestiegen. Diese Entwicklung hält unvermindert an. Derzeit steigt die Zahl der vermittelten medizinischen Fachkräfte jährlich um 15 Prozent.[1] Etwa 80 Prozent der Fachkräfte hatten zuvor in festangestellten Arbeitsverhältnissen gearbeitet. Für manche Kliniken entstehen erhebliche Zusatzkosten. Noch sind die Kliniken aber bereit oder gezwungen, diese Kosten aufzubringen. Die Kosten für eine Leihpflegekraft mit Entlohnung, Nebenkosten sowie die Bezahlung der Vermittlungsgebühr bewegen sich etwa auf der zwei- bis zweieinhalbfachen Summe im Vergleich zu einer festangestellten Pflegekraft. Auf Leiharbeitskräfte zu verzichten, würde für die Kliniken aber unter Umständen bedeuten, dass ganze Stationen geschlossen werden müssen, dass es zu einem partiellen Aufnahmestopp für Patienten kommt oder geplante Operationen verschoben beziehungsweise ganz abgesagt werden müssen. Ein Verlust, den sich die meisten Kliniken angesichts des Kampfes um ihr wirtschaftliches Überleben nicht leisten können.

Nach einer Statistik der Bundesanstalt für Arbeit ist die Zahl der Leiharbeiter in der Pflegebranche von 2013 bis 2017 um 27 Prozent gestiegen.[2] Bundesweit arbeiteten 2017 rund 29 000 Kranken- und Altenpfleger als Zeitarbeitskräfte. In der Altenpflege ist die Zahl der Leiharbeiter in den letzten fünf Jahren von 8 000 auf 12 000 gestiegen. Andererseits muss man die Zahlen relativieren: Der Anteil der Leiharbeitnehmer an allen Beschäftigten in der Pflege liegt bei circa 2,5 Prozent. Gleichzeitig verzeichnet der Pflegebereich den stärksten Zuwachs innerhalb der gesamten Leiharbeitsbranche in den letzten Jahren.[3]

Die Corona-Krise hat den Wechsel von Pflegepersonal zu Leiharbeitsfirmen noch verstärkt, weil die Arbeitsbedingungen besser gewählt werden können und die Bezahlung höher ist. Leiharbeit im Bereich der Pflege breitet sich in Kliniken weiter aus. Für die durch die Covid-19-Pandemie oft an die Grenze der Belastbarkeit kommende Intensivmedizin lag die Ursache nicht im Fehlen von für eine Intensivmedizin adäquat ausgestatteten Betten, sondern im Fehlen von qualifiziertem Intensivpersonal. Bereits vor Beginn der Corona-Krise fehlten etwa 3 000 bis 4 000 Fachkräfte auf Intensivstationen. Allein bis Ende 2020 hatten sich über 3 000 Pflegekräfte während ihrer Arbeit mit Corona angesteckt. In dieser Situation weigerten sich immer mehr Leiharbeitsagenturen, ihre Pflegekräfte auf Stationen arbeiten zu lassen, bei denen eine erhöhte Ansteckungsgefahr mit dem Virus bestand. Die Situation der Agenturen ist mittlerweile so komfortabel geworden, dass sie sich auf dem Pflegemarkt die Arbeitsplätze für ihr vermitteltes Personal aussuchen können. Kurzfristig können auch Einsätze abgesagt werden. Für die Kliniken bedeutet dies neben höheren Ausgaben für die deutlich bessere Entlohnung der Pflegekräfte und die nicht unerheblichen Provisionen für die Agenturen, die sich diesen Service natürlich gut bezahlen lassen, auch ein hohes Maß an Unplanbarkeit und Unsicherheit. Jedoch sind sie daran zum Großteil selbst schuld. Die Fehler liegen in der Vergangenheit und sind dem jahrelang vorangetriebenen Personalabbau, vor allem in der Pflege, geschuldet. Hinzu kommt, dass man seitens der Politik die Situation der Pflege trotz jahrzehntelang klar geäußerter Warnungen von Experten und Berufsverbänden einfach ignoriert hat. Weniger Arbeitskräfte sollen immer mehr Patienten in immer kürzerer Zeit und medizinisch immer aufwendiger und anspruchsvoller versorgen. Arbeitsbedingungen, Hetze, Überstunden, schlechte Entlohnung, mangelnde Perspektiven – ein Teufelskreis, aus dem in den letzten Jahren nach Schätzungen etwa 300 000 voll ausgebildete Pflegekräfte entflohen sind. Eines hat die Pandemie im Bereich der Gesundheitsvorsorge deutlich gemacht: Die Ausrichtung des Gesundheitssystems an der Privatisierungsphilosophie – was so viel bedeutet wie: sich auf möglichst lukrative Fälle zu konzentrieren und dabei Personalkosten zu reduzieren – ist die wesentliche Ursache dieser nun immer evidenter werdenden Misere. Natürlich formieren sich zwischenzeitlich zunehmend Widerstände, vor allem seitens der Klinikbetreiber, Sozialverbände und Kostenträger. Dies geht bis hin zu Forderungen nach einem Verbot von Leiharbeit in der Pflege. Auch die Politik scheint alarmiert und versucht mit teilweise hilflosen oder halbherzigen gesetzgeberischen Maßnahmen die Situation zu entschärfen. So wurden zum Beispiel, obwohl fast alle Experten und sämtliche Berufsverbände sich eindeutig dagegen aussprachen, die bislang getrennten Ausbildungsgänge für Krankenpflege, Kinderkranken- und Altenpflege zusammengelegt.[4] Die Hoffnung der Befürworter war wohl, damit einen größeren Gesamtpool zu schaffen und flexibler auf die Personalengpässe reagieren zu können. Ende 2018 kam vom Bundesgesundheitsminister die Gesetzesinitiative einer Pflegepersonaluntergrenze.[5] Für die Versorgungsqualität eigentlich eine gute Idee. Aber letztendlich nur realisierbar mit noch mehr, vor allem gut ausgebildetem, Intensivpersonal. In der jetzigen Situation muss und kann das nur zu Bettenschließungen führen.

Die Klagen über die zunehmende Leiharbeitertätigkeit in der Pflege werden immer lauter. Ein paar Beispiele: »Leiharbeit in den Berliner Einrichtungen ist eines unserer größten Probleme«, sagt Marc Schneider, Geschäftsführer der Berliner Krankenhausgesellschaft.[6] Und er fordert, dass die Leiharbeit zurückgedrängt werden muss. Viele begründen diese Forderungen neben der rein pekuniären Sicht damit, dass die Versorgungsqualität und Patientensicherheit dadurch gefährdet würden. Bis zu 30 Prozent der Belegschaft in Berliner Krankenhäuser kämen in Spitzenzeiten aus der Leiharbeit. Das würde auch bedeuten, dass sich bis zu 30 Prozent der Beschäftigten nicht oder nur unzureichend im Klinikbetrieb oder auf den Stationen auskennen. Sie erhielten lediglich eine Kurzeinweisung. Viele würden auch nicht in Nachtschichten oder an Feiertagen arbeiten. Sie übernähmen keine zusätzlichen organisatorischen Aufgaben oder Verantwortung für Aus- oder Weiterbildungen. »Besonders hoch ist die Leasing-Quote im hoch spezialisierten Bereich der Pflege, da kann es einem ganz anders werden.« Das sagte Judith Heepe, Pflegedirektorin der Berliner Charité.[7] Kritiker der Leiharbeit bemängeln, dass Leihfirmen Arbeitszeiten und Preise diktieren, sich wenig an vertragliche Zusagen hielten und den Markt mittlerweile beherrschen. Kliniken seien aufgrund des Fachkräftemangels erpressbar. »Die Zunahme der Leiharbeit setzt das Stammpersonal unter Druck, gefährdet den sozialen Frieden und plündert die Pflegebranche letztendlich aus«, sagt Herbert Mauel, ehemaliger Geschäftsführer des Bundesverbandes privater Anbieter sozialer Dienste.[8] Franz Wagner, ehemals Präsident des Deutschen Pflegerats, beklagt: »Die durch die rasante Entwicklung des Leiharbeitsmarktes in der Pflege bedingten Fehlentwicklungen gefährden die Patientensicherheit.«[9] Zusammen mit dem Aktionsbündnis Patientensicherheit legte der Pflegerat bereits 2019 ein Positionspapier zur Leiharbeit in der Pflege vor und forderte neben einer Qualitätstransparenz auch eine Begrenzung des Anteils der befristeten

Leiharbeiter.[10] Forderungen nach einem Verbot der Leiharbeit in der Pflege, um angeblichen oder tatsächlichen durch Leiharbeiter provozierten Missständen entgegenzuwirken, sind aber zu kurz gedacht. Vielmehr spricht aus diesen Forderungen wohl eher der Unmut der Klinikträger über die ausufernden Kosten, die ihnen aufgezwungen werden. Ohne Zweifel zeigt die kontroverse Diskussion um Leiharbeitskräfte in der Pflege, die ihre eigentliche Ursache in einem Versagen der verantwortlichen Politikstrategen hat, wie dann der freie Markt mit allen seinen zur Verfügung stehenden Mitteln darauf reagiert und die Situation gnadenlos ausnützt. Wieder ein neues Geschäftsmodell, mit dem sich gut Geld verdienen lässt. Mit Geld, das aus den Sozialkassen kommt. Und bei den Leiharbeitsfirmen gibt es genug schwarze Schafe. Sie rekrutieren Personal oft mit unlauteren Methoden, zahlen »Kopfgeldprämien« an Mitarbeiter, die weitere Mitarbeiter für die Leihfirma generieren, um so noch mehr Profit zu generieren. Sie müssen sich nicht etwa an den Ausbildungskosten von Fachkräften beteiligen und sparen auch sonst an Sozialabgaben. Deshalb sind Forderungen nach einer Reduzierung oder gar einem kompletten Verbot von Leiharbeitsfirmen nachvollziehbar. Die frühere Gesundheitssenatorin von Berlin, Dilek Kalayci, kündigte bereits Anfang 2020 an, eine Bundesratsinitiative für ein Verbot von Leiharbeit in der Pflege vorzubereiten.[11] Die Forderung nach einem Verbot oder einer drastischen Reduzierung trifft jedoch nicht das eigentliche Problem. Solange man nicht die Pflegeberufe in ihrer sozialen Anerkennung massiv stärkt und für deren Leistungen, die sie für uns als Gesellschaft erbringen, gerechte Entgeltstrukturen schafft, wird man das Problem nicht lösen. Ein Verbot von Leiharbeitskräften in der Pflege schafft keine einzige Pflegekraft mehr. Man muss im Gegenteil befürchten, dass noch weitere engagierte Pflegekräfte ihrem Beruf den Rücken kehren. Man kann Pflegekräfte, die sich in die Leiharbeit begeben, als egoistisch bezeichnen, weil sie sich aus Arbeitsbedingungen befreien, die sie als unflexibel, überfordernd und schlecht bezahlt erleben, und einen für sie individuell besseren Weg wählen. Man kann ihnen vorwerfen, sie seien unsolidarisch, statt für eine gemeinschaftlich zu erstreitende Verbesserung der Situation der gesamten Pflege zu streiten. Man täte aber besser daran, diese Pflegekräfte ernst zu nehmen. Sie haben in den allermeisten Fällen weder die Grundeinstellung zu ihrer Profession noch den sozialen Charakter ihres Berufes aufgegeben. Sie haben vielleicht resigniert, weil sie den schon viele Jahre von zahlreichen Initiativen, ihren Berufsvertretungen, von Experten und vielen Gruppen geführten Kampf, endlich in der Gesellschaft und der Politik Gehör und Verständnis für ihre Situation zu finden, als vergeblich erleben. Sie fühlen sich einfach allein gelassen.

Wenn namhafte Klinikfunktionäre und Gesundheitspolitiker beklagen, dass die durch Leiharbeit immer höheren Personalkosten ohne eine Gegenfinanzierung bald nicht mehr gestemmt werden können, dann gibt es nur eine sinnvolle Alternative: das Geld in die Entlohnung, Ausbildung und Verbesserung der Arbeitsbedingungen der Pflegenden zu stecken. So oder so. Wir müssen mehr Geld für die Pflege in die Hand nehmen, wenn uns eine qualitativ gute, menschliche und solidarische Pflege im Falle von Krankheit oder einer Pflegebedürftigkeit wichtig ist. Der Medizinprodukteehersteller Hartmann, nicht etwa die für den Pflegenotstand Verantwortlichen, führte eine Befragung unter Aussteigern aus dem Pflegeberuf durch.[12] Die Ergebnisse waren für Insider eigentlich nicht überraschend: Etwa die Hälfte der Befragten würde in ihren Beruf zurückkehren – und zwar sehr gerne. Die Voraussetzungen, die sie dazu bewegen würden, lassen sich einfach zusammenfassen: Regelung von Arbeits- und Erholungszeiten, angemessene tarifliche Bezahlung, Wertschätzung ihres Berufes, Aufstiegsmöglichkeiten, Zeit für eine empathische Pflege durch eine ausreichende Personalsituation. Daran müssen politisch Verantwortliche, Berufs- und Sozialverbände arbeiten. Die Diskussion um Leiharbeitskräfte würde sich dann erübrigen, viele gut ausgebildete Fachkräfte würden in ihren Beruf zurückkehren und die vermeintliche Attraktivität der Leiharbeit in der Pflege wäre schnell weg. Man müsste nicht über Gesetzesinitiativen zu einem Verbot von Leiharbeitsfirmen nachdenken, zumal ein solches Gesetz unter einer europäischen Rechtsauslegung kaum Chancen für ein Bestehen hätte. Und in letzter Konsequenz müsste man auch die grundlegende politische Entscheidung treffen: Wollen wir den primären Gesundheitsmarkt mehr und mehr dem freien Markt überlassen? Solange man Kliniken grundsätzlich Gewinne abverlangt, wird der mit Abstand größte Etat, nämlich die Personalkosten, immer im Fokus eines Interessenkonflikts bleiben. Und freiwillig werden insbesondere private Klinikbetreiber kein Terrain opfern, das ihre Gewinnerwartungen minimiert.

Auch Schwester Sarah, mit der ich noch sehr lange über das Thema Leiharbeit in der Pflege gesprochen habe, wäre im Grunde bereit, sich wieder in ein festes Arbeitsverhältnis zu begeben. Sie hat ihren Beruf aus Überzeugung und bewusst gewählt, sieht ihn als eine Berufung an und möchte ihn eigentlich nicht ohne Not aufgeben. Aber dazu müsste sich einiges an der Situation ändern. Sie möchte ihr Berufsideal, von dem sie nach wie vor überzeugt ist, verwirklichen dürfen. Zum Beispiel die Zeit zu haben, bei einer Sterbenden am Krankenbett zu bleiben und ihr die Hand zu halten.

10 Beinamputation

Herzschrittmacher, Defibrillatoren, künstliche Herzklappen, Knie- und Hüftgelenke, Brustimplantate, Stents, Insulinpumpen ... Die Liste der Geräte, Implantate und Hilfsmittel, die in der Therapie der modernen Medizin heute eingesetzt werden, ist fast unerschöpflich. Damit die Verwendung solcher Implantate und Geräte keine gesundheitlichen Schäden verursacht, gibt es strenge Prüfungen. Diese werden von staatlichen, teilweise auch europäischen oder international autorisierten Organisationen durchgeführt. Erst wenn ausreichend Studienergebnisse vorliegen, wenn standardisierte Zulassungs- und Prüfverfahren durchlaufen sind, eine Nutzen-Risiko-Abwägung erfolgt und eine sehr hohe Sicherheit festgestellt ist, kann ein Medizinproduktehersteller ein Produkt zur Zulassung anmelden und, nach Erhalt eines Zertifikats, auf den Markt bringen.

So sollte es eigentlich im Idealfall ablaufen und auf diese Sicherheit müssen sich betroffene Menschen und die verantwortlichen Ärzte verlassen können. Aber dies ist leider nicht immer der Fall. Das haben exemplarisch Skandale um fehlerhafte Brustimplantate mit ihren katastrophalen Folgen für die betroffenen Frauen in der Vergangenheit gezeigt.[1] Umso mehr muss es für Ärzte eine Selbstverständlichkeit, ja sogar moralisch-ethische Verpflichtung sein, die von ihnen therapierten Patienten wachsam und kritisch zu begleiten und Unregelmäßigkeiten, die unter Umständen mit den Implantaten zusammenhängen könnten, intensiv nachzugehen und an entsprechende Stellen zu melden. Grundsätzlich sollte ein Patient immer davon ausgehen dürfen, dass der Arzt nur die Medizinprodukte implantiert und anwendet, die den größtmöglichen Nutzen bei gleichzeitig hoher Sicherheit bieten. Anders ausgedrückt: nur die Produkte, die er bei sich selbst auch akzeptieren würde.

Ein Beispiel für häufig verwendete Implantate sind Blutgefäße aus Kunststoff, sogenannte Kunststoff-Bypässe. Sie ersetzen verschlossene Arterien. Kommt es zu einem chronischen oder akuten Verschluss von Arterien an einem Bein, kann dies dazu führen, dass der oder die Betroffene erhebliche Schmerzen, besonders bei Belastung und beim Gehen, bekommt oder auch schon in Ruhe über Beinschmerzen klagt. Im schlimmsten Fall kann durch den Verschluss eine massive Störung der Durchblutung der Muskulatur und des Gewebes auftreten und am Ende zu einer Amputation des Unter- oder sogar Oberschenkels führen. Um die Situation zu verbessern oder das Bein zu retten, sind in vielen Fällen sogenannte Bypass-Operationen notwendig. Das Ziel dabei ist, die verschlossenen Arterien zu überbrücken. Am besten geeignet sind hierzu die körpereigenen oberflächlichen Venen, die der Chirurg leicht entnehmen kann, um sie dann als Ersatz für die verschlossene Arterie zu implantieren. Zum Beispiel von der Leistenarterie bis hin zum Anschluss an eine Unterschenkelarterie. Damit ist die Durchblutung wieder gut hergestellt. Der Patient kann im Idealfall beschwerdefrei gehen und meist lässt sich damit eine drohende Beinamputation über lange Zeit vermeiden. Nun gibt es aber eine größere Zahl an Patienten, die keine geeigneten oberflächlichen Venen haben, die man als Ersatzmaterial entnehmen könnte. Dies kann dadurch bedingt sein, dass sie sogenannte Krampfadern haben, die sich nicht für einen Bypass eignen, oder dass gar die Venen wegen früherer Krampfaderoperationen oder für andere Bypassoperationen am Herz oder Bein bereits entnommen wurden. Das »biologische Ersatzteillager« ist aufgebracht oder nicht geeignet. Für diese Fälle wurden in den vergangenen Jahrzehnten künstliche Blutleiter entwickelt, sogenannte Kunststoff-Prothesen. Das sind lange, flexible Röhren aus weichem Kunststoffmaterial. Aber auch noch so gut implantierte Bypässe können sich im Laufe der Zeit, nach Jahren oder Jahrzehnten, wieder verschließen. Insbesondere dann, wenn die Risiken, die zu chronischen Blutgefäßverschlüssen führen, wie Rauchen, erhöhte Blutfettspiegel oder hoher Blutdruck, bestehen bleiben und nicht behandelt werden. Auswertungen von Langzeitergebnissen zeigen, dass bei Verwendung körpereigener Venen als Bypassmaterial die sogenannten Langzeitoffenheitsraten über die Jahre hin etwas besser sind als bei Verwendung von künstlichen Blutleitern. Die sogenannten Leitlinien der medizinischen Fachgesellschaften empfehlen deshalb, als primäres Bypassmaterial möglichst körpereigenes Venenmaterial zu verwenden. Die Weiterentwicklung und Verbesserung des verwendeten Materials bei Kunststoffprothesen hat mittlerweile zu einer fast vergleichbaren Offenheitsrate dieser Bypässe geführt.

Natürlich wollen die Hersteller von Kunststoffprothesen mit ihren Produkten verdienen. Das ist zunächst auch völlig legitim, denn schließlich haben sie große finanzielle Mittel und Ressourcen in Forschung und Entwicklung sowie in Studien investiert, bis solche Prothesen ihre Zulassung bekommen und auf dem Markt landen. Krankenhäuser wollen andererseits von den durch das DRG-Abrechnungssystem festgelegten fixen Erlösen für eine Bypass-Operation möglichst einen guten Teil behalten. Sie versuchen deshalb darauf zu achten, die Kosten für Material und für Implantate möglichst gering zu halten. Auch dieses Interesse ist nachvollziehbar. Um möglichst wirtschaftlich zu arbeiten, gibt es nun für Klinikökonomen mehrere Stellschrauben. Die beiden wichtigsten Kostenverursacher sind in der Reihenfolge: die Personal- und dann die Material- und Sachkosten. Letztere können bei einem guten Management und geschickter Verhandlungstaktik erheblich reduziert werden. Es ist also grundsätzlich nicht verkehrt, wenn Kliniken versuchen, Gegenstrategien zur mächtigen Pharmaindustrie und den Medizinprodukteherstellern zu entwickeln, denn diese würden sonst die Preise diktieren. Es kann auch nicht im Interesse der Krankenversicherten und unserer Sozialkassen sein, dass Medikamente oder medizinische Produkte von Pharmaunternehmen und Medizinprodukteherstellern mit unverhältnismäßigen Gewinnmargen über Krankenkassenbeiträge finanziert werden. Auch im Gesundheitsmarkt versuchen die Akteure, die Regeln der freien Marktwirtschaft anzuwenden. Der Markt bestimmt den Preis. Eine der heute üblichen Strategien der Krankenhäuser ist es, sich in Einkaufsverbünden zu organisieren. Das heißt: Sie geben die Verhandlungsführung für das Produktportfolio, für Bestellmengen und Einkaufspreise an einen Verhandlungsführer ab, der somit eine große Zahl an Klinikgruppen oder einzelne Krankenhäuser vertritt. Dieser übernimmt auch die Aufgabe, Hersteller- und Lieferfirmen mit dem Angebot großer und garantierter Liefermengen zu locken, die Konkurrenz unter den Firmen hochzuhalten und die Preise dadurch entsprechend zu verhandeln. Private Klinikkonzerne haben diesen strategischen Nutzen erkannt, offerieren diese Dienstleistungen auch anderen Klinikbetreibern in ganz Deutschland und lassen sich dafür gut bezahlen. Sie schließen Serviceverträge mit Kliniken, die in öffentlich-rechtlicher, kirchlicher oder karitativer Trägerschaft sind. Die Anbieter dieser Leistungen verhandeln somit nicht nur für ihre im Eigenbetrieb befindlichen Kliniken mit der Pharma- und Zulieferer-Industrie, sondern für eine große Anzahl weiterer Kliniken. Das Verhandlungsvolumen erhöht sich dadurch um ein Vielfaches, stärkt die Verhandlungsposition der Einkäufer und es lassen sich teils erhebliche Sparpotentiale und Rabatte ausschöpfen. Was sich für die einzelnen Kliniken im Hinblick auf eine Kostenreduktion durchaus positiv auswirken kann, hat aber auch eine gefährliche Kehrseite. Denn Bestandteil solcher Verträge mit der Industrie sind häufig garantierte Mindestabnahmemengen und mehrjährige Laufzeiten. Stellt man nun fest, dass man mit einem Produkt doch nicht ganz zufrieden ist, dann ist ein Ausstieg vertraglich meist nicht so ohne weiteres möglich. Man ist gezwungen, das Produkt bis zum Vertragsende weiter zu verwenden. Möglicherweise auch dann, wenn, aus medizinischer Sicht, Bedenken bestehen. Aber dazu später mehr.

Natürlich wissen die für die Ökonomie Verantwortlichen, dass es bei der Produktauswahl nicht ganz ohne ärztliche Expertise funktioniert.

In privaten Klinikkonzernen existieren dazu sogenannte Fachgruppen. Eine Auswahl von leitenden Ärzten und Chefärzten wird regelmäßig zusammengerufen. Zum Beispiel die Fachgruppe der Orthopäden, der Kardiologen, Anästhesisten oder der Gefäßmediziner. Der größte Teil der Agenda in diesen Fachgruppen-Sitzungen beschäftigt sich mit Themen wie Konzernentwicklung, Benchmarking, Wirtschaftszahlen, Qualitätssicherung, Einkaufsstrategien und anderem. Nur einen vergleichsweise kleinen Raum nehmen dabei Diskussionen zu medizinischen Themen ein. In diesen Fachgruppen wird auch über die zu verwendenden Medizinprodukte entschieden. Eigentlich sehr positiv und begrüßenswert. Das klingt nach fast demokratischen Strukturen. Bei diesen Sitzungen sind Konzernführung, Wirtschaftsabteilung und Einkauf meist personalstark vertreten. Für die teilnehmenden Abteilungsleiter und Chefärzte ist es hör- und spürbar, dass das wirtschaftliche Prosperieren des Konzerns an oberster Stelle zu stehen hat. Die Verantwortlichkeit eines Chefarztes für seine eigene Abteilung wird betont. Dies zu verdeutlichen, dient der Vergleich von Leistungszahlen der einzelnen Kliniken und Abteilungen nach dem Motto: Die einen schaffen es doch auch, warum schaffen Sie das in Ihrem Bereich nicht? Es wird mit Zahlen jongliert und Druck erzeugt. Und es baut sich ein Konflikt auf: Patientenwohl versus Profit. Unterschiede in den Klinikstrukturen, in der Qualität der jeweiligen Geschäftsführungen, die Auswirkungen fehlerhafter Managemententscheidungen, der regionale Konkurrenzdruck oder der Stellenmarkt sind bestenfalls Randthemen. Man steht unter Beobachtung.

Was hat das alles nun mit Implantaten und Beinamputationen zu tun? Wie eingangs erläutert, können sich Bypässe im Lauf der Zeit wieder verschließen und es kommt dann möglicherweise erneut zu einer kritischen Durchblutungssituation mit einer Gefährdung des Beines. Um die Langzeit-Offenheitsrate solcher Kunststoff-Bypässe zu verbessern, hat nun eine Firma A die Innenseite des Bypassmaterials mit einem sich nur langsam auflösenden blutgerinnungshemmenden Medikament beschichtet und konnte in Studien einen positiven Langzeiteffekt nachweisen. Diese Bypass-Prothese hat sich im Lauf von vielen Jahren als Produkt mit einer guten Langzeitoffenheitsrate bewährt. Eine Konkurrenzfirma, die Firma B, entwickelt nun ebenfalls einen solchen »Heparin-beschichteten« Bypass. Allerdings – vermutlich auch aus Gründen des Patentschutzes – mit einem anderen Verfahren. Die Studienlage über Langzeitoffenheitsraten bei dieser Bypass-Prothese ist relativ spärlich. Trotzdem erhält die Firma die Zulassung für diesen Bypass. Und sie geht damit auf den Markt. Der Einkaufspreis ist um fast die Hälfte günstiger als beim Konkurrenzprodukt. Über die Verwendung dieser beiden Implantate der Firma A und der Fima B wird in der Fachgruppe Gefäßmedizin diskutiert. Vertreter der Ärzteschaft geben in der Diskussion zwar zu bedenken, dass der Bypass der Firma B im Vergleich zum Produkt der Firma A möglicherweise in Studien nicht ausreichend genug getestet wurde. Aber letztendlich entscheidet sich die Mehrheit, auch auf »sanften Druck« der Vertreter des Einkaufs hin, für die deutlich günstigere Prothese der Firma B. Dies bedeutet, dass der Einkauf nun auf Mehrheitsbeschluss der Fachgruppe einen Vertrag mit dieser Firma abschließen kann. Dies ist zunächst ein formal korrekter und nicht zu beanstandender Vorgang, gleichzeitig scheint dies auch wirtschaftlich vernünftig. Der Vertrag beinhaltet eine zeitliche Festlegung auf zwei Jahre und eine Mindestmengen-Abnahme. In begründeten Einzelfällen kann der Operateur aber entscheiden, auch die Prothese der Firma A zu verwenden. Mindestens 80 Prozent der implantierten Bypässe müssen künftig allerdings vom Anbieter B sein.

Im Verlauf der nächsten Monate und Jahre fällt den verantwortlichen Chefärzten mehrerer Kliniken auf, dass es beim Einbau der Prothese der Firma B zu auffällig vielen sogenannten Frühverschlüssen kommt. Nahezu 30–50 Prozent der Operierten erleiden einen solchen Bypassverschluss in den ersten 8 bis 12 Monaten. Die

Folge für die Patienten sind aufwendige Revisions- und Bypass-Korrekturoperationen, in einigen Fällen führt dies sogar zu Extremitätenamputationen. Mehr und mehr gefäßchirurgische Kliniken überprüfen auf diese Berichte hin ihre eigenen Patienten. Und alle bestätigen die schlechten Ergebnisse. Der Chefarztkollege einer größeren gefäßchirurgischen Abteilung nennt seine Ergebnisse mit der Prothese B »desaströs«. Die Nachuntersuchungen und Aufarbeitungen der Ergebnisse in den Fachbereichen einiger zum Konzern gehörender Kliniken bestätigen fast durchweg die hohen Verschlussraten bei Anwendung der Prothese B, während es bei der Prothese A in weniger als 10 Prozent zu Frühverschlüssen und der Notwendigkeit zu Revisionseingriffen kam. Man konferiert, diskutiert und fragt auch in Kliniken nach, die nicht zum Konzern oder nicht zum Einkaufsverbund gehören. Von mehreren Kliniken werden ähnliche Erfahrungen berichtet. In vielen Fällen werden die Prothesen der Firma B dort schon länger nicht mehr verwendet. Die Ergebnisse und Bedenken werden nun an den Einkauf der Konzernzentrale gemeldet. Von dort kommt das Signal, dass man sich des Problems annehmen werde, bis auf weiteres aber der Fachgruppenbeschluss seine Gültigkeit behält. Also soll weiterhin die Prothese der Firma B verwendet werden. Nach weiteren Beschwerden wird vom Leiter der Medizinstrategie der Zentrale ein »Experte« zu Rate gezogen, willkürlich ausgewählt von der »*Focus*-Bestenliste«. Ein Gefäßchirurg, der seit Jahren nicht mehr in einer Klinik arbeitet, sondern als niedergelassener Arzt in einer Praxis. Man trifft sich mit ihm. Drei gefäßchirurgische Chefärzte und der Leiter der Medizinstrategie des Konzerns. Letztendlich geht das Treffen aus wie das Hornberger Schießen. Der Experte muss eingestehen, dass er keine ausreichende Erfahrung mit solchen Bypässen habe. Aber immerhin sagt er aus, dass in den von ihm durchgearbeiteten Unterlagen der vorgelegten Fälle keine chirurgisch-technischen oder medikamentösen Behandlungsfehler nachzuweisen sind. Es erhärtet sich somit der Verdacht, dass die schlechten Ergebnisse mit der schlechteren Qualität der Prothesen zu tun haben könnten. Auch nach diesen

Hinweisen macht der Einkauf des Konzerns keine Anstalten, die offiziellen Vorgaben zu ändern. Schließlich sieht sich der gewählte Sprecher und Fachgruppenleiter, Chefarzt einer größeren Gefäßchirurgie, dazu genötigt, in einem Rundschreiben den Fachgruppenbeschluss, also die Verwendung der Gefäßprothese B in 80 Prozent der Fälle, außer Kraft zu setzen. Sofort und bis zur Klärung des offensichtlichen Problems. Jetzt aber ist Feuer unter dem Dach der Konzernzentrale. Dem betroffenen Kollegen wird klargemacht, dass das nicht in seiner Kompetenz liege. Wo käme man hin, wenn Fachgruppenbeschlüsse einfach so unterlaufen würden? Das würde die gesamte Einkaufsstrategie in Frage stellen. Nochmals zur Erinnerung: Verträge mit Firmen verpflichten den Konzern zur Abnahme einer Mindestmenge und zu einer zeitlich fixierten Vertragslaufzeit. Käme man den vertraglichen Verpflichtungen nicht nach, wären rechtliche und finanzielle Schwierigkeiten zu befürchten. Außerdem stünde dann mangels Alternative nur noch die deutlich teurere Prothese zur Verfügung, was natürlich die Gewinne aus den Operationen reduziert. Der Sprecher der Fachgruppe Gefäßmedizin wird umgehend zu einem »Gespräch« in die Konzernzentrale beordert. Von dort kommt erneut die Anweisung, dass der Gefäßgruppenbeschluss weiterhin seine Gültigkeit hat. Sollte sich ein Gefäßchirurg in »Ausnahmefällen« dazu entscheiden, das teurere Konkurrenzprodukt einzubauen, muss er dies im Einzelfall auf einem extra dafür entworfenen Formblatt begründen.

Zwei Wochen nach seinem »Vorreiten« in der Zentrale wird der von den gefäßchirurgischen Chefärzten zum Leiter der Fachgruppe gewählte Chefarzt von der Konzernzentrale abgesetzt und ein neuer Fachgruppenleiter bestimmt, der offensichtlich den Verantwortlichen besser geeignet erschien. Damit ist das Thema aber nicht vom Tisch. Denn zwischenzeitlich liegt der Fall beim Bundesministerium für Arzneimittel und Medizinprodukte (BfArM), der in der Bundesrepublik obersten Instanz, die über die Zulassung von Medizinprodukten und damit deren Anwendung am und im Menschen entscheidet. Die Prüfung dauert lange. Über ein Jahr. Sie ist aber gründlich. Dann kommt das vernichtende Urteil des BfArM: Die Kunststoff-Prothese des Herstellers B darf nicht mehr verwendet werden. Der Hauptvorwurf: Die klinische Bewertung des Herstellers der Prothese beruhe im Wesentlichen auf den klinischen Daten des Wettbewerbers und Daten aus der Literatur. Eigene klinische Prüfungen der Prothese wurden vor Markteinführung nicht oder zu wenig durchgeführt. Die BfArM bestätigt, dass die Meldungen der Anwender »umfassend, korrekt und plausibel« seien und »eine systematische Fehlanwendung in mehreren klinischen Zentren unwahrscheinlich ist«. Der Hersteller wird aufgefordert, eigene umfangreiche Studien vorzuweisen, die belegen, dass die Gefäßprothese ausreichend sicher bezüglich ihrer Langzeit-Offenheitsrate ist. Ebenso wird er aufgefordert, bis zum Abschluss seiner Untersuchungen eigenverantwortlich einen Anwendungsstopp umzusetzen. Es wird sogar in Frage gestellt, ob die sogenannte CE-Kennzeichnung auf dem Medizinprodukt gerechtfertigterweise angebracht wurde. Diesem Urteil muss sich zuletzt auch der Einkauf des Konzerns beugen, wenn er nicht juristische Auseinandersetzungen riskieren möchte. Der Hersteller nimmt aber die Prothese nicht vom Markt. Deshalb geht die BfArM noch einen Schritt weiter: Sie empfiehlt der zuständigen Behörde, dem Regierungspräsidium, »alle erforderlichen Maßnahmen zum Schutze der Gesundheit und zur Sicherheit der Patienten vor Gefahren durch das Medizinprodukt zu treffen und die erforderlichen Untersuchungen zur Feststellung der Verkehrsfähigkeit im Rahmen eines Anwendungsstopps durchzuführen«.

Aber was macht man nun mit den bereits im Lager der Kliniken vorrätigen Prothesen? Tatsächlich ist die Empfehlung zunächst, diese möglichst noch »aufzubrauchen«. Erst nach Protesten aus Reihen der Ärzte erfolgt dann die Ansage, dass diese Prothesen bis auf weiteres nicht mehr eingebaut werden dürfen.

Das DRG-Abrechnungssystem impliziert Fehlanreize, so dass Kliniken Mittel und Wege suchen müssen, Operationen mindestens kostendeckend, möglichst aber gewinnbringend abzurechnen.

Letztendlich verlangen die Marktgesetze, dass Gewinne erwirtschaftet werden müssen. Ansonsten droht die wirtschaftliche Schieflage der Klinik, im schlimmsten Fall sogar deren Schließung. Um dieses Ziel zu erreichen, verfolgen vor allem private Klinikkonzerne unterschiedliche Strategien. So gibt es Kliniken und Klinikkonzerne, die keineswegs an der materiellen Ausstattung oder gar an der Qualität von Implantaten oder Medizinprodukten sparen. Sie regeln das »Sparpotential« eher über Einsparungen am Personal. Andere hingegen drehen an der Schraube »Materialkosten«. Mit gefährlichen Auswirkungen, wie dies das Beispiel der Kunststoff-Bypass-Prothesen zeigt.

Ein weiteres Beispiel für den Kampf um Kosten ist der Einsatz von künstlichen Herzklappen-Prothesen, besonders für defekte Aortenklappen. Müssen diese ersetzt werden, kann dies mit einer künstlichen oder mit einer biologischen Prothese aus tierischem Gewebe erfolgen. Nachteil der biologischen Prothese ist die limitierte Haltbarkeit: Je jünger die Patienten sind, desto schneller degeneriert das Implantat und muss gewechselt werden. Dagegen haben künstliche Prothesen aus Carbon-Verbindungen eine hervorragende mechanische Haltbarkeit, aber den großen Nachteil, dass eine lebenslange Blutverdünnung notwendig ist, was für den Patienten ein entsprechendes Risiko bedeutet. Früher war es üblich, jüngeren Patienten (unter 60–65 Jahre) bevorzugt eine Kunststoffprothese anzubieten. Das hat sich in den letzten beiden Jahrzehnten grundlegend geändert. Die Mehrzahl der Patienten entscheidet sich heute für die bessere Lebensqualität und damit für eine biologische Prothese. Deshalb ist es umso wichtiger, dass Prothesen angeboten werden, die einerseits sehr gute Durchflusseigenschaften für den Blutstrom und andererseits auch eine sehr gute Haltbarkeit aufweisen. Biologische Klappen bestehen entweder aus der Aortenklappe des Schweines oder werden aus dem Herzbeutelgewebe (Perikard) eines Kalbes genäht. Das Gewebe wird nach einer entsprechenden Vorbehandlung, die eine Verwendung beim Menschen möglich macht, auf ein Gerüst genäht. »Schweineklappen« bieten dem Blutstrom mehr Widerstand und sollten deshalb nur mit größerem Durchmesser implantiert werden. Es gibt Unterschiede bezüglich der Haltbarkeit solcher Prothesen. Dies drückt sich auch im Preisniveau aus. Die Haltbarkeit von Prothesen aus dem unteren Preisniveau, die vorwiegend für jüngere Patienten verwendet werden, ist deutlich schlechter. Perikardklappen haben bessere Durchflusseigenschaften und erreichen eine Haltbarkeit bei den meisten Menschen von mindestens 15 bis 20 Jahren. Die ersten dieser Prothesen wurden vor gut 40 Jahren auf den Markt gebracht, zwischenzeitlich laufend im Design verbessert, so dass mittlerweile bereits die vierte Generation auf dem Markt ist. Die Prothesen der neueren Generation sind aber auf einem hohen Preisniveau. Als Alternative, im mittleren Preisniveau liegend, wurde von einer anderen Firma vor über zehn Jahren eine weitere Perikardklappe entwickelt, die anfangs hochgelobt war. Leider stellte sich jedoch im Verlauf heraus, dass diese Prothese bei vielen Patienten schon nach fünf bis acht Jahren degeneriert ist und deshalb ausgetauscht werden muss. Es müssen dann aufwendige und für Patienten belastende und gefährliche Zweitoperationen erfolgen. An den meisten herzchirurgischen Zentren wird diese Prothese zwischenzeitlich nicht mehr eingesetzt. Prothetische Herzklappen gibt es auf dem Markt ab etwa 400 Euro, die modernsten biologischen Klappen kosten jedoch über 3 000 Euro. Die Abrechnung (Operation und Krankenhausaufenthalt) erfolgt pauschal nach einem durch das DRG-System festgelegten Maximalbetrag für einen Aortenklappenersatz. Die Kosten für teurere Implantate schmälern deshalb natürlich den potentiellen Gewinn.

Klinikkonzerne haben Strukturen aufgebaut und fragwürdige Strategien implementiert, um im Zeitalter der DRGs gnadenlos mehr Profit zu erwirtschaften. So wird Ärzten in manchen Kliniken vorgeschrieben, überwiegend Herzklappen aus dem unteren und mittleren Preissegment zu implantieren, hochpreisige dürfen nur in seltenen Ausnahmefällen eingesetzt werden. Patienten können meist nicht beurteilen, welche Herzklappe bei ihnen implantiert wird und welche Folgen dies im Einzelfall für sie haben kann. Es mag in vielen Fällen einfach Glück sein, in welcher Herzchirurgie sie landen und ob die Chirurgen dort eine freie Entscheidung treffen dürfen, ausschließlich nach medizinischen Kriterien.

Der schnelle medizinische Fortschritt hat dazu geführt, dass in vielen Fällen Herzklappen minimalinvasiv ersetzt werden können. Das bedeutet, dass keine »offenen« Operationen, also eine Eröffnung des Brustkorbs und des Herzens unter Verwendung einer Herz-Lungen-Maschine, mehr notwendig sind, sondern die Herzklappen über Blutgefäße eingeführt und dann in entsprechender Position exakt im Herz platziert werden können. Die Preisspanne solcher Herzklappensysteme liegt zwischen etwa 8 000 und 13 000 Euro.

Es ist kein Wunder, dass Ökonomieverantwortliche bei solchen Summen mitreden und entscheiden möchten. So wird von der Einkaufszentrale festgelegt, welche künstlichen Klappen Herzchirurgen im Portfolio in ihren Kliniken halten dürfen und welche nicht erlaubt sind. Damit wird versucht, den Ärzten die Entscheidungen mehr und mehr aus der Hand zu nehmen. In Diskussionen wird dabei unterschwellig unterstellt, dass Ärzte zur Verschwendung neigen, wenig ökonomische Verantwortung zeigen und Patienten unnötige und nicht notwendige teurere medizinische Produkte implantieren.

Fakt ist, dass Operateure in einigen Kliniken nach wie vor gezwungen werden, Herzklappen zu implantieren, die nachweislich nach einigen Jahren nicht mehr funktionieren. Dies, obwohl genügend evaluierte Studien und Ergebnisse vorliegen, dass es künstliche Herzklappen auf dem Markt gibt mit deutlich besseren Langzeitergebnissen. Welcher Mensch würde sich ein Auto kaufen, das den technischen Stand vor 25 Jahren aufweist, wenn er ein deutlich besseres, vor allem wesentlich verkehrssichereres Auto erwerben kann?

Noch ein Beispiel, bei dem es um viel Geld geht: Herzschrittmacher-Systeme und implantierbare Defibrillatoren. Hier gab es in den letzten Jahren viele Neuentwicklungen und medizinisch-technische Verbesserungen, die sich unmittelbar auf die Lebensqualität von Patienten auswirken. Trotzdem gibt es zahlreiche Ökonomieverantwortliche, die ihren Kardiologen vorschreiben, welche Geräte sie verwenden dürfen. Diese Entscheidungen orientieren sich nicht oder nur sehr begrenzt an medizinischen Notwendigkeiten, sondern, wie leider auch in diesem Fall zu erwarten, schlicht am Einkaufspreis. Im Extremfall kann man davon ausgehen: Das Billigste ist gerade gut genug! So hat die Industrie mit viel Forschungsaufwand und Anstrengungen Herzschrittmachersysteme entwickelt, die »MRT-fähig« sind. Das heißt, auch bei Trägern eines solchen Herzschrittmachers sind medizinisch notwendige Kernspin-Tomographie-Untersuchungen durchführbar. Wegen der Störung durch große Magnetfelder bei einer MRT-Untersuchung war das bisher mit den herkömmlichen Schrittmachern und Defibrillatoren nicht möglich. Es gibt in einigen Klinikkonzernen nach wie vor erhebliche Diskussionen und Ärzte müssen ausführliche Begründungen liefern, wenn die Zahl der Implantationen solcher modernen Schrittmacher-Systeme einen gewissen prozentualen Anteil an der Gesamtimplantationsrate in der Klinik überschreitet. Der Grund ist offensichtlich. Diese moderneren Systeme lassen sich die Herzschrittmacherfirmen natürlich gut bezahlen. Und der Mehrpreis wird den Kliniken nicht oder nur unzureichend vergütet.

Die Beispiele, bei denen Ökonomen und Entscheider in Konzernzentralen erheblichen Einfluss auf die Auswahl medizinischer Produkte und Implantate nehmen, ließen sich beliebig fortsetzen.

Wer entscheidet nun eigentlich über notwendige Behandlungen und die Materialien, die dazu erforderlich sind? Offensichtlich zunehmend weniger die Ärzte. Die betriebswirtschaftliche Überformung hat eine neue Wertehierarchie geschaffen. Es wird nicht dadurch gespart, dass Patienten die notwendigen Behandlungen nicht erhalten, sondern dadurch, dass die dafür notwendigen Kosten minimiert werden. Erlöse und Kosten der Krankenhäuser werden miteinander verglichen, insbesondere die Kosten für Medizinprodukte, vor allem die für Implantate. Es wird Druck aufgebaut auf die Kliniken und Abteilungen, die weniger ertragreich sind. Deshalb internalisieren zunehmend mehr leitende Ärzte diese Einschränkungen ihres ärztlichen Ermessensspielraumes, opfern ihre Entscheidungskompetenz einem Algorithmus, der einer industriellen Produktion gleicht. Dabei laufen sie Gefahr, ihre professionseigene Ethik zu vergessen. Im schlimmsten Fall kann das ein Bein oder sogar das Leben kosten.

11 Controlling

Die Aufgabe des Medizin-Controllings einer Klinik liegt im Wesentlichen darin, korrekte Rechnungsstellungen an die Krankenkassen zu liefern und dabei keine der erbrachten und abrechenbaren Leistungen zu vergessen. Damit die Rechnungsstellung rechtssicher erfolgen kann, müssen sich die Mitarbeiter des Controllings auf die Dokumentation der Ärzte und des Pflegepersonals verlassen. Diese Dokumentation lässt, vor allem für den behandelnden Arzt, viel Spielraum. Man kann sich das etwa so vorstellen: Aus einer eigentlich einfachen lokalen Wundinfektion am Bein kann man auch eine septische Phlegmone oder ein Erysipel, also eine schwere Weichteilentzündung mit generalisierter Entzündung des Körpers, machen. Das kann bei entsprechender Dokumentation und Behandlung einen Unterschied von einigen Tausend Euro bedeuten. Ein anderes Beispiel: Wie schon beschrieben, kann sich eine als Hypokaliämie dokumentierte, also unter der Norm liegende Erniedrigung des Kaliumspiegels im Blut, erlössteigernd auswirken. Wichtig ist lediglich, daran zu denken, dem Patienten täglich eine Kalium-Tablette zu verordnen. Gleiches Vorgehen bei einer Erniedrigung des roten Blutfarbstoffs, des Hämoglobins. Die Diagnose einer Anämie und die Verordnung einer Eisentablette können viel Geld bedeuten. Aus einem erhöhten Blutdruck wiederum lässt sich mit etwas Fantasie eine »hypertone Krise« machen, aus einer Herzschwäche eine schwere »dekompensierte Herzinsuffizienz«. Es gibt unzählige Möglichkeiten, Patienten in der Dokumentation »kränker zu machen«. Man muss sie nur kennen. Und dafür gibt es sogar Hilfsmittel. Um zu wissen, ob die Dokumentation einer anderen Diagnose oder verschiedener Begleiterkrankungen die Erlössituation steigern kann, wendet man speziell entwickelte Computerprogramme, sogenannte DRG-Grouper, an.[1] Das sind ökonomisch-medizinische Softwareprogramme zur Berechnung des Fallerlöses. Die Eingabe der Daten zeigt sofort an, ob die Begleitdiagnose etwas an der Erlössituation verändert. Seit 2004 sind Krankenhäuser in Deutschland verpflichtet, nach dem DRG-System abzurechnen. Dies ist für alle Krankenhäuser Pflicht. Um ein einheitliches Verschlüsselungssystem zu gewährleisten, wurden Kodierrichtlinien erstellt. Aus den Diagnosen, den durchgeführten Prozeduren sowie dem Alter des Patienten, dem Geschlecht, der Klinikverweildauer, dem Aufnahmegrund und anderen Parametern erfolgt die Bewertung im DRG-System über einen vom Institut für Entgeltsystem im Krankenhaus (InEK) erstellten und jedes Jahr neu überarbeiteten Algorithmus. Als Experte kann man damit gut arbeiten. Durch eine benutzerfreundliche Oberfläche erleichtern Grouper die Erfassung von Fallpauschalen und damit die Rechnungsstellung. Sie sagen sofort aus, was sich unter Abrechnungsaspekten lohnt und was nicht. Die Basis für die weitere Bearbeitung ist die penible Dokumentation in der Patientenakte. Die anschließende einheitliche Erfassung der Diagnosen und Maßnahmen erfolgt durch zwei gesonderte Klassifikationen: den Diagnoseschlüssel ICD (International Classification of Diseases) und den Operationen- und Prozedurenschlüssel OPS (Operationen- und Prozedurenschlüssel).[2,3] Der aktuelle ICD-Katalog umfasst derzeit etwa 25 000 Diagnosen, der OPS-Schlüssel weit über 13 000 Prozeduren und Operationen. Die genauen Regeln, wie die Kodierung zu erfolgen hat, sind in den Deutschen Kodierrichtlinien festgehalten. Gibt man alle geforderten Informationen zu einem Patienten in den Grouper ein, dann spuckt dieser die entsprechende DRG aus, zusammen mit der Berechnung des Erlöses. Einfach klasse, dieser Grouper!

»Wie wird aus einem Patienten eine DRG?« Das ist tatsächlich die Formulierung eines Software-Unternehmens, das damit seine

Fortbildungsseminare für Ärzte, Controller und Mitarbeiter von Krankenkassen bewirbt.[4] Das komplexe System erfordert eine ständige Nachbearbeitung, Weiterbildung und Anpassung. Auch für die Klinikärzte. Sie müssen immer mehr Zeit einplanen, um sich mit Ökonomiefragen zu beschäftigen. Zeit, die für ihre eigentliche Aufgabe fehlt – die Patientenversorgung. Insbesondere eine mangelnde oder fehlerhafte ärztliche Dokumentation kann für Kliniken Abrechnungsverluste bedeuten. Bei der Leistungsverdichtung und der immer knapperen Zeit für die Patientenversorgung müssen sich Ärzte entscheiden, ob sie dem Bürokratie- und Dokumentationsaufwand ihre Arbeitskraft widmen oder ihren Patienten. Es wird geschätzt, dass Krankenhäusern durch eine fehlerhafte oder mangelnde Dokumentation und zu niedrige Rechnungserstellung teils Einnahmeverluste in Millionenhöhe entstehen.

Manche Krankenkassenvertreter sehen dies allerdings ganz anders. In öffentlichen Kommentaren haben mehrere Spitzenfunktionäre die Kliniken in die Nähe von Abrechnungsbetrügern gerückt: Millionen würden durch die Arbeit des Medizinischen Dienstes (MD) und dessen strenge Rechnungsüberprüfungen für die Krankenkassenbeitragszahler zurückgeholt. Etwa die Hälfte der Klinikabrechnungen sei fehlerhaft.[5] Spitzenvertreter von Klinikverbänden, etwa die Deutsche Krankenhausgesellschaft (DKG), sehen das Problem hingegen in dem hoch komplizierten und deshalb fehleranfälligen Abrechnungssystem. Außerdem würden über 80 Prozent der Abrechnungen überhaupt nicht geprüft und bei 75 Prozent der geprüften Abrechnungen gehe es um das Thema Verweildauer oder Fehlbelegung. Es sei deshalb unseriös, so Vertreter der DKG, aus solchen strittigen Fragen einen Abrechnungsbetrug zu konstruieren.[6] Zu einer typischen Rechnungskürzung durch den MD kommt es zum Beispiel, wenn ein pflegebedürftiger Patient noch zwei bis drei Tage länger stationär in der Klinik betreut werden muss, weil die Übernahme in eine Pflegeeinrichtung nicht früher möglich ist. Da dies die obere Verweildauergrenze überschreitet, wird die Rechnung als nicht korrekt bewertet beziehungsweise gekürzt. Die Klinik verhält sich sozial und übernimmt Verantwortung. Dafür wird sie bestraft und muss sich dann noch den Vorwurf eines Abrechnungsbetrugs gefallen lassen. Mit dem MD haben Krankenkassen ein Geschäftsmodell entwickelt, das sich offensichtlich lohnt. Während 2012 die Krankenkassen über MD-Prüfverfahren von Krankenhäusern 730 Millionen Euro bei einem Verwaltungsaufwand von 270 Millionen Euro zurückgeholt haben, waren es 2016 bereits 1,2 Milliarden Euro bei 310 Millionen Euro Verwaltungskosten.[7]

Der Medizinische Dienst der Krankenkassen wurde Mitte 2021 per gesetzlicher Bestimmung umbenannt in Medizinischer Dienst (MD) und fungiert seither als eigenständige Körperschaft des öffentlichen Rechts in den Bundesländern. Der Zusatz »der Krankenkassen« wurde gestrichen. Damit sollte die von vielen Ärzten kritisierte einseitige Nähe zu den Krankenkassen beseitigt werden. Die Verwaltungsstrukturen wurden jedoch nur wenig verändert. Die Kranken- und Pflegekassen sind verpflichtet, den Medizinischen Dienst zur Durchführung von Gutachten zu beauftragen. Der Medizinische Dienst beschäftigt derzeit in Deutschland etwa 8500 Mitarbeiter, darunter 2300 Ärzte sowie 2600 pflegefachliche Gutachter. Der MD wurde in den letzten Jahren personell aufgerüstet. Um in diesem komplexen System mithalten zu können und nicht chancenlos zu sein, waren auch die Kliniken gezwungen, personell aufzurüsten. Mittlerweile beschäftigt nahezu jede Klinik Ärzte und Dokumentationsassistenten in ihrer Controlling-Abteilung. Sie werden mit regelmäßigen Fortbildungen trainiert, um gegen die Armada des MD erfolgreich zu bestehen. Es stehen sich zwei große Armeen gegenüber, die weiter aufrüsten und unglaubliche Summen und Ressourcen verschlingen, die besser im Gesundheitssystem direkt investiert wären. Wenn man sich bewusst macht, dass Medizinstudenten ein teures Studium und danach eine Facharztausbildung absolvieren, so ist es kaum nachvollziehbar, dass auf beiden Seiten mehrere Tausend Ärzte vorwiegend am Schreibtisch sitzen und sich mit Bürokratie beschäftigen. Dabei kann man diesen Ärzten keinen großen Vorwurf machen. Ihre Jobs sind sicher, gut bezahlt, verlangen ihnen keine Nacht- und Wochenenddienste ab, vermeiden Stress und Ärger mit Vorgesetzten, Patienten, Angehörigen und bieten oft familienverträgliche Arbeitszeiten an. Kein Wunder, dass der eine oder andere Arzt für sich diese Entscheidung trifft.

Krankenkassen nutzen Schwächen in Kodierrichtlinien, um die Prüfquoten von Klinikabrechnungen zu eskalieren und Rechnungskürzungen vorzunehmen. Mit speziellen KI-gestützten Programmen werden schwierige oder nicht eindeutige Fallkonstellationen aufgespürt. »Dokumentationsdetektive« des MD fahnden nach kleinsten Versäumnissen in der Dokumentation, um dann Rechnungskürzungen einzufordern für eigentlich von Kliniken korrekt erbrachte Leistungen. Kassen nennen dies ganz offiziell »Retaxquote« und planen dies in ihren Haushaltsberechnungen fest ein. Kostenträger haben durch dieses System eine direkte und indirekte Steuerungsmacht gewonnen. Sie haben auch erheblichen Einfluss auf Ärzte. Sie überhäufen diese mit mehr und mehr Anfragen, aufwendiger Bürokratie und verlangen zeitraubende Begründungen, warum etwa ein Patient nicht hätte früher entlassen werden können oder inwieweit eine Therapie unbedingt notwendig war oder nicht doch hätte ambulant durchgeführt werden können. Diese bürokratischen Aufgaben müssen Assistenz- und Oberärzte erledigen. Und zwar erst nachdem sie sich um ihre eigentliche Aufgabe, die Versorgung ihrer Patienten, gekümmert haben, also dann, wenn die reguläre Dienstzeit schon längst beendet oder sogar weit überschritten ist. Es ist diese massive Mehrarbeit, mit der sich Krankenkassen eine Strategie zunutze machen, die Ärzte »zur Aufgabe« zwingt. Bei vielen Ärzten entsteht ein Gefühl der Ohnmacht und der Resignation. Das führt dazu, dass man sich in vorauseilendem Gehorsam Maßnahmen zurechtlegt, um Nachfragen seitens des MD möglichst zu vermeiden. Ärzte praktizieren eine Art von Vermeidungsstrategie, die manchmal auch eine Form von Selbstschutz ist: Manche für den Patienten unter Umständen sinnvolle Behandlung wird besser weggelassen, wenn die spätere Leistungsvergütung in Frage gestellt wird und den Ärzten dafür Sanktionen in Form von Mehrarbeit drohen. Die Macht der Krankenkassen durch dieses komplexe und ausufernde Abrechnungs- und Kontrollsystem hat längst zu einer erheblichen Beeinflussung der medizinisch-ärztlichen Entscheidungsebene geführt! Klinikstrukturen passen sich diesem System an, weil letztendlich für sie der Gewinn entscheidend ist.

Um die Anzahl von Rechnungsüberprüfungen möglichst gering zu halten, versuchen die kaufmännisch Verantwortlichen der Kliniken kritische Überprüfungen erst gar nicht zu riskieren. Das gelingt am besten dadurch, dass man von vorneherein eine bestimmte Patientenklientel von der Klinik fernhält: multimorbide, pflegebedürftige, alte und sozial am Rand der Gesellschaft stehende Patienten. Bei solchen Patienten stehen Aufwand und Ertrag meist in einem Missverhältnis. Sie haben oft lange Liegezeiten oder können häufig nicht direkt in eine Pflege- oder Versorgungseinrichtung verlegt werden. Das bedeutet blockierte Betten, die nicht mit neuen Patienten belegt werden können. Für Wirtschaftlichkeitsprognosen ist deshalb die Standortwahl einer Klinik ebenso entscheidend wie das Portfolio der angebotenen Abteilungen.

Und hier sind wir wieder bei den privaten Klinikkonzernen. Sie überlegen sich in ihren Konzernführungen ganz genau, welche Krankenhäuser sie übernehmen und welche Leistungen sie in ihren Kliniken anbieten wollen. Die attraktiven, gewinnversprechenden Bereiche sind dabei im Fokus. Planbare, elektive Eingriffe sind erwünscht. Getaktete und im DRG-System gut abgebildete orthopädische Eingriffe ganz besonders. Diese Patientenklientel bietet am wenigsten Angriffsflächen für Nachfragen der Krankenkassen. Mit Werbestrategien versucht man noch zusätzlich, diese Patienten überregional von anderen Kliniken abzuwerben. Letzteren bleibt oft nur die Versorgung von Patienten mit hohem Betreuungsaufwand und dafür werden sie von dem DRG-Finanzierungssystem und den Krankenkassen letztendlich abgestraft, weil sie für die von ihnen erbrachten medizinischen Leistungen keine adäquate Vergütung erhalten. Das Abrechnungssystem ist in Schieflage. Es produziert viele Verlierer. Und einige wenige Gewinner.

12 Arzt oder Betriebswirt

Leistungsfähigkeit und wirtschaftliche Prosperität einer Klinik hängen unter den jetzigen Bedingungen ganz wesentlich von einer guten kaufmännischen Führung ab. In einem überwiegend wirtschaftlich ausgerichteten System ist diese Kompetenz der Leitungsebene überlebenswichtig. Die Geschäftsführung muss die strategisch richtigen Entscheidungen treffen. Dies verlangt von den Verantwortlichen nachhaltige Maßnahmen, die sich häufig im Spannungsfeld zwischen sozialer Verantwortung und Ökonomie befinden. Konflikte sind vorprogrammiert und unausweichlich, denn das System Krankenhaus ist extrem komplex geworden: Finanzwesen, Einkauf, Investitionsmanagement, Controlling, Mitarbeiterführung, Marketing – Aufgabengebiete, deren erfolgreiche Gestaltung eine hohe Expertise voraussetzt. Genau daran hat es in Kliniken in öffentlich-rechtlicher und kirchlich-karitativer Trägerschaft in der Vergangenheit vielfach gemangelt, wenn beispielsweise Verwaltungsbeamte vom Landrat zur Führung einer Klinik abgeordnet wurden. Klinikkonzerne haben das längst verstanden, eine eigene Expertise in diesem Bereich aufgebaut und Unternehmensstrukturen geschaffen, die analog großer Industrieunternehmen organisiert sind. Mit Blick auf Größe und Zahl der Beschäftigten sind große Kliniken mit Großunternehmen vergleichbar. Als Beispiel sei das Klinikum Stuttgart mit über 7 000 Beschäftigten[1] genannt. Es ist damit nach einem großen Automobilkonzern der zweitgrößte Arbeitgeber in der baden-württembergischen Landeshauptstadt. Auch der Konkurrenzkampf unter den Kliniken entspricht zunehmend dem des industriellen Wettbewerbs. Angefeuert durch den politisch initiierten Überlebenskampf unter den stationären Gesundheitsdienstleistern soll der Markt entscheiden, wer letztendlich überleben wird. Für diesen Kampf haben sich private Klinikkonzerne gut aufgestellt. In ihren Vorstands- und Leitungsebenen sitzen entsprechend hoch qualifizierte und gut dotierte Fachleute. Da können öffentlich-rechtliche oder kirchlich-karitative Kliniken kaum mithalten. Noch so exzellente und brillante medizinische Erfolge werden ohne ein gutes Krankenhausmanagement das Überleben eines Krankenhauses nicht sichern. Nachhaltiger Erfolg im Unternehmen Krankenhaus lässt sich aber andererseits nur durch einen vertrauensvollen Umgang der jeweils für die Ökonomie und für die Medizin Verantwortlichen erreichen. Die radikale Strategie privater Investoren mit Gewinnerwartungen für ihre Kapitaleigner und der damit verknüpften Transformation des Gesundheitswesens zu einer Gesundheitsindustrie hat aber in den letzten beiden Jahrzehnten in großem Ausmaß das notwendige gegenseitige Vertrauen beschädigt. Das Bestreben, Krankenhäuser nach dem Vorbild industrieller Produktionsbetriebe zu managen, führt zu einer gefährlichen Übertragung ökonomischen Denkens auf medizinische Abläufe. Ärzte haben es zunehmend schwerer, einen konstruktiven Dialog zu führen, insbesondere dann, wenn es aus ihrer Sicht unabdingbar ist, dass ökonomisches Denken einem medizinischen Denken weichen muss. Auch wenn Gesundheitsökonomen und Krankenhausmanager immer wieder das Thema Vergeudung von Ressourcen als Begründung für die ökonomisch angeblich notwendigen Maßnahmen angeben, so rechtfertigt dies in keiner Weise, dass medizinisch-ärztliche Logik und Humanität außer Kraft gesetzt werden dürfen. Patienten und Menschen in Notsituationen sind auf uneingeschränkte Hilfe angewiesen, sie wollen nicht nach ökonomischen Vorgaben behandelt werden! Ärzte haben die genuine Verpflichtung, im Konfliktfall als Anwalt ihrer Patienten zu fungieren. Gleichzeitig wenden leitende Ärzte immer mehr Energie und Zeit dafür auf, um sich mit dem Thema der Wirtschaftlichkeit zu beschäftigen. Oft auf Kosten der Patientenversorgung. Kaum eine Klinik, in der nicht regelmäßig die täglichen, wöchentlichen, monatlichen Belegungs- und Umsatzzahlen transparent gemacht und mit Klinikleitungen diskutiert werden müssen. Diese Themen nehmen breiten Raum ein und werden bei Jour-fixe-Gesprächen oder in gemeinsamen Klinikleitungskonferenzen intensiv diskutiert. Als Leiter einer Abteilung wird man ständig online über die Zahlen auf dem Laufenden gehalten und bespricht regelmäßig die Konsequenzen, die sich daraus ergeben. Anders ausgedrückt: Die Sorge über das Weiterbestehen der eigenen Abteilung, die Reduzierung von Personalstellen und die drohende Kürzung von Investitionsmittel ist das über allem schwebende Damoklesschwert und zwingt dazu, dass man sich als leitender Arzt in zunehmendem Umfang um ökonomische Fragen kümmern muss. Die Zeiten der 1970er- und 1980er-Jahre, in denen Chefärzte wie Autokraten agieren konnten, sind längst vorbei. Es gibt genügend Gründe, um zu sagen: Gott sei Dank! Das System hat sich in den letzten Jahren komplett gewandelt und in eine ganz andere, allerdings nicht weniger abzulehnende Richtung entwickelt. Chefärzte werden vom System Krankenhaus in einen Konflikt gezwungen, der ein Miteinander und eine Partnerschaft zwischen Medizin und Ökonomie schwermacht. Es ist schon längst Realität, dass Ärzte massiv unter Druck gesetzt werden, um die wirtschaftlichen Ziele ihrer Klinik oder ihres Klinikkonzerns zu erreichen. Die zentrale Ethikkommission der Bundesärztekammer (ZEKO) hat bereits 2013 eine direkte Stellungnahme dazu abgegeben und offen vor einer zunehmenden Ausrichtung auf ökonomische Zielsetzungen gewarnt.[2] Insbesondere klagt sie die Aufweichung von Indikationsstellungen für Operationen, Untersuchungen und Leistungen unter dem Aspekt von besonders gewinnbringenden Fallpauschalen an (siehe Kapitel »Indikation«). Eine 2021 durchgeführte Studie, initiiert vom Berufsverband Deutscher Chirurgen (BDC) als repräsentative Umfrage unter Chefärzten chirurgischer Fachgebiete, bringt hierzu interessante Ergebnisse: Das Gewicht ökonomischer Vorgaben bei Übernahme einer Leitungsfunktion in der Chirurgie ist groß.[3] Insgesamt stellt die Studie fest, dass ein hoher Stellenwert ökonomischer Zielvorgaben und ein hieraus entstehender Druck auf Bewerber für Leitungsfunktionen zu erkennen seien. Bewerber, die im Bewerbungsgespräch die Gewichtung ökonomischer gegenüber originären ärztlichen und ethischen Zielvorstellungen für die Qualifikation zur Leitungstätigkeit hinterfragen, haben es in der Regel schwer.

Diese Tendenz zeigt sich ganz unverblümt in Stellenausschreibungen. Da liest man in einer zweiseitigen Stellenanzeige für die Besetzung einer Chefarztposition in einem privaten Klinikkonzern im Deutschen Ärzteblatt 2021, dass »in der sich sehr dynamisch entwickelnden Klinik in einer expandierenden Metropolregion die Bewerbungschance für Kandidaten mit einer ökonomischen Zusatzausbildung vorteilhaft ist«. Der Idealkandidat sollte möglichst unter 45 Jahre alt und habilitiert sein. Er soll viele wissenschaftliche Publikationen und gleichzeitig Berufs- und Operationserfahrungen vorweisen können. Und, wenn möglich, noch ein Zweitstudium in Gesundheitsökonomie haben. Ach ja: Natürlich sollte er nebenbei hohe Kompetenz, Organisations- und Kommunikationstalent, ökonomische Verantwortungsbereitschaft und eine ausgeprägte Serviceorientierung gegenüber Patienten, externen Zuweisern und Kollegen haben. Gesucht ist die eierlegende Wollmilchsau. Ob allerdings eine Sozialkompetenz und Qualitäten in der Mitarbeiterführung vorhanden sind, wird kaum überprüft. In der Einleitung seines Buches *Geschäftsmodell Gesundheit* schreibt der Freiburger Medizinethiker Giovanni Maio, dass er über folgende Stellenanzeige gestolpert sei: »Möchten Sie Ihre Kompetenz einbringen, um das Wachstum eines innovativen Unternehmens auszubauen? Zur Fortsetzung der erfolgreichen Wachstumsstrategie suchen wir Sie als Teamplayer mit Führungsqualitäten.«[4] Wäre der Text dieser Stellenausschreibung für einen Betriebswirtschaftler gewesen, würde man sich kaum daran stören. Das war aber der Text in der Annoncierung einer Chefarztstelle! Bezeichnend ist, dass vor allem private Klinikkonzerne bei Stellenausschreibungen für Führungspersonal daraus keinen Hehl machen. Schwer erkrankte, hilflose Patienten werden in Stellenausschreibungen zu mündigen Kunden gemacht. Stellenausschreibungen offenbaren auch den offenen Konkurrenzkampf der verschiedenen Klinikträger: Man will sich Wettbewerbsvorteile sichern, den Konkurrenten schwächen und sich gerade dort behaupten, wo die Erlöse noch attraktiv erscheinen. Wie anders kann man den Ausschreibungstext einer Annonce im Deutschen Ärzteblatt für eine Chefarzt-Stelle in der Kardiologie eines privaten Klinikkonzerns in einer deutschen Großstadt werten? Dessen bisherige kardiologische Abteilung lag weit hinter mehreren größeren und renommierteren kardiologischen Abteilungen anderer Kliniken in der Stadt zurück, aber nun strebe man »mit der neuen Chefarzt-Stellenbesetzung eine Qualitätsführerschaft in der Stadt und dem umliegenden großen Einzugsgebiet« an. Ich selbst erinnere mich an Verhandlungsrunden mit Klinikvertretern im Vorfeld meiner Bewerbung für die damals ausgeschriebene Chefarztstelle. Zu den Bewerbungsunterlagen hatte ich, wie üblich in solchen Auswahlverfahren, auch meinen sogenannten Operationskatalog beigefügt, also eine Auflistung sämtlicher von mir als verantwortlicher Operateur selbständig durchgeführter Operationen. Dazu lieferte ich gleich die Entschuldigung mit, dass die Liste nicht mehr auf dem aktuellsten Stand sei, ich den OP-Katalog jedoch in den nächsten Tagen ergänzen und nachreichen werde. Was mich dann jedoch etwas verwunderte: In den Vorbesprechungen und Vorstellungsrunden mit verschiedenen Klinikvertretern und der Verwaltungsspitze der Klinik war mein OP-Katalog als Nachweis der Qualifikation kein Thema. Man interessierte sich viel mehr für meine Zertifikate über absolvierte Teilnahmen an »DRG-Seminaren«, betriebswirtschaftlichen Qualifikations- und Managementkursen. Die Erstellung und Vorlage eines detaillierten Mehrjahresplans mit prognostizierbaren Erlösen und den jährlichen Steigerungsraten waren überdies besonders wichtig, ebenso die Beantwortung der Frage, welche neuen Angebote und Operationsverfahren eingeführt werden sollen und welche Erlöse diese Operationen bringen. Auch die detaillierte Ausarbeitung eines Investitions- und Personalplans ist in solchen Verhandlungen Gegenstand der Diskussion. Die Botschaft, dass für die Etablierung neuer Operationsverfahren sowie zur Erreichung eines vergleichbar hohen Standards wie in den Nachbarkliniken Investitionen in Geräte und Personal notwendig sind, wird eher reserviert aufgenommen. Die Reaktion ist ein verhaltenes »Im Prinzip ja«, aber ich müsse da natürlich zunächst »Vorleistungen« bringen, und dann könne man, abhängig von der Erlössituation, über alle Pläne reden und sei für alles offen. In der Realität stellt sich dies dann später als äußerst schwierig bis fast unmöglich heraus. Bis einer vielleicht dringlich notwendigen zusätzlichen Ober- oder Assistenzarztstelle zugestimmt wird, müssen schon extrem gute Zahlen und Argumente vorgelegt und meistens harte Verhandlungen geführt werden. Denn warum sollte man aus kaufmännischer Sicht den erwirtschafteten Gewinn wieder opfern, ist er doch eher der Beleg dafür, dass sich mit der jetzigen Personalstruktur bei optimaler Ausschöpfung der Ressourcen dieser wirtschaftliche Erfolg erzielen lässt. Es ist das Hamsterrad-Prinzip – oder die Geschichte mit dem Esel und der Karotte. Gleiches gilt für die Neuanschaffung technischer Geräte, beispielsweise eines modernen Ultraschallgerätes. Um diese Neuanschaffung zu begründen, muss in einem jährlich neu zu erstellenden Investitionsplan eine detaillierte Begründung vorgelegt und insbesondere die Frage beantwortet werden, wie viel wirtschaftlicher Mehrerlös und zusätzlich abrechenbare Untersuchungen sich damit ergeben oder wie viele Patienten dadurch zusätzlich in der Klinik behandelt werden können. Das ist natürlich schwierig vorherzusagen. Denn ein neues, modernes Ultraschallgerät führt nicht unmittelbar dazu, dass man einen einzigen Patienten mehr in die Klinik lockt, und Untersuchungen können so oder so nicht einzeln abgerechnet werden. Das neue Ultraschallgerät mit seinen moderneren technischen Möglichkeiten kann aber dazu beitragen, dass die Qualität der Diagnostik im Vergleich zu dem fast 20 Jahre alten Gerät deutlich verbessert wird. Gewinnbringend für den einzelnen Patienten, vielleicht sogar diagnoseentscheidend, ökonomisch aber nicht unmittelbar in Zahlen abzubilden. Entscheidungen werden von Ökonomen gefällt. Grundlage ist die Finanzsituation der Klinik, diese ist letztendlich der »Spielraum« für Investitionen. Medizinische Argumente werden nur bei sehr weitsichtig und wohlwollend agierenden Geschäftsführungen berücksichtigt. Selbst bei Interessenabwägung der Investitionswünsche verschiedener medizinischer Fachabteilungen und der oft unumgänglichen Priorisierung bei klammen Kassen werden in den seltensten Fällen Ärzte in die Entscheidung miteinbezogen.

Ärzte müssen damit leben, dass ihr individueller Handlungsspielraum bis hinein in den Kernbereich medizinischen Handelns durch strukturelle und wirtschaftliche Vorgaben mehr und mehr eingeschränkt wird. Zusätzlich wird ein Anreizsystem gepflegt, das Ärzte zur »freiwilligen« Übernahme der ökonomisch dominierten Philosophie locken soll. In sogenannten Chefarzt-Verträgen werden neben einem vergleichsweise geringen Festgehalt sogenannte Zielvereinbarungen festgeschrieben. Diese auch »variable Vergütungen« oder früher »Boni« genannten Beteiligungen am wirtschaftlichen Erfolg einer Klinik machen in manchen Fällen bis zu einem Drittel des Jahresgehaltes aus. Ganz klar wird damit beabsichtigt, dass sich leitende Ärzte in zunehmendem Maße an ökonomischen Kriterien ausrichten. Auf immer lauter werdende Kritik seitens vieler Ärzte, von Ärzteorganisationen und Fachgesellschaften wurden in den letzten Jahren immerhin Absprachen und sogar gesetzliche Regelungen getroffen, die verhindern sollen, dass die ärztliche Therapiefreiheit unangemessen eingeschränkt wird oder Leistungsprämien für die Erfüllung ökonomischer Ziele oder Fallzahlen festgeschrieben werden. Nach wie vor gibt es jedoch in solchen Verträgen Vereinbarungen, die subtil den ökonomischen Impetus im Blick haben.

Der ökonomische Imperativ mit dem Ziel einer Gewinnabschöpfung hat dazu geführt, dass von leitenden Ärzten und Chefärzten ein breites ökonomisches Denken eingefordert oder wie selbstverständlich vorausgesetzt wird. Umgekehrt wird die Forderung, dass die betriebswirtschaftlich Verantwortlichen lernen müssen, medizinisch, ethisch und gesellschaftspolitisch verantwortlich zu denken, relativ selten erfüllt. Oder wird bei der Bewerbung für eine Position in der Geschäftsführung einer Klinik nachgefragt, welche medizinischen Kurse, Ethikseminare und Personalführungskurse absolviert wurden und wie die medizinische Expertise ist? Wohl eher weniger. Medizin und Ökonomie widersprechen sich nicht automatisch. Es sind unterschiedliche Fachbereiche, die aber im Ringen um die bestmögliche Patientenversorgung und einen verantwortlichen Umgang mit zur Verfügung stehenden Ressourcen in einen konstruktiven Dialog treten müssen. Dieser Dialog und dieser Weg müssen ausschließlich das Wohl der Erkrankten im Fokus haben und nicht das Wohl von Klinikkonzernen und Aktionären. Nur unter der nicht verhandelbaren Voraussetzung dieses unverrückbaren Paradigmas dürfen und können Ärzte diesen Weg mitgehen. Ansonsten würden sie ihr Berufsethos und ihre genuine Profession fundamental in Frage stellen. Die Ökonomie sollte dazu dienen, den Ärzten den Rücken freizuhalten, damit sie sich auf ihre eigentliche Kernkompetenz fokussieren können. Der Geschäftsführer des Klinikums Dortmund, Rudolf Mintrop, formulierte dies in einem 2019 in der Zeitschrift *Gefäßchirurgie* erschienen Beitrag »Rückbesinnung auf das Krankenhaus« so: »Es gilt die Devise: Am Bett des Patienten wird nicht gerechnet. Wir sorgen als Verwaltung für die Wirtschaftlichkeit der Leistungserbringung, aber nicht für eine Rangfolge der Fachabteilungen.«[5] Einen solchen Weg wird die große Mehrheit der Ärzte mitgehen. Ein Krankenhaus muss aber in erster Linie als wertebasiertes Unternehmen und nicht in erster Linie als ein Profit-Unternehmen geführt werden. Arzt und Betriebswirt, Humanität und Ökonomie sind per se keine Antipoden. Ein Arzt muss sich aber im Zweifel und im Konfliktfall für eine Seite entscheiden. Er ist ausschließlich seinem Patienten verpflichtet. Damit agiert er als Arzt, nicht als Betriebswirt. Beides zusammen ist nicht möglich.

13 Marketing

Ärztliche Werbung wird durch die Berufsordnungen der Landesärztekammern geregelt. Bis in das Jahr 2000 sah das Berufsrecht ein generelles Werbeverbot vor. Die ärztliche Außendarstellung war auf wenige Informationen beschränkt.

Werbung ist nun zum Zweck der sachlichen Information erlaubt. Neben dem Berufsrecht werden die Grenzen ärztlicher Werbung durch das Heilmittelwerbegesetz und das Gesetz gegen den unlauteren Wettbewerb festgelegt.[1] Bei Verstößen drohen teilweise gravierende Sanktionen bis hin zu Freiheitsstrafen. Weil Patienten ein Recht auf eine freie Arzt- und Behandlungswahl haben, müssen ihnen selbstverständlich ausreichend Informationen zur Verfügung gestellt werden.

Kliniken und Ärzte sind sich der Kommunikations-Anforderungen des modernen Marktes bewusst. Auch deshalb haben private Klinikträger das Marketing zu einer wichtigen Säule ihrer PR-Strategie gemacht. Es gibt kaum eine Klinik, die nicht mindestens einen PR-Manager beschäftigt. Aus gutem Grund. Der Konkurrenzkampf ist groß. Wer bestehen will, muss präsent sein, muss für sich und sein Angebot werben. Und genau darin besteht die Gratwanderung für jede Klinik. Denn die Berufsordnung für die deutschen Ärzte und Ärztinnen erlaubt Werbung nur zum Zweck der sachlichen Information, sie darf jedoch nicht berufswidrig sein.[2] Die Grenze zur Berufswidrigkeit wird überschritten, wenn »durch anpreisende oder irreführende Werbung das Vertrauen in die Integrität des Arztberufes gefährdet ist«. Warum es sich für Kliniken und

Konzerne lohnt, bis an die Grenzen der Berufswidrigkeit zu gehen, zeigen die folgenden Daten und Fakten: Die Gesundheitswirtschaft in Deutschland ist von überragender wirtschaftlicher Bedeutung. In dieser Branche arbeiten derzeit 5,7 Millionen Menschen, das heißt etwa jeder achte Beschäftigte! Seit dem Jahr 2000 nahm die Zahl der Beschäftigten um 1,6 Millionen zu. Die Bruttowertschöpfung im Kernbereich der Gesundheitswirtschaft lag 2018 bei circa 370 Milliarden Euro, das entspricht mehr als 12 Prozent des Bruttoinlandsprodukts. Mit einem derzeit geschätzten Wachstum von jährlich über 4 Prozent ist der Sektor weiterhin auf einem expansiven Wachstumskurs, deutlich über dem Durchschnitt anderer Wirtschaftsbereiche. Nach Angaben des Statistischen Bundesamtes betrugen die Ausgaben für die Gesundheit im Jahr 2019 über 400 Milliarden Euro – umgerechnet also mehr als eine Milliarde Euro pro Tag! Die Dienstleistungen in der stationären und ambulanten Gesundheitsvorsorge haben daran einen Anteil von 53 Prozent an der Bruttowertschöpfung.[3] Mit einem Ausgabenanteil von 56,7 Prozent war die gesetzliche Krankenversicherung auch 2019 größter Ausgabenträger im Gesundheitswesen. Ihre Ausgaben beliefen sich auf 233 Milliarden Euro und lagen somit um 10,9 Milliarden Euro oder 4,9 Prozent über denen des Jahres 2018. Die privaten Haushalte und privaten Organisationen ohne Erwerbszweck waren mit 54,8 Milliarden Euro oder 13,3 Prozent der Gesundheitsausgaben zweitgrößter Ausgabenträger.

Wen mag es daher wundern, wenn angesichts solcher Zahlen der Markt für Investoren attraktiv, gewinnversprechend und deshalb umkämpft ist. Als Beispiel sei hier ein Teilbereich innerhalb der Gesundheitswirtschaft, der sogenannte sekundäre Gesundheitsmarkt, angeführt. Dieser umfasst die privat finanzierten Produkte (beispielsweise Cremes, Hustenpräparate, Vitaminpillen) sowie Dienstleistungen rund um die Gesundheit. Es existieren Marktstudien, die belegen, wie viel Geld in diesem Bereich mit guten Werbekampagnen noch zu holen ist. Nach einer Roland-Berger-Studie zum zweiten Gesundheitsmarkt würden Menschen in Deutschland etwa 16 Milliarden Euro mehr ausgeben, wenn sie mehr Informationen und Kenntnis über entsprechende Angebote hätten.[4]

Was erfolgreiche Werbestrategien bewirken können, macht uns die Pharmaindustrie mit skrupellosen Methoden vor. Selbst in den öffentlich-rechtlichen Fernsehprogrammen drehen sich die Werbeblöcke in den Vorabendsendungen zu fast 80 Prozent um Medizin- und Wellness-Produkte. Eine Salbe auf das Knie geschmiert und schon tanzt Oma wieder Cha-Cha-Cha. Eine Pille für die Darmbeschwerden, schon fühlt man sich beim nächsten Date vor lästigen Blähungen sicherer. Natürlich nur dann, wenn man durch die Einnahme einer zusätzlichen harmlosen Tablette die Nacht zuvor gut geschlafen hat und, dank der Einnahme einer weiteren Pille gegen lästigen Harndrang, nachts nicht aufstehen musste. Wie verharmlosend und gefährlich solche Produktplatzierungen für Menschen sein können, zeigt sich in Einzelfällen, wenn sie zum Beispiel monatelang auf »Darmpillen« setzen und sich bei der letztendlich verspätet erfolgten Darmspiegelung ein Dickdarmkrebs herausstellt. Aber dafür wird das Pharmaunternehmen kaum zur Rechenschaft gezogen werden können. Der wegen der teuren Werbesekunden in doppelter Geschwindigkeit am Ende der Werbung gesprochene Satz »zu Risiken und Nebenwirkungen fragen Sie Ihren Arzt oder Apotheker« genügt den gesetzlichen Vorgaben. Als Arzt habe ich selten erlebt, dass mich ein Patient auf Risiken und Nebenwirkungen solcher Präparate angesprochen hätte. Erst bei ausführlichen Patientenanamnesen kam manchmal der etwas verschämte Hinweis auf diese Art der Selbstmedikation. Mit den beworbenen Produkten, meist rezeptfrei in Drogerien und Apotheken zu erwerben, machen Pharmaunternehmen Millionenumsätze. Deshalb ist es so wichtig, die Produktbewerbung häufig und möglichst einprägsam zu platzieren, so dass es zu einem Automatismus wird: Kopfschmerz – und die Tablette liegt schon griffbereit. Muskelkater und ein wenig Erschöpfung nach sportlicher Tätigkeit – ein Medikament hilft bestimmt. Das Pflaster gegen Rückenschmerzen, um mit den Enkeln zu toben, darf nicht fehlen, ebenso wenig der Saft, um bei

Husten gut einschlafen zu können. Fast untertäglich wird es, wenn in Zeiten einer Corona-Pandemie in den Nachrichten von Tausenden, meist an einer Lungenentzündung Verstorbener berichtet und im anschließenden Werbeblock für einen »Schleimlöser« und ein fragliches Mittel gegen Husten geworben wird.

Warum dieser Verweis auf die Pharmabranche? Die Werbestrategien der Klinikträger, allen voran die der privaten Klinikbetreiber, sind in Teilen den Werbestrategien der Pharmaindustrie ähnlich. Aufgabe der PR-Manager ist es, die Klinik oder den ganzen Klinikkonzern mit seinem Leistungsangebot in den Fokus potentieller Patienten und zuweisender Ärzten zu rücken. Dazu werden Hochglanz-Prospekte gedruckt, der Internetauftritt und die Homepage neu konzipiert und jede Möglichkeit zur Präsentation in den Print-Medien ausgelotet.

Chefärzte und Abteilungsleiter haben in der Regel als Ergänzung in ihren Arbeitsverträgen sogenannte Zielvereinbarungen, die jedes Jahr mit der Klinikverwaltung neu ausgehandelt werden müssen. Ein Bestandteil der Zielvereinbarung ist in der Regel die Außendarstellung und Werbung für die Klinik und die eigene Abteilung. Zum Beispiel sind Ärzte aufgefordert, jährlich zwei Fortbildungsveranstaltungen für Hausärzte und mehrere Informationsveranstaltungen für Patienten durchzuführen. Auch regelmäßige Besuche von Kolleginnen und Kollegen in den Arztpraxen als »Werbetour« können ein Teil der Vereinbarung sein. In einer größeren Stadt gibt es viele Krankenhäuser. Oft haben sie die gleichen Fachabteilungen und setzen auf ähnliche Werbestrategien. Das führt zu einer Flut an ärztlichen Fortbildungsveranstaltungen und Patientenseminaren mit denselben Themeninhalten. Die potentiellen »Kunden« werden überhäuft mit Angeboten. In einer normalen Samstagsausgabe der *Stuttgarter Zeitung* (Samstag, 14. September 2013) fanden sich im Anzeigenteil gleich fünf Anzeigen von Kliniken, die Informationsveranstaltungen für Patienten anboten.[5] Ein Informationsabend »Wenn Knie und Hüfte schmerzen« der Klinik A, am gleichen Abend und fast zur gleichen Uhrzeit das Angebot der Klinik B: »Knie- und Hüftschmerzen. Wann operieren?« Die Klinik C bewirbt am Folgetag die Informationsveranstaltung »Wenn das Knie schmerzt …« Nun ist es ja nicht ganz verkehrt, wenn man Menschen das Angebot macht, sich über Erkrankungen zu informieren und nachzufragen. Und das direkte Gespräch zwischen Arzt und Patient ist sicher zunächst positiv zu bewerten. Im Hintergrund steht dabei aber immer auch die Erwartungshaltung der Klinikverwaltung, bei solchen Veranstaltungen potentielle Interessenten zu gewinnen, die sich im Falle einer notwendigen Therapie oder Operation für genau diese Klinik entscheiden. Die Zahlen am Jahresende sollen das widerspiegeln.

Eigentlich kann es viel Spaß machen, solche Veranstaltungen zu organisieren, für Patienten spannend und informativ zu gestalten und sich in direkten Gesprächen mit deren Sorgen auseinanderzusetzen. Ich habe dies sehr gerne gemacht. Der Grat zwischen ärztlich motivierter Informationsaufklärung und einem wie im Mittelalter auf dem Marktplatz schreienden Bader ist jedoch sehr schmal. Manchmal so schmal, dass man in Versuchung kommt, die Grenze ärztlicher Ethik zu überschreiten. Auf der einen Seite soll es im Interesse der Klinik und im Interesse der eigenen Abteilung sein, möglichst viele Patienten zum Beispiel für eine Operation zu gewinnen. Auf der anderen Seite weiß man, dass die eigene Klinik möglicherweise nicht die gleichen personellen und technischen Ressourcen und Möglichkeiten zur Verfügung stellt wie die Nachbarklinik. Wohin würde ich meine eigene Mutter einweisen, damit sie möglichst optimal versorgt wird? Das war immer die Test-Frage an mich selbst. Und dann sitzt man beim Jour fixe, dem gemeinsamen monatlichen Gespräch zwischen Geschäftsführung und Chefarzt. Der Geschäftsführer kritisiert, dass man zu viele leichte Fälle habe, aber viel zu wenige große Operationen. Zum Beispiel Operationen eines gefährlichen Aneurysmas der Aorta. Eine solche Operation generiert natürlich einen hohen Erlös. Dafür müsste man mehrere Krampfaderoperationen durchführen, um den annähernd gleichen Umsatz zu erzielen. Die Anmerkung, dass die Nachbarklinik in vielen Dingen weit besser aufgestellt sei, findet kaum Gehör. Dass sie beispielsweise vor kurzem 1,5 Millionen Euro in den Ausbau eines Hybrid-OPs investiert hat, ein teures Prothesenlager vorhält, eine viel bessere personelle und logistische Ausstattung hat, führt keineswegs dazu, dass die Geschäftsleitung ernsthaft in Erwägung ziehen würde, diesem Beispiel zu folgen. Letztendlich ist es wie bei einem Autorennen, bei dem man mit einem Mittelklassewagen gegen einen Formel-1-Boliden antritt. Geht das Rennen verloren, ist der Fahrer schuld. Verliert man mehrfach hintereinander, wird der Rennstall geschlossen. Unter diesen Druck geraten zunehmend mehr Kolleginnen und Kollegen. Eine gewisse, bei Chirurgen immer noch existierende Hybris, dass man mit seiner chirurgischen Kunst schließlich alle Eingriffe, unabhängig von den zur Verfügung stehenden Mitteln und Umgebungsvoraussetzungen, sicher beherrschen könne, mag im Einzelfall noch eine gewisse Rolle spielen. Die existentielle Bedrohung der Abteilung, die Verantwortung für ihre Mitarbeiter und der permanente wirtschaftliche Druck der Geschäftsführung können aber leicht dazu führen, dass von Chefärzten Grenzen überschritten werden, die im schlimmsten Fall Patienten ernsthaft gefährden. Die Folgen sehen beispielsweise so aus: Fehlen gegen Ende des Jahres noch einige wenige operative Eingriffe, um die für diesen Eingriff vereinbarte Fallzahl zu erreichen, ist die Versuchung groß, einen Grenzfall zu einer dringlich notwendigen Operationsindikation zu deklarieren. Der Druck kann auch dadurch entstehen, dass medizinische Fachgesellschaften für bestimmte Operationen sogenannte Mindestmengen vorgeben. Nur wer diese erfüllt, kann zum Beispiel eine Zertifizierung als »Zentrum« erhalten. Um diese Zertifizierungen, die wiederum wichtige Bausteine in der Werbekampagne einer Klinik sind, wird jedes Jahr erbittert gekämpft. Es wäre von großem Nachteil, wenn eine Klinik im Rahmen von Qualitätssicherungsprüfungen ihre Zertifizierung als Zentrum verliert. In der Regel müssen die Kliniken bei solchen Zertifizierungsüberprüfungen Zahlen vorweisen. Es werden beispielsweise auch Todesraten und Komplikationen im jeweiligen

Fachbereich überprüft, die Indikationsstellung hingegen wird nur sehr eingeschränkt bewertet.

Klinikkonzerne gehen mit offensiven und überzeugenden Werbestrategien ins Rennen. So wirbt der größte private Klinikbetreiber *Helios* auf seiner Internetseite nicht nur mit den wirtschaftlichen Zahlen, sondern auch mit dem Qualitätsversprechen: »Der Anspruch von *Helios Fresenius* ist höchste medizinische und pflegerische Qualität. *Helios und Quirónsalud* bieten eine hochwertige Medizin und leisten wesentliche Beiträge zu deren Weiterentwicklung. Hiervon profitieren die Patienten und Patientinnen, denen *Fresenius Helios* modernste und überdurchschnittlich gute Diagnose- und Behandlungsverfahren bietet.«[6] Der *Sana*-Konzern macht es so ähnlich: »Wir verstehen uns als moderner Gesundheitsdienstleister, der das Anliegen von Patientinnen und Patienten in den Mittelpunkt unserer Arbeit stellt.«[7] Oder *Asklepios*: »Im Mittelpunkt unserer Philosophie steht der Mensch.«[8] Das ist manchmal schwer nachvollziehbar.

Wie bereits angedeutet, sind Zertifizierungen für das Profil einer Klinik und damit für eine zielgerichtete Werbung enorm wichtig. Zwischenzeitlich gibt es für fast jedes Produkt und für jeden Fachbereich einer Klinik eine mehr oder weniger aussagekräftige Zertifizierung. Diese werden von medizinischen Fachgesellschaften, dem TÜV, staatlichen Organisationen und teilweise auch von dubiosen Organisationen angeboten. Betritt man die Eingangshalle einer Klinik, reichen dort die Wandflächen oft kaum noch aus, um alle Zertifizierungsurkunden auszustellen. So etwa für die Zertifizierung des Hygienestandards einer Klinik: Da gibt es zum Beispiel ein Zertifikat in Bronze, Silber oder Gold. Die Zertifizierungsmaßnahmen fordern von Kliniken viel bürokratischen Aufwand, Zeit und finanzielle Ressourcen. Es ist hier eine eigene Industrie entstanden, denn die Zertifizierungen müssen in regelmäßigen Zeitabständen wiederholt werden. Damit lässt sich viel Geld verdienen, denn solche Zertifizierungsprozesse kosten leicht höhere fünfstellige Summen. Trotzdem machen Kliniken diesen Zertifizierungswahn mit, denn offensichtlich will man keinesfalls hinter einer anderen Klinik zurückstehen. Deshalb grassiert die »Zertifizitis« ungebremst weiter. Mit dieser Art Gütesiegel wird dann offensiv geworben – auch wenn kaum ein Patient genau versteht, was eigentlich dahintersteckt. Gleiches geschieht mit der Bewerbung eines Zentrums. Dieser Begriff muss möglichst offensiv vermarktet werden. Auch da kann eigentlich kaum jemand verstehen oder definieren, was der Begriff »Zentrum« bedeutet. In vielen Fällen genügen minimale Voraussetzungen, um zu behaupten, man sei ein Zentrum für einen bestimmten medizinischen Fachbereich. Der Begriff als solches ist an keinerlei strenge Vorgaben oder Mindestvoraussetzungen geknüpft. Eine Klinik kann einfach behaupten, sie sei ein Zentrum für einen gewissen Fachbereich. Das macht sich auf jeden Fall immer gut. Es gibt kleinere oder mittlere Kliniken, die haben fast schon mehr Zertifizierungen als Ärzte und fast genauso so viele Zentren wie Abteilungen. Eine strenge Überprüfung seitens ärztlicher oder behördlicher Institutionen findet so gut wie nicht statt. Wohlgemerkt: Nicht jede Zertifizierung oder Zentrumsbildung ist so einfach zu bekommen. Manchmal sind durchaus hohe Hürden daran geknüpft und das Grundprinzip ist eigentlich sinnvoll. Welcher medizinische Laie kann aber noch abschätzen, ob eine Zertifizierung tatsächlich ein Qualitätssiegel ist oder quasi »gekauft« wurde. Die inflationäre Handhabung, mangelnde Kontrollen und häufig sehr inhomogene Standards führen das System ad absurdum. Letztendlich bleiben Instrumente übrig, die kaum noch einen Aussagegehalt haben. Jedoch soll die intensive Bewerbung potentielle Kunden überzeugen, teilweise blenden und in den Glauben versetzen, die Klinik ist topaktuell aufgestellt und bewegt sich auf höchstem Niveau. Eine ähnlich fragwürdige Aussagekraft haben Ärzte- oder Krankenhausbewertungsportale, zum Beispiel das Bewertungssystem des Magazins *Focus* (Liste der besten Ärzte Deutschlands). Experten, die die Methoden kennen, wissen genau, welchen Wert man solchen Bewertungssystemen zuordnen kann.[9] So gut wie keinen! Denn: Das Siegel, das Ärzte oder Kliniken erhalten, gibt es nicht umsonst und hat meist wenig mit Qualitätskriterien zu tun. Die Wettbewerbsaufsicht nannte das Siegel-Geschäft »grob irreführend«.[10] Viele Ärztinnen und Ärzte verzichten bewusst auf diese Auszeichnung. Es gibt aber viele Kliniken, die zunehmend mit dem Focus-Siegel werben und sich als Top-Regionales oder Top-Nationales Krankenhaus auszeichnen lassen. Auch andere Unternehmen und Verlage betreiben diese Art Werbegeschäft und Beträge von 15 000 Euro als Gegenleistung sind hier keine Seltenheit.

Zu modernen Werbestrategien gehört auch, dass in Kliniken permanente Patientenbefragungen angeboten werden. Das bedeutet, dass ein Patient einen Bewertungsbogen abgeben darf, wenn er die Klinik nach seiner Behandlung verlässt. So zum Beispiel, ob er oder sie mit der ärztlichen Betreuung zufrieden war und wie die pflegerische Betreuung, die Essensqualität oder die Hygienemaßnahmen beurteilt werden. Vom Qualitätsmanagement der Klinik werden die Beurteilungen ausgewertet. Durchaus ein sinnvoller Ansatz. Die Klinik kann vielleicht erkennen, wo Defizite vorhanden sind, und an diesen arbeiten. Sie wird aber niemals die wirklichen Ergebnisse auf ihrer Internetseite veröffentlichen. So etwa, dass die Hygiene vielleicht nur mit der Note drei beurteilt wurde. Bestenfalls werden nur ganz exzellente und gute Ergebnisse veröffentlicht. Eine echte Transparenz für eine objektive Gesamtbeurteilung einer Klinik besteht für den Patienten nicht.

Welche Lehren kann man als Außenstehender und potentieller Patient daraus ziehen? Kurz gesagt: Glaube keiner Werbung. Sie ist darauf angelegt, Menschen zu verführen. Objektivität darf man dabei nicht erwarten. Und je mehr Hochglanzbroschüren, je mehr Selbstlob und Werbemaßnahmen, desto kritischer sollte man sein. Ganz besonders bei Werbung für Kliniken.

14 Outsourcing

Outsourcing, also das Auslagern von bisher in einem Unternehmen selbst erbrachten Leistungen an externe Auftragnehmer oder Dienstleister, ist ein Instrumentarium, das von privaten Klinikbetreibern bei einer Krankenhausübernahme grundsätzlich praktiziert wird, um die Personal- und damit die Betriebskosten zu senken. Mitarbeiter, die diese Aufgaben bisher erbracht haben, gehen im Rahmen eines Outsourcing-Vertrages direkt in das neue Unternehmen über. In der freien Wirtschaft ist dies eine gängige Praxis. Unternehmen verfolgen dabei vor allem zwei Ziele: die Fokussierung auf ihr Kerngeschäft und eine erhebliche Kosteneinsparung: Statt der tariflichen Bezahlung von Mitarbeitern, der Finanzierung von Weiterbildung oder sozialen Zusatzleistungen fallen nur die vertraglich festgelegten Fixkosten an den Dienstleister an. Auch die rechtliche Verantwortung und weitere Risiken werden dem Dienstleister übertragen. Private Klinikbetreiber führen diese Maßnahme in ihren Kliniken meist radikal durch. Auch kirchlich-karitative oder öffentlich-rechtliche Klinikbetreiber eifern den privaten zunehmend nach, der wirtschaftliche Druck zwingt sie dazu. Für die betroffenen Mitarbeiter bedeutet das meist nichts Gutes, denn eine Übernahme in das Dienstleistungsunternehmen ist oftmals verbunden mit einer Verschlechterung des Einkommens und der Sozialleistungen. Von sogenannten Marketing- und Wirtschaftsexperten werden schon den Erstsemesterstudenten der Betriebswirtschaft die Vorteile dieser Outsourcing-Strategien eingebläut: Kostenersparnis, Konzentration auf das Kerngeschäft,

Einsparung bei Infrastruktur und Technologie, Einholung von Expertenleistungen mit Zugriff auf Fachwissen. Dass aber Outsourcing im Krankenhauswesen nicht nur für die betroffenen Mitarbeiter, sondern auch für die Versorgung der Patienten und deren Sicherheit katastrophale Auswirkungen haben kann, wird stillschweigend in Kauf genommen.

In einer Klinik werden besonders gerne die Bereiche Hauswirtschaft und technische Dienstleistungen, die IT, die internen Transportdienste, Röntgenleistungen, Labor oder die Instrumenten-Sterilisation outgesourct. Das alles sind Bereiche, die für das Funktionieren eines großen Klinikums notwendig sind. Zu den häufig ausgelagerten Bereichen zählt beispielsweise das Kliniklabor. Der Laborbetrieb kleinerer Kliniken oder Kliniken mittlerer Größe erfolgt häufig ohnehin bereits durch externe, private Dienstleister an einem Standort außerhalb der Klinik. In der Regel durch ein Labor, das 24 Stunden besetzt ist und das dafür notwendige und qualifizierte Fachpersonal stellt. Meist sind die Betreiber überregional agierende, große Laborgemeinschaften. Erwähnenswert in diesem Zusammenhang: Die Laborgemeinschaften gehören oft zu Laborketten, die im Besitz privater Investoren sind. Medizinische Labore sind für private Investoren höchst attraktiv und versprechen große Gewinne. Kein Wunder also, dass sich im Hintergrund genau der gleiche Wettbewerb abspielt wie bei der Privatisierung von Kliniken. National und international agierende Konzerne haben längst schon riesige Imperien aufgebaut. Auch börsennotierte Unternehmen sind beteiligt, kaufen und verkaufen, fusionieren und verschieben, machen unvorstellbare Gewinne und wollen die Märkte erobern. Gerade die großen privaten Klinikkonzerne in Deutschland sind schon lange in diesem Bereich aktiv, haben Tochtergesellschaften oder beteiligen sich an Laborketten.[1] Für einen 24-Stunden-Labor-Service fallen für die Kliniken nicht unerhebliche Kosten an, vor allem für die Personalleistungen. Um Kosten zu sparen, sind Präsenzlabore zeitweise nicht besetzt, zum Beispiel in der Nacht und an Feiertagen, oder werden am Wochenende nur eingeschränkt betrieben. Die in der Klinik abgenommenen Blut- und Laboruntersuchungen werden dann meist nur einmal am Tag von einem Taxidienst abgeholt und in ein Zentrallabor gebracht. Dieses kann sich weit von der Klinik entfernt befinden, oft sogar in einer anderen Stadt. Bis die Untersuchungsergebnisse vorliegen, vergehen oft Stunden. Zeit, die verloren geht für wichtige Therapieentscheidungen. Treten Probleme oder Komplikationen bei Patienten auf oder verschlechtert sich deren Zustand ganz plötzlich und erfordert ein rasches Handeln, dann spielt das zeitnahe und qualitativ hochwertige Labormanagement eine wichtige Rolle. Kliniken, die hier gut und breit mit rund um die Uhr besetzten Labors und Fachpersonal aufgestellt sind, bieten definitiv eine größere Patientensicherheit. Da gewisse Laborbefunde, zum Beispiel die Bestimmung der roten Blutkörperchen und des roten Blutfarbstoffs, in Notfallsituationen für sofortige Therapieentscheidungen unverzichtbar sind, werden seit einigen Jahren von der Industrie entwickelte Automaten eingesetzt. Diese sind relativ einfach zu bedienen. Sie werden von Klinikleitungen als Alternative angeschafft und dann zum Beispiel auf der Intensivstation oder in der Notaufnahme aufgestellt. Für diese Form von diagnostischen Untersuchungen gibt es den Begriff Point-of-Care-Testing, kurz POCT, die sogenannte patientennahe Labordiagnostik. Diese Testsysteme sind durchaus sinnvoll und bieten manche Vorteile. Blutproben müssen nicht vorbereitet, zum Beispiel pipettiert werden, die Einarbeitung in die Testgeräte erfordert keine besondere medizinisch-technische Expertise, die Ergebnisse stehen unmittelbar und sofort zur Verfügung. Kein Wunder, dass eine Klinik-Geschäftsführung von diesen technischen Entwicklungen begeistert ist und ohne Zögern in ihrem Haushaltsplan der Anschaffung solcher Geräte zustimmt. Schließlich winken unterm Strich ja Kosten-, vor allem Personalkosteneinsparungen. Über Nachteile dieser Systeme wird nicht groß geredet. Zum Beispiel darüber, dass diese Labortests eine häufig methodisch bedingte geringere Sensitivität (Empfindlichkeit) und Spezifität (Genauigkeit) bieten. Auch nicht darüber, dass wichtige Laborbestimmungen mit solchen Testautomaten nicht zu bewerkstelligen sind, sondern nach wie vor die Expertise ausgebildeter Labormitarbeiter erfordern. Und selbstredend werden die Aufarbeitung der Laborproben, die tägliche Wartung und Eichung der Geräte, die gesamte Logistik, also die Arbeit, die bisher vom Laborpersonal geleistet wurde, nun von Pflegekräften und ärztlichem Personal zusätzlich abverlangt. Die in der Notaufnahme oder auf der Intensivstation tätige Pflegekraft, die eigentlich gerade in der Nacht alle Hände voll zu tun hat, um die notwendigen Maßnahmen bei einem Notfallpatienten durchzuführen, muss nun zusätzlich dafür sorgen, dass Blutproben in ein POCT-Gerät eingegeben werden, den korrekten Ablauf kontrollieren und die Ergebnisse liefern. Diese zusätzliche Aufgabenstellung benötigt Zeit und Arbeitskraft. Fünf bis fünfzehn Minuten werden dafür von Fachleuten für eine Probe berechnet. Zeit, die sich summiert und die bei der direkten Patientenversorgung wiederum fehlt. Das Outsourcing im einen Bereich führt zur Arbeitsverdichtung und Verlagerung von Verantwortung im anderen, nämlich in der Pflege. Das führt aber leider nicht dazu, dass man über Stellenausweitungen beim Pflegepersonal nachdenkt. Noch vor 25 Jahren versorgten 420 000 Pflegekräfte etwa 14 Millionen stationäre Patienten, heute sind es noch 320 000 Pflegekräfte bei über 19 Millionen Patienten.[2] In den letzten 25 Jahren haben sich die Liegezeiten von Patienten in den Kliniken halbiert, die Zahl der jährlich in Kliniken stationär behandelten Patienten ist um mehr als ein Fünftel gestiegen, gleichzeitig wurden etwa 100 000 Stellen in der Pflege gestrichen. Die Fallzahl pro Pflegekraft hat sich etwa verdoppelt. Kein Wunder, wenn angesichts von Arbeitshetze, Überlastung, drohendem Burnout und dem Gefühl, mit seiner Arbeitskraft als Stellschraube beim Kostensparen missbraucht zu werden, die Krise verschärft wird und der Nachwuchsmangel im Pflegebereich ein sozialpolitisches Kernproblem darstellt.

Fast zynisch erscheint es, dass das Outsourcing sehr oft Personal betrifft, das meist schon auf der unteren Stufe der Lohnskala steht. Wie zum Beispiel die Mitarbeiter des klinikinternen Transportdienstes. »Bettenschieber« – so werden sie etwas despektierlich genannt. Ihre Aufgabe ist es unter anderem, die nicht gehfähigen Patienten in Rollstühlen oder Betten von den Stationen zu den Funktionsuntersuchungen, zum Röntgen, in den OP und zurück zu bringen. Quer durch die ganze Klinik. Sie legen täglich wohl mehrere Kilometer zurück. Sie erhalten über eigens dafür eingerichtete Handys die Aufträge und müssen sie der Reihenfolge nach abarbeiten. Ihre Arbeit ist oft minutengenau getaktet. Auch hier ist das Personalkostensparen oberstes Gebot. Ihre Stellen werden reduziert und liegen dann meist unterhalb der eigentlich notwendigen Kapazitäten. Die Arbeitsbelastung ist hoch, Arbeitsausfälle, etwa krankheitsbedingt, sind kaum zu kompensieren. Bringen sie den schon abgerufenen Patienten verspätet in die Umbettschleuse des OPs, dann erwartet sie dort oft ein »Anschiss«. Denn schließlich wartet dort eine komplette OP-Mannschaft darauf, dass der Tagesplan ohne Verzögerungen weitergeht. Je nach Klinik und durchgeführten Operationen wird von Ökonomen eine OP-Minute mit 40 bis 50 Euro berechnet.[3] Der Erlös je OP-Minute wurde für deutsche Kliniken fächerübergreifend durchschnittlich auf 17 Euro kalkuliert. Eine Reduzierung der OP-Zeit um 30 Minuten kann sich pro Jahr auf über 130 000 Euro hochrechnen. Kein Wunder also, dass hier keine Zeitverzögerungen geduldet sind. Dass seit einem halben Jahr ein Transportaufzug in der Klinik defekt ist und deshalb ein weiter Umweg und ein damit verbundener Etagenwechsel bis zum OP notwendig sind, wird als Entschuldigung kaum akzeptiert. Angeblich kostet die Reparatur des Aufzuges die Klinik einen fünfstelligen Eurobetrag. Das passt derzeit nicht mehr in den Haushaltsplan und muss deshalb etwas warten. Außerdem könne die Herstellerfirma derzeit nicht die notwendigen Ersatzteile liefern. Allein diese mehrfach sich wiederholende Verzögerung, die zusammengerechnet vermutlich die Arbeitskosten eines weiteren Mitarbeiters im Transportdienst finanzieren würde, ist für die Verantwortlichen kein Grund, zusätzliche Arbeitskräfte zu rekrutieren. Will der externe Dienstleister einen Gewinn erwirtschaften, kann er über einen bestimmten Personalschlüssel nicht hinausgehen. Die Klinik wiederum wird nicht bereit sein, dem externen Dienstleister mehr als die vereinbarte Summe zu bezahlen. Denn sonst hätte man sich ja das Outsourcing sparen können. Also bleibt als einzige Lösung: Liebe Bettenschieber – ihr müsst halt schneller rennen.

Dazu fällt mir diese Geschichte ein. Auf dem Krankenhausflur begegne ich einem dieser Bettenschieber. Er schiebt gerade eine Patientin im Bett zum Aufzug. Die Patientin ist bleich, scheint verängstigt, hat Tränen in den Augen. Sie soll in den OP gebracht werden. Ich höre noch, wie der Mitarbeiter zu ihr sagt: »Sie brauchen wirklich keine Angst zu haben. Wir haben hier sehr gute Ärzte. Sie werden gut versorgt. Seien Sie ganz beruhigt.« Überrascht drehe ich mich um, steige spontan mit in den Aufzug und ergreife die Hand der Patientin während der Fahrt in den OP-Vorbereitungsraum. Ich lächle ihr zu und spreche ebenfalls mit ihr. Das scheint zu wirken. Sie wischt sich die Tränen aus den Augen und lächelt zurück. Ich warte, bis sie in der OP-Umbettschleuse umgelagert ist und der Transportdienstmitarbeiter sich zum nächsten Auftrag begeben möchte. Denn ich will dem Bettenschieber wenigstens noch ein paar Worte sagen: »Stark, das war wirklich gut.« Er schaut mich etwas konsterniert an. »Ja«, sage ich, »ich finde es gut, wie Sie mit der Patientin gesprochen und Sie beruhigt haben.« Er ist offensichtlich erstaunt, dass er von einem Arzt so direkt angesprochen und sogar gelobt wird. Transportdienstmitarbeiter stehen in der Krankenhaushierarchie so ziemlich am Schluss. Sie werden oft nicht einmal wahrgenommen oder gegrüßt. Sie sind es eher gewohnt, kritisiert zu werden, wenn der Patient »wieder einmal zu spät gebracht wird«. Der Bettenschieber verweilt kurz und wir kommen etwas ins Gespräch. Er sagt bescheiden, dass das doch ganz normal sei. Er erlebe das fast täglich. Oft würden die Patienten ihm noch ganz andere, persönliche Dinge mitteilen. Gerade Patienten, bei denen eine OP anstehe. Sie seien zwar manchmal schon durch Medikamentenwirkung etwas ruhiggestellt, trotzdem spüre man ihre existentielle Angst. Ich bedanke mich nochmals bei ihm.

Einige Wochen später treffe ich diesen Mitarbeiter beim Verlassen der Klinik in deren Wirtschaftshof wieder. Er steht dort und raucht gerade eine Zigarette. Ich bleibe stehen und spreche ihn an. Er hat Spätdienst bis 20 Uhr und macht gerade seine Pause. Wir kommen wieder ins Gespräch. Seit seinem Outsourcing vor einem halben Jahr und dem neuen Arbeitsverhältnis bei dem externen Dienstleister habe sich sein Gehalt fast um ein Viertel verringert, erzählt er mir. Er wohnt in der Stadt. Um die Miete zu bezahlen und andere Kosten zu bewältigen, überlege er sich, ob er noch einen Nebenjob annehmen soll. Schon lange habe er eigentlich keine Bindung mehr zu dieser Klinik. Früher hätte das Krankenhaus auch noch einen Ruf gehabt. Man habe sich als Mitarbeiter der Klinik gefühlt und sich mit ihr identifiziert. Sein Bruder arbeite bei einer großen Automobilfirma. Alle Mitarbeiter, unabhängig von ihrer beruflichen Stellung, hätten dort zum Jahresabschluss einen Bonus in beträchtlicher Höhe erhalten. Sie würden mit Stolz Arbeitskleider tragen mit dem Emblem sowie dem Namen ihrer Firma und sich mit der Firma verbunden fühlen. Mir fällt sofort der Begriff »Corporate Identity« ein. Hier vor mir steht aber ein Mitarbeiter, der längst seine innere Kündigung abgegeben hat. Er gibt unumwunden zu, dass er beim nächsten Mal, wenn er wieder mal starke Rückenschmerzen habe, »nicht mehr so blöd sei« zu arbeiten. »Ich melde mich einfach krank.« Dann erzählt er mir die Geschichte von der »Weihnachtsgratifikation«: Die Geschäftsführung hatte vor Weihnachten die Idee, ihre Mitarbeiter mit einer kleinen Aufmerksamkeit zu überraschen. Jeder erhielt ein kleines Paket mit Lebkuchen und einem Punsch sowie einer Dankeskarte der Klinikleitung. Die Mitarbeiter des Transportdienstes brachten die Paletten mit den Paketen in den obersten Stock zur Verwaltung. Süffisant nennt er hierbei die Verwaltungsebene »Teppichbodenetage«. Die Geschäftsführung verteilte die Pakete persönlich an die Mitarbeiter. Für ihn und die Kollegen des Transportdienstes sei jedoch kein einziges Paket abgefallen. Aber das hätte er auch nicht erwartet, denn schließlich seien sie ja auch keine Klinikmitarbeiter mehr, sondern »Outgesourcte«.

Dieses kleine Beispiel zeigt, wie skrupellos die Umwandlung einer Klinik von einem Daseinsversorger zu einem Wirtschaftsunternehmen erfolgt – und wie falsch gleichzeitig der Weg des Outsourcings von Mitarbeitern ist. Denn selbst alteingesessene Industriebranchen versuchen in letzter Zeit, diesen Trend umzukehren, um wieder eine Identifikation ihrer Mitarbeiter mit ihrem Unternehmen und ihrem Arbeitsplatz zu erreichen. Weil sie merken, dass Wertschöpfung mit engagierten und zufriedenen Mitarbeitern viel leichter gelingt. Manche Klinikmanager gehen den eingeschlagenen Weg aber dickköpfig weiter. Das beginnt in einigen Fällen schon bei der Umbenennung des »Firmennamens«. Für die Bevölkerung einer Stadt oder einer Region ist ein Klinikname ein Markenzeichen, eine Institution, mit dem sie sich seit Jahren verbunden fühlen und identifizieren. Die Charité in Berlin ist ein berühmtes Beispiel dafür. Schon seit weit über hundert Jahren ist sie eine der bekanntesten Kliniken Europas und hat eine weltweite Reputation. Nach dem Niedergang der Klinik während der Hitlerdiktatur und der DDR-Zeit hat man viel darangesetzt, die Charité wieder zu einer weltweit führenden Klinik und Forschungseinrichtung aufzubauen. Man ist dabei auf einem sehr guten Weg, sogar eine Fernsehserie trägt ihren Namen als Titel. Die meisten Krankenhäuser in Deutschland haben Eigennamen, die sich über Jahrzehnte, ja Jahrhunderte bei der Bevölkerung als Institution eingeprägt haben. Oft tragen Kliniken Namen von Stiftern, im karitativen Bereich den Namen von Ordensleuten, Heiligen oder berühmten Ärzten und Forschern. Die Klinik ist somit über Jahrzehnte hin zu einer »Marke« geworden. Jeder in Stadt und Land weiß bei der Namensnennung sofort, von welcher Klinik gesprochen wird: *Charité, Marien-Hospital, Robert-Bosch-Krankenhaus, Franziskus-Krankenhaus* ... Warum ist es offensichtlich für manche Klinikmanager so wichtig, dass eine Namensänderung, quasi eine Markenänderung, vorgenommen wird? Vor allem private Klinikbetreiber wollen den Namen des Konzerns an allererster Stelle haben. Nicht ohne gewisse Absichten. Nicht die Klinik, sondern der Konzern soll sich präsentieren. Dass auch nichtprivate Klinikanbieter diesem Vorbild nacheifern, zeigt das Beispiel einer Klinik in öffentlich-rechtlicher Hand. Seit Jahrzehnten bei der Bevölkerung als Paracelsus-Krankenhaus bekannt, wird das in öffentlicher Trägerschaft befindliche Krankenhaus nun in *Medius-Klinik* umbenannt, weil es zum Klinikverbund der *Medius-Kliniken* des Landkreises gehört. Würde ein Audi-, VW- oder Porsche-Fahrer sagen, er fahre ein VAG-Fahrzeug? Die Identifikation der Bevölkerung und der Mitarbeiter mit einer Klinik, die Verbundenheit mit Tradition, Qualität und einem Namen, sind bei einem Konzept, das Krankenhäuser in erster Linie als Wirtschaftsunternehmen ansieht, für manche Krankenhausmanager eher störend.

Outsourcing offenbart deshalb exemplarisch, wie gnadenlos der Prozess der Ökonomisierung des primären Gesundheitssektors vorangetrieben wird. Private Klinikbetreiber haben dieses System weiter »perfektioniert«: Sie haben eigene Tochterunternehmen gegründet. Viele der externen Dienstleister sind 100-prozentige Töchter der Klinikkonzerne. Einfach ausgedrückt: Man gründet ein zum Konzern gehörendes Dienstleistungsunternehmen, das andere, schlechtere Sozialleistungen, Arbeitsverträge und Bezahlungen vorsieht. Man kündigt Mitarbeitern und zwingt sie in neue Arbeitsverhältnisse bei dem neuen Dienstleister. Akzeptieren Mitarbeiter dies nicht und kündigen, so ist das in der Regel in das Konzept einkalkuliert, denn eine Personalreduzierung ist oft Teil des Plans. Diese Mitarbeiter erhalten dann meist relative geringe Abfindungen. Für diejenigen, die dies akzeptieren und in der neuen Firma arbeiten, hat sich in ihrer täglichen Arbeit nichts verändert, außer: Der Arbeitgeber hat einen neuen Namen, der Arbeitsstress nimmt zu, weil oft weniger Personal für die gleiche Arbeit vorhanden ist. Gehalt und Sozialleistungen sind jedoch in fast allen Fällen deutlich schlechter. Das System ist perfide. Mit dem Begriff einer sozialen Marktwirtschaft hat das nicht mehr viel zu tun.

15 Indikation

Deutschland ist mehrfacher Weltmeister. Nicht nur im Fußball und im Export von Wirtschaftsgütern. Auch bei Herzkatheter-Untersuchungen. In keinem Land der Welt werden mehr invasive Herzuntersuchungen pro 100 000 Menschen durchgeführt – und das schon seit vielen Jahren. Und nirgendwo werden mehr künstliche Knie- und Hüftgelenke implantiert. Man könnte daraus folgern, dass die Menschen in Deutschland bestens versorgt sind und seltener an Herzinfarkten versterben als zum Beispiel unsere französischen Nachbarn, bei denen weitaus weniger Herzkatheter-Untersuchungen durchgeführt werden. Aber dies ist nicht der Fall![1]

Seit die Krankenhäuser sich immer mehr als Wirtschaftsunternehmen verstehen und Geschäftsführer ihre Chefärzte und Abteilungsleiter mit Fallpauschalen-Index, mit DRG-Erlösen und Bilanzen traktieren, ist eine bedenkliche Entwicklung zu beobachten. Im Fall von Herzkatheter-Untersuchungen wird die Situation durch eine veränderte Marktsituation zusätzlich verschärft: Früher nur in Klinken durchgeführte Eingriffe werden mittlerweile in privatwirtschaftlich geführten Arztpraxen, Praxisgemeinschaften oder sogenannten Medizinischen Versorgungszentren vorgenommen. Und die nehmen den Kliniken dadurch die eher »leichten« Fälle weg. Auch diese privatwirtschaftlichen Praxen wollen natürlich über die Runden kommen, denn sie haben in teure Geräte und Technologien investiert. Gleichzeitig nehmen Eingriffszahlen analog zu gut bezahlten Fallpauschalen zu. Eingriffe am Herzen sind finanziell gut bewertet. Der Entscheidungskorridor für die Indikation zur

Durchführung einer Herzkatheter-Untersuchung ist sehr breit und letztendlich auch abhängig von der individuellen Entscheidung und Erfahrung eines Kardiologen. Schon bei Stellenausschreibungen für kardiologische Fachärzte wird das Spektrum der Klinik hervorgehoben und stolz die Zahl der Herzkatheter-Untersuchungen und Interventionen präsentiert. Sollte aber am Ende des Jahres das zuvor festgelegte Ziel von zum Beispiel 1500 Kathetereingriffen nicht erreicht werden, herrscht Krisenstimmung in der Führungsetage der Klinik. Ganz egal, was die Ursache für diesen »Leistungseinbruch« sein könnte, sie ist für die Geschäftsführung nicht relevant. Liegt es beispielsweise daran, dass an einer Nachbarklinik ein neuer Herzkatheterplatz eingerichtet wurde, der nun einen Teil der bisher zugewiesenen Patienten versorgt, lautet die Aufforderung, man müsse dann eben vermehrt um die Patienten kämpfen! Vielleicht überlegen sich Ärzte unter diesem Druck doch, die eine oder andere Indikation zu einer invasiven Herzkatheter-Untersuchung »großzügiger« zu stellen?

Eine Herzkatheter-Einrichtung wird im Medizinerjargon traditionell auch als »Herzkatheter-Labor« bezeichnet. Der eine oder andere mag das womöglich mit einem Versuchslabor assoziieren, weil er den Eindruck hat, dass da doch manchmal ein wenig »herumexperimentiert« wird.

Besonders gute Erlöse erzielen auch offene Operationen am Herzen, insbesondere unter Verwendung von Herz-Lungen-Maschinen. Ähnlich wie bei den Herzkathetereingriffen hat sich aber auch hier die »Marktsituation« geändert. In diesem Fall bedingt durch die Einführung neuer, minimalinvasiver Behandlungsmethoden. Die Reputation einer herzchirurgischen Klinik, ihre Erfolgsbilanz und damit auch die wirtschaftliche Situation werden an der Anzahl operativer Eingriffe, im Sprachgebrauch an der Anzahl der »Maschinen«, gemessen. Der Wettstreit zwischen Herzchirurgen und Kardiologen, ob besser »offene« Herzoperationen oder weniger invasive Katheterverfahren anzuwenden sind, ist seit Jahrzehnten Gegenstand manchmal hart geführter Diskussionen auf Kongressen und Symposien. Immer neue und technisch verbesserte Techniken führen dazu, dass andere Verfahren an Bedeutung verlieren oder am Ende nicht mehr benötigt werden. Ein Beispiel hierzu sind Herzklappen-Implantationen. Vor Jahren ausschließlich noch durch große Operationen unter Verwendung von Herz-Lungen-Maschinen durchführbar, ist ein Großteil heute durch minimalinvasive Verfahren über kleine Arterienzugänge möglich. Wenn es um wissenschaftliche Erkenntnisse wie zum Beispiel Ergebnisse von vergleichenden Studien über die Risikobelastung der Patienten, deren Sterblichkeit bei Durchführung der Maßnahmen oder um Langzeitergebnisse geht, ist das im Sinne der Patienten absolut zu begrüßen und letztendlich das Ziel einer evidenzbasierten Medizin. Wenn aber der wirtschaftliche Druck auf Klinikabteilungen übertragen wird, zum Beispiel, weil die Anzahl der »Maschinen« in der Herzchirurgie abnimmt und dies von Klinikgeschäftsführungen in erster Linie als »Versagen« der Abteilungsverantwortlichen gesehen wird, kommt hier eine Beeinflussung ins Spiel, die im Sinne einer ausschließlich medizinisch begründeten Indikationsstellung und der Verfahrenswahl für Patienten gefährlich werden kann.

Ein weiteres Beispiel für eine Indikationsausweitung sind die enorm gestiegenen Operationen an der Wirbelsäule. 2006 wurden in Deutschland etwa 38 000 Versteifungsoperationen an der Wirbelsäule durchgeführt, 2016 waren es schon 68 000.[2] Laut einer OECD-Studie ist Deutschland mit 15 Millionen Wirbelsäulenbehandlungen pro Jahr auch auf diesem Gebiet Weltmeister.[3] Diese Operationen bringen gute Erlöse. Die Zahl der Patienten, die bereits mehrfach Eingriffe an ihrer Wirbelsäule hatten, ist in den letzten Jahren stark angestiegen. Parallel zu dieser offensichtlich veränderten Indikationsstellung nahm auch die Anzahl von Abteilungen für Wirbelsäulenchirurgie zu. Vorreiter dieser Entwicklung beim Aus- und Neuaufbau spezialisierter orthopädischer Abteilungen sind die privaten Klinikträger. Der Grund ist klar: Man investiert dort, wo die Erlössituation gute Bilanzen verspricht. Zum Vergleich: Für eine 20-minütige krankengymnastische Behandlung bezahlen die

Krankenkassen etwa 20 Euro. Eine Wirbelsäulenoperation kostet die Krankenkasse meist mehrere Tausend Euro.

Etwa die Hälfte der Deutschen über 50 Jahre leidet an Knieproblemen.[4] Die häufigste Diagnose: Kniegelenksarthrose. Über viele Jahre hinweg war die Kniegelenksarthroskopie, das heißt die Spiegelung des Kniegelenkraumes, die Standardmethode zur Diagnostik. Bei Nachweis etwa eines Meniskus-, Knochen- oder Knorpelschadens konnte im gleichen Eingriff die arthroskopische Therapie durchgeführt werden. Oft wurde das aber auch nicht so gehandhabt. Die Arthroskopie erfolgte ohne sofortige Reparation des Schadens. Begründet wurde das zum Beispiel damit, dass man bei einem getakteten OP-Programm diesen erheblichen Zeitaufwand nicht eingeplant oder den Patienten über die erweiterten Maßnahmen nicht ausreichend aufgeklärt hatte. Oder ganz einfach deshalb, weil ein zweiter Eingriff im Abstand von einigen Wochen eine zweite Operation bedeutete und damit einen nochmaligen DRG-Erlös garantierte. Viele dieser Untersuchungen sind medizinisch betrachtet überflüssig oder geschehen aus einer großzügigen Indikationsstellung heraus.[5] Noch vor wenigen Jahren wurden in Deutschland jährlich etwa 400 000 Kniegelenksspiegelungen durchgeführt. Wenn bei dem Eingriff noch so ein klein wenig der Knorpel geglättet und das Gelenk gespült wurde, ließ sich dies nochmals erlössteigernd als operativer Eingriff verwerten. Letztendlich definiert der Operateur die Diagnose und damit die Vergütung. Nachdem man 2015 die rein diagnostische Arthroskopie aus dem Leistungskatalog der gesetzlichen Krankenkassen herausgenommen hatte, änderten sich plötzlich auch die kodierten Diagnosen. Wegen der zunehmenden Qualität der Kernspin-Tomographie sind Kniegelenksarthroskopien aus rein diagnostischen Gründen mittlerweile nahezu überflüssig geworden. Die arthroskopische Operation ist selbstverständlich bei chronischen Kniegelenksschäden und Verletzungen ein Standardverfahren und wird weiterhin von den Kassen vergütet. Nachdenklich macht jedoch die Tatsache, dass die Anzahl der Patienten mit einem Meniskusschaden offensichtlich dramatisch zugenommen hat. Oder wurde etwa nur die abrechnungsrelevante Diagnoseverschlüsselung DRG-gerecht angepasst?

Aus nahezu jedem medizinischen Fachgebiet gibt es Beispiele, die zeigen, dass Indikationen von Ärzten in Einzelfällen gebeugt werden. Die Indikationsstellung für einen diagnostischen Eingriff oder eine Operation ist eine der wichtigsten Aufgaben des Arztes. Für seinen Patienten bedeutet dies, dass er sich in der Folge einer mehr oder minder risikobehafteten Maßnahme unterzieht. Deshalb müssen Nutzen und Risiken immer streng abgewogen werden. In meiner Ausbildung zum Chirurgen wurde ich einmal von einem meiner Lehrer gefragt, was denn wohl das Wichtigste beim Operieren sei? Exaktes Operieren, eine ruhige Hand, eine klare Planung und Zielvorstellung? Alles sei richtig, meinte er, aber das Wichtigste sei die Stellung der Operationsindikation. Wenn auch nur in Ansätzen ökonomische Anreize die Therapieentscheidung beeinflussen und nicht nach rein medizinischen Kriterien entschieden wird, wird der Patient missbraucht! Damit ein Patient seinem Arzt vertrauen kann, muss er davon überzeugt sein, dass der Arzt in der Wahl seiner Therapie frei ist. Diese Freiheit der ärztlichen Indikationsstellung und Therapieentscheidung gerät in Gefahr, wenn der ökonomische Druck immer mehr zunimmt und Ärzte in Interessenskonflikte treibt. Wenn die Existenz ganzer medizinischer Abteilungen sich am Ende an der »Stückzahl« entscheidet, wenn die Vorgaben in einer Steigerung von Fallzahlen und Gewinnen liegen, wenn falsche Anreizsysteme wie leistungsabhängige Bonuszahlungen an Chefärzte geschaffen werden, dann wird die medizinische Indikationsstellung als Basis der ärztlichen Ethik zerstört. Natürlich entscheidet in letzter Instanz immer die Person des Arztes. Aber es wäre zu kurz gedacht, hier nur die Moral der Ärzte einzufordern und diejenigen von der Verantwortung freizusprechen, die solche Systeme generieren und fördern. Es ist auch eine Frage des Systems und der gesundheitspolitischen Rahmenbedingungen. Im Interesse der Patienten dürfen Ärzte ausschließlich genuin ärztliche Entscheidungen treffen. Dazu kann auch die Entscheidung zählen, auf aufwendige Operationen oder Behandlungen zu verzichten. Der Patient sollte zu jedem Zeitpunkt davon überzeugt sein, dass der Arzt ihm allein deshalb hilft, weil dies sein ureigenes Selbstverständnis ist, das seiner Berufswahl zugrunde liegt. Der Patient muss darauf vertrauen können, dass sein Arzt für ihn entscheiden und ihn so behandeln wird, wie er selbst im Krankheitsfall behandelt werden möchte. Die ökonomische Ausrichtung und die falschen Anreizsysteme gefährden das Vertrauensverhältnis zwischen Arzt und Patient massiv. Solche gefährlichen und falschen Anreizsysteme führen zu einer subtilen Zweckentfremdung ärztlicher Ressourcen.

In der Bundesärzteordnung steht unter anderem: »Ärztinnen und Ärzte haben ihren Beruf gewissenhaft auszuüben und dem ihnen bei ihrer Berufsausübung entgegengebrachten Vertrauen zu entsprechen. Sie haben dabei ihr ärztliches Handeln am Wohl der Patientinnen und Patienten auszurichten.«[6] In einem weiteren Abschnitt heißt es: »Ärztinnen und Ärzte üben ihren Beruf nach ihrem Gewissen, den Geboten der ärztlichen Ethik und der Menschlichkeit aus. Sie dürfen keine Grundsätze anerkennen und keine Vorschriften und Anweisungen beachten, die mit ihren Aufgaben nicht vereinbar sind oder deren Befolgung sie nicht verantworten können.«

Ich fasse nochmals zusammen: Kernstück einer medizinischen Ethik ist die Indikationsstellung. Der Patient vertraut auf die Unabhängigkeit des Arztes. Die ökonomische Überformung des Krankenhauswesens und des Arztberufes gefährdet dieses Grundvertrauen. Es birgt die Gefahr, durch falsche Leistungsanreize nach ökonomischen Grundsätzen zu entscheiden. Die Machtverhältnisse in Kliniken sind einseitig verschoben. Ärzte werden am liebsten von Geschäftsführungen zu reinen Dienstleistern degradiert. Sie erhalten ökonomische Gebrauchsanweisungen und sehen sich mit Reglementierungen und Disziplinierungsmaßnahmen konfrontiert. Hinzu kommt, dass im DRG-Abrechnungssystem häufig eine Vergütung von Leistungen unterschiedlicher Komplexität in logisch nicht nachvollziehbarer Weise geschieht.

Neben der Beugung der Indikation zur Rechtfertigung von Behandlungsmaßnahmen oder operativen Eingriffen kann auch das »Krankmachen« von Patienten eine Maßnahme zur Steigerung des Erlöses sein. Die Patienten müssen, zumindest auf dem Papier, möglichst schwer erkrankt sein. Jede erlösrelevante Nebendiagnose muss dokumentiert und in sogenannten ICDs (international statistical classification of diseases and related health problems) verschlüsselt werden. Das kann den Case Mix Index – also den Faktor, mit dem der eigentliche DRG-Basisfallwert multipliziert wird und damit den Fallerlös generiert – deutlich steigern. Schon bei der Festlegung der Hauptdiagnose gibt es Möglichkeiten, diese im Rahmen eines gewissen Entscheidungskorridors zu variieren – bis hin zu einer fast betrügerischen Festlegung. Denn das DRG-System lässt nur eine Hauptdiagnose zu. Man muss deshalb gut abwägen, ob man nicht Argumente findet und in irgendeiner Weise belegen kann, die zum Beispiel aus einer Weichteilentzündung am Bein eine Sepsis machen könnten. Das kann im Einzelfall einen Erlösunterschied von mehreren Tausend Euro ausmachen! Natürlich muss das so geschickt erfolgen, dass spätere Überprüfungen von Krankenkassen die Diagnose nicht ins Wanken bringen. Das gelingt auch mit Therapiemaßnahmen, die weit übertrieben sind. Über Tipps und Tricks werden Chefärzte und ärztliche Mitarbeiter regelmäßig in internen Seminaren informiert und angehalten, diese rigoros umzusetzen.

Das Krankenhaussystem hat sich in Deutschland durch die Klinikprivatisierungen, die Verlagerung von medizinischen Eingriffen in privatwirtschaftliche ambulante Institutionen sowie durch die marktradikale Philosophie renditeorientierter Klinikketten in eine völlig falsche Richtung entwickelt. Die Einführung des DRG-Fallpauschalensystems unterstützt diese Negativentwicklung durch die Entwicklung weg von transparenten Budgetfindungsmitteln hin zu einem administrativen Bezahlungssystem. Fallpauschalen sind nichts anderes als Preissysteme und heben letztendlich die Zielkongruenz von qualitativ guter Krankenversorgung und Wirtschaftlichkeit mehr und mehr auf. Während man von Geschäftsführungen der privaten Klinikkonzerne natürlich kaum kritische Auseinandersetzungen mit dieser Tatsache erwarten kann, sollte man eigentlich annehmen dürfen, dass sich die politisch Verantwortlichen und die Geschäftsführer gemeinnütziger Häuser in der Öffentlichkeit dagegen zur Wehr setzen. Aber auch Geschäftsführer von Kliniken in öffentlicher oder kirchlicher Trägerschaft versuchen vielmehr, die gleichen Mittel und Methoden in ihren Kliniken einzuführen. Offensichtlich in der berechtigten Sorge, ansonsten den Anschluss zu verlieren und damit zu Verlierern im Krankenhausverteilungskampf zu werden. Einer, der sich hier mit klarer Meinung in der Öffentlichkeit artikuliert und outet, ist der bereits zuvor erwähnte Geschäftsführer des Klinikums Dortmund, Rudolf Mintrop. Das Klinikum ist ein Maximalversorger und hat es mit einer ganz anderen strategischen Ausrichtung trotzdem geschafft, in wirtschaftlich gesichertes Fahrwasser zu kommen.[7] Mintrop fordert die »Rückbesinnung auf das Krankenhaus«. Ein Krankenhaus sollte nach seiner Meinung in erster Linie ein wertebasiertes Unternehmen sein. Er nennt klar die fundamentalen Unterschiede zwischen Non-Profit- und For-Profit-Kliniken und weist darauf hin, dass Deutschland mit der Gemeinnützigkeit der Non-Profit-Kliniken in der Vergangenheit gut zurechtgekommen ist.

Ärzte und medizinische Fachverbände, wie zum Beispiel der Bund Deutscher Chirurgen, der Verband leitender Krankenhausärzte Deutschlands oder die Deutsche Gesellschaft für Innere Medizin wehren sich zunehmend gegen die Ökonomisierung und die betriebswirtschaftlichen Zielvorgaben von Unternehmensberatungen wie auch gegen die Fehlanreize, die implizit im DRG-Abrechnungssystem angelegt sind. Ebenso kritisiert wird die Umwandlung von Patienten zu Kunden und die Umrechnung von Behandlungen und Therapiemaßnahmen in Umsätze. Der zunehmende Druck, der auf Ärzte ausgeübt wird, birgt die Gefahr, dass beispielsweise Indikationen zu Eingriffen, Operationen und Therapiemaßnahmen immer weiter und »großzügiger« gestellt werden. Es ist dann nicht mehr die ausschließlich zu rechtfertigende ärztliche Entscheidung, ob der Eingriff oder die Behandlung notwendig, sinnvoll und angemessen für den Patienten ist, sondern ob der Ressourcenaufwand und der zu erzielende Erlös einen maximalen Gewinn erwarten lassen. Im Extremfall werden Eingriffe an »Gesunden« durchgeführt. Das grenzt dann unter der Vortäuschung falscher Tatsachen fast an Körperverletzung.

Die Beugung einer Indikation, die Veränderung von Diagnosen ist ein Verrat am Arztberuf, ein Verstoß gegen alle ärztlichen Prinzipien. Dies ist selbst unter dem Diktat der Rationalität einer allgemeinen Waren- und Dienstleistungswirtschaft nicht zu rechtfertigen. Die Politik hat hier eine Verantwortung. Ihre Aufgabe ist es, alle Entwicklungen zu stoppen, die Ärzte diesem wirtschaftlichen Druck aussetzen, die den Arztberuf als freien Beruf einschränken und Ärzte zu Dienstleistern degradieren.

Giovanni Maio, Leiter des Instituts für Ethik und Geschichte der Medizin an der Universitätsklinik Freiburg, beschreibt die Rolle des Arztes dabei so: »Es soll keine Anmaßung oder Arroganz sein, wenn ich behaupte, dass es ein Privileg ist, Arzt zu sein. Es ist ein Privileg, das leider auch von manchen Ärzten vergessen oder verdrängt wird. Ein Privileg, das dadurch zum Ausdruck kommt, dass sich ein Patient einem Arzt gegenüber anders als gegenüber einem Geschäftsmann verhält.«[8] Aber genau das ist das Problem. Wenn Ärzte gezwungen werden, sich wie Geschäftsleute zu verhalten, gerät die Profession Arzt in Gefahr.

16 Grenzverweildauer

Die Verweildauer eines Patienten in der Klinik hängt direkt mit dem Erlös für dessen Behandlung zusammen. Man unterscheidet hierbei zwischen der durchschnittlichen Verweildauer sowie der unteren und der oberen Grenzverweildauer.[1] Kurz zusammengefasst: Das beste Ergebnis erzielt eine Klinik, wenn Patienten innerhalb der mittleren Verweildauer entlassen werden. Die Verweildauer für eine bestimmte Erkrankung ist festgeschrieben. Sie ist die Zeitspanne zwischen Aufnahme- und Entlassungstag. Zum Beispiel beträgt die mittlere Verweildauer für eine Gallenblasenentfernung mit minimalinvasiver Methode (sogenannte laparoskopische Cholezystektomie) 3,8 Tage.[2] Damit Kliniken Patienten jedoch nicht bereits entlassen, wenn noch ein erhebliches gesundheitliches Risiko besteht, weil man zum Beispiel so schnell wie möglich wieder ein freies Bett und damit einen neuen Fall generieren möchte, hat man eine untere Grenzverweildauer festgelegt. Entlässt man den Patienten früher, erfolgen finanzielle Abschläge. Damit sollen sogenannte blutige Entlassungen verhindert werden. Gleichzeitig gibt es eine obere Grenzverweildauer; wird diese überschritten, erhält die Klinik nur noch einen geringen zusätzlichen Betrag, der, wie schon dargestellt, bei weitem nicht die Kosten deckt. Immerhin hat der Gesetzgeber 2019 durch die Ausgliederung der Pflegepersonalkosten aus der Fallpauschale reagiert und damit eine Verbesserung für die Kliniken geschaffen: Beim Pflegesatz werden nun unterschiedliche Bewertungsrelationen berücksichtigt. Beispielsweise, ob es sich um einen schwerkranken älteren Patienten handelt, dem man die Gallenblase entfernen musste, oder um einen jungen, ansonsten gesunden Patienten. Die obere Grenzverweildauer ist dennoch die rote Linie für jede Krankenhausverwaltung, ebenso wie für die Krankenkasse, die vom Medizinischen Dienst (MD) die Abrechnungen überprüfen lassen.

In einer sogenannten Stationsliste sind alle Patienten erfasst. Als Krankenhausarzt ist es fast schon ein Reflex, dass man sich diese Liste wenigstens einmal täglich ansieht. Mit einem Ampel-System wird man darauf hingewiesen, welchen Status der jeweilige Patient hat. Grün bedeutet: alles in Ordnung, gelb: Achtung, Patient sollte umgehend entlassen werden. Rot: Die obere Grenzverweildauer ist überschritten, ab jetzt »kostet« der Patient mehr, als er erlöst. Das System ist stark ökonomisch ausgerichtet und bringt Ärzte und Pflegende häufig in Grenzkonflikte.

Ein Beispiel, das ein befreundeter Chefarzt mir erzählte, verdeutlicht das: Ein älterer Mann, der seit Jahren als Witwer alleine in seiner kleinen und engen Stadtwohnung lebt, erleidet bei einem Treppensturz in seinem Haus eine Schenkelhalsfraktur. Er wird in die Klinik gebracht, operiert und übersteht die Operation letztendlich ordentlich. Allerdings wird rasch deutlich, dass seine Wohnsituation bereits vor seinem Sturz grenzwertig war. Er hat verschiedene Begleiterkrankungen, ist unter anderem Diabetiker und herzkrank, hatte vor Jahren einen Schlaganfall und als bleibenden Schaden eine leichte Koordinationsstörung und Lähmung eines Armes. Er konnte sich zuvor kaum noch ohne Gehhilfen bewegen. Seine Tochter kann sich nur eingeschränkt um ihn kümmern. Einmal täglich kam ein Pflegedienst zu ihm nachhause. Die intensiven Bemühungen der Physiotherapie und die Mobilisationsversuche nach der Operation sind weitgehend erfolglos. Seine Gesamtsituation hat sich so verschlechtert, dass eine häusliche Pflege in seinem Haus mit den kleinen Räumen, unzureichenden sanitären Verhältnissen sowie mit der steilen und engen Treppe nicht mehr in Frage kommt. Die Überlegung, den Patienten zunächst nach der Krankenhausentlassung in einer Reha-Einrichtung unterzubringen, scheitert zum einen an einer fehlenden Zusage der zuständigen Krankenkasse, aber auch daran, dass der Patient dies ablehnt. Zusammen mit der Tochter und dem Sozialdienst der Klinik wird ihm vorgeschlagen, sich in ein Pflegeheim aufnehmen zu lassen. Der Patient lehnt dies anfänglich vehement ab. Immer wieder werden mit ihm Gespräche geführt. Ärzte, Pflegekräfte, der Sozialdienst der Klinik und die Tochter bemühen sich, den Patienten zu überzeugen, dass das die beste Lösung für ihn sei. Mittlerweile ist die Ampel auf Rot gesprungen, die obere Grenzverweildauer ist längst überschritten. Der Patient sollte baldmöglichst die Klinik verlassen! Aber wohin mit ihm? Der Sozialdienst begutachtet sogar die häuslichen Verhältnisse und kommt zu dem Urteil, dass selbst mit intensiver häuslicher Pflege die Wohnverhältnisse keine Entlassung nachhause erlauben. In den nächsten Tagen werden weitere Gespräche mit dem Patienten geführt. Letztendlich merkt er selbst, wie es um ihn steht, und er stimmt schließlich einer Unterbringung in einem Pflegeheim zu. Er hat aber eine klare Bedingung: Er möchte direkt aus der Klinik in das Pflegeheim verlegt werden. Er könne es nicht ertragen, noch einmal in seine Wohnung zurückzumüssen. Das würde ihm das Herz brechen. Nun beginnt der Sozialdienst umgehend mit der Suche nach einem Platz in einem Pflegeheim. Die Erfahrungen zeigen, dass es Glück wäre, wenn ein solcher Platz sofort zur Verfügung stünde. Als alle Anträge gestellt, bürokratische Formalitäten erledigt und die Kosten geklärt sind, erhält die Klinik die Nachricht, dass ein Platz zu Verfügung steht. Allerdings frühestens in 14 Tagen. Die Ampel zeigt aber schon Dunkelrot. Und die Verwaltung fordert den Chefarzt eindringlich auf, den Patienten in seine häusliche Umgebung zu entlassen. Der Chefarzt gibt diesem Drängen nach. Der Sozialdienst organisiert noch eine häusliche Pflege über einen ambulanten Pflegedienst. Der Patient wird nun entlassen und gegen seinen Wunsch zuhause »zwischengelagert«. Genau acht Tage, dann wäre die Aufnahme in das Pflegheim erfolgt. Am Morgen des geplanten Verlegungstages in das Pflegeheim wird der

Patient zuhause tot in seinem Bett vorgefunden. Er hat sich mit Tabletten das Leben genommen.

In der gegenwärtigen Situation der Krankenhäuser ist der Druck auf Ärzte und Pflegende so groß, dass sie täglich erleben, wie sie sich immer weiter von ihrem eigentlichen Ziel, ausschließlich den Patienten zu helfen, entfernen. Es wird den Ärzten suggeriert, dass sie sich Sachzwängen zu beugen haben, so wie es die Unternehmensführung von ihnen erwartet. Dabei bedarf es in der Regel nicht einmal, so wie in diesem Fall, einer konkreten Aufforderung der Unternehmensführung. Allein schon das »Vorführen« von Schaubildern und Zahlen bei Klinikkonferenzen und der gewollte Vergleich mit anderen Abteilungen ist ein unterschwelliges Druckmittel. Da findet man kaum Gehör, wenn man argumentiert, dass in der eigenen Abteilung besonders viele multimorbide, schwerkranke oder alte und pflegebedürftige Patienten behandelt werden müssen oder mehr Notfälle kommen, im Gegensatz zu einer Abteilung, die vorwiegend planbare Operationen durchführen und gezielt ausgewählte Patienten behandeln kann. Man steht da am Ende der Tabelle, ist vielleicht sogar Tabellenschlusslicht; und der von der Geschäftsführung gerade noch erlaubte Anteil von Patienten in der oberen Grenzverweildauer ist möglicherweise weit überschritten und leuchtet rot. Eine solche Situation wird indirekt als »Schuld« der verantwortlichen Ärzte bewertet.

Den Kollegen, der mir den beschriebenen Fall schilderte, beschäftigte das Geschehen sehr. Er machte sich Vorwürfe, dass er in diesem Fall gegenüber der kaufmännischen Seite »eingeknickt ist«. Ob sich auch auf Seiten der ökonomisch Verantwortlichen das Gewissen meldet? Schwer vorstellbar. Ähnliche Fälle, bei denen die häusliche Versorgung des Patienten nach einer schweren Erkrankung nicht mehr gesichert ist, sind in den meisten Kliniken tägliches Brot. Allein die schiere Zahl alleinlebender und alter Menschen in unserer Gesellschaft ist dafür ursächlich. Verhält sich eine Klinik sozial und human, indem sie die Versorgungssituation der Patienten mitberücksichtigt, gefährdet sie ihre wirtschaftliche Bilanz und wird dafür abgestraft. Wir verlieren so immer mehr den Blick auf den Menschen in seiner Gesamtsituation. Grenzverweildauern – ein Instrument einer grenzwertigen Medizin. Vielleicht müsste man das Ampel-System ergänzen um die Farbe Schwarz für jene Patienten, die Opfer dieses Systems geworden sind.

17 Ärzteausbildung

Der junge Assistenzarzt ist erst seit kurzer Zeit Mitarbeiter in meiner Abteilung. Im Rahmen seiner Ausbildung rotiert er zwischen unterschiedlichen chirurgischen Fachdisziplinen. Bereits nach wenigen Tagen merke ich, dass er engagiert und geschickt ist, ein breites medizinisches Wissen und ein weit überdurchschnittliches Talent besitzt. Eigentlich ist er eher ein zurückhaltender Typ, hat aber mit seinem trockenen Humor alle meine Mitarbeiter schon einige Male zum Lachen gebracht. Beim Mittagessen sitzen wir uns gegenüber. Wir kommen auf sein Berufsziel zu sprechen. Er strebt den Facharzt für Chirurgie an und möchte sich dabei auf die Gefäßchirurgie spezialisieren. Ich finde das natürlich super, denn wir brauchen dringend guten Nachwuchs in unserer Fachdisziplin. Nachdem ich meine Zustimmung und Begeisterung für seine Ziele zum Ausdruck gebracht habe, schweigt er zunächst etwas verlegen. Dann fasst er offensichtlich Mut und sagt: »Chef, ich möchte aber ein guter Chirurg werden.« »Natürlich«, antworte ich etwas verwundert, »das muss Ihr Ziel sein und ich bin sehr zuversichtlich, dass Sie das Ziel erreichen. Sie haben Talent und die richtige Einstellung.« Wieder entsteht eine Pause. Dann erzählt er mir unvermittelt, was er in seiner »Ausbildung« bisher erlebt hat. Seine Geschichte spiegelt die Situation junger Nachwuchskräfte und Assistenzärzte in einem mehr und mehr durchrationalisierten Krankenhaussystem auf ebenso anschauliche wie dramatische Weise wider. Personalknappheit, die Arbeitstaktung mit der Folge einer extremen Beschleunigung und Verdichtung sowie die alles dominierende Bürokratie haben auf die Ausbildung junger Kollegen eine teilweise verheerende Auswirkung.

An seinen bisherigen Ausbildungsstellen sei er meist nur zur Stationsarbeit eingeteilt gewesen, berichtet er. Er sei oftmals den ganzen Tag alleine gelassen worden. Wenn er Glück hatte, dann kam irgendwann einmal am späten Nachmittag ein Oberarzt nach Beendigung seiner Operationstätigkeit auf der Station vorbei und war meist genervt, wenn er zu viel fragte. Als Assistent wurde von ihm erwartet, dass er die neu ankommenden Patienten aufnimmt oder Entlassungen organisiert, Untersuchungen veranlasst, die Stationsvisiten ausarbeitet, Blutabnahmen durchführt, Aufklärungsgespräche mit Patienten sowie Angehörigen führt und die Arztbriefe schreibt. Letztere müssen die Assistenzärzte seit längerer Zeit eigenhändig schreiben. Selbst beim Diktieren mit einem Spracherkennungssystem, das aus Kostengründen noch nicht in allen Bereichen eingeführt ist, erfordert dies erhebliche Zeit für Korrektur, Bearbeitung und die Einarbeitung aller Befunde. Früher gab es dafür ein Schreibzimmer mit Sekretärinnen. Man diktierte die Arztbriefe. Geschrieben wurden sie mit effizienter Schnelligkeit von professionellen Fachkräften. Aber das sind Personalkosten, die aus Sicht von Kliniktr
ägern eingespart werden können. Das Schreibbüro wurde in den meisten Kliniken längst aufgelöst, die Mitarbeiterinnen entlassen oder klinikintern versetzt. Diese Arbeit müssen nun die Ärzte selbst übernehmen. Tatsächlich, so erzählt mir der junge Assistenzarzt, sei ein befreundeter Kollege bei einem Einstellungsgespräch für eine Assistenzarztstelle gefragt worden, ob er das Zehnfinger-Schreibsystem gut beherrschen würde.

Im OP, so klagt der junge Kollege weiter, sei er in erster Linie nur bei großen Operationen dabei gewesen und dann als »Hakenhalter« eingesetzt worden. Nach Beendigung des Hauptteils, also gegen Operationsende, wenn man keinen Hakenhalter mehr benötigte, sei er auf die Station geschickt worden, weil diese verwaist war und das Pflegepersonal schon mehrfach verzweifelt nach einem Arzt verlangt hätte. In vielen Fällen durfte er nicht einmal den abschließenden

Wundverschluss am Operationsende vornehmen. Bei kleinen und mittleren Operationen sei er als Assistent so oder so kaum noch zum Zuge gekommen. Diese Operationen wurden aus Gründen der Effektivität häufig von einem erfahrenen Operateur alleine mit Unterstützung einer OP-Pflegekraft durchgeführt. Sogenannte Lehrassistenzen habe man ihm nur in sehr geringer Anzahl angeboten. Bei diesen Lehrassistenzen nimmt sich ein versierter Ober- oder Chefarzt die Zeit, dem jungen Kollegen die einzelnen Operationsschritte zu assistieren. Die Operation ist für den Patienten genauso sicher, wie wenn sie ein erfahrener Operateur durchführt, weil der »Lehrer« ja jederzeit eingreifen und einzelne Operationsschritte selbst übernehmen kann. Oft verlaufen solche Operationen eher in Ruhe und deutlich weniger hektisch ab. Ehrgeizige Zeitvorgaben, mit denen sich manche versierte Operateure selbst unter Druck setzen, entfallen. Bei Lehrassistenzen muss man in der Regel eine etwas längere OP-Zeit in Kauf nehmen. Bei einem komplett auf Wirtschaftlichkeit, Schnelligkeit und Effizienz ausgerichteten System ist eine solche zeitintensive Ausbildung kaum noch möglich und erwünscht. OP-Abteilungen sind für eine Klinik sehr teuer und verursachen hohe Kosten, deshalb ist die Effizienz hier oberstes Gebot. OP-Zeiten werden daher genau erfasst: Beginn der Narkose, Vorbereitungszeit, Schnittzeit, Nahtzeit, OP-Ende. Alles minutengenau in einem Protokoll dokumentiert. Und diese Zahlen werden dann statistisch ausgewertet. Jede Minute OP-Zeit kostet viel Geld! Lange, statistisch zu lange OP-Zeiten sind Diskussionsstoff bei internen und externen Überprüfungen sowie bei der Beurteilung der Effizienz einer Abteilung. Kein Wunder, dass eine Klinikleitung von einem Beratungsunternehmen die Empfehlung erhielt, lieber Geld in einen versierten Operateur zu investieren und dafür auf zwei Assistenzarztstellen zu verzichten. Die Personalplanung ist so kalkuliert, dass nur die für die Stations- und Basisarbeit notwendige Zahl an Assistenten beschäftigt wird. Eine Personalplanung, die Zeitfenster für Ausbildungszwecke einplant, ist nicht vorgesehen. Bei Neueinstellungen haben deshalb Berufsanfänger in den meisten Fällen deutlich schlechtere

Bewerbungschancen. Man stellt sie nur ein, wenn der Markt keine Bewerber mit Berufserfahrung hergibt.

In Kliniken mit vielen Operationsabteilungen ist es schon seit längerer Zeit üblich, dass sogenannte Operationsassistenten eingesetzt werden. Das sind speziell ausgebildete Fachkräfte, meist gelernte Krankenpfleger. Sie stehen ausschließlich im OP, führen täglich immer die gleichen Handgriffe, wie zum Beispiel das Legen von Wunddrainagen oder den abschließenden Wundverschluss, durch, kennen Operationsabläufe in- und auswendig und sind für Operateure die perfekten Helfer – im Gegensatz zu einem unerfahrenen Assistenzarzt. Der Operationsassistent absolviert eine zweijährige Ausbildung und ist als eigenes Berufsbild anerkannt. Eigentlich ein sinnvolles Unterfangen, wenn diese Assistenten als zusätzlicher Helfer im OP eingesetzt würden. Aber Klinikverwaltungen haben längst erkannt, dass man damit Personalkosten, insbesondere Arztkosten, einsparen kann. Operationsassistenten verdienen weniger im Vergleich zu einem Assistenzarzt, sind aber, im Hinblick auf Operationsablauf und -zeiten, deutlich effektiver. Eine einzige zusätzliche Hüftoperation pro Tag beispielsweise bringt der Klinik einen zusätzlichen Erlös im vier- bis fünfstelligen Eurobereich. Deshalb müssen die Operationszeiten kurz sein, damit das tägliche Operationsprogramm maximal ausgelastet ist. Alles, was einer effektiven OP-Auslastung zuwiderläuft, ist wirtschaftlich betrachtet kontraproduktiv. OP-Assistenten werden nie Ärzte sein, die selbständig operieren, Entscheidungen treffen und Patienten behandeln können. Sie sind ausschließlich für die Effizienz von Operationsabläufen eingeplant. Sie ersetzen aber die eine oder andere Assistenzarztstelle. Manche Klinikleitung hat sogar die Dreistigkeit, den Personalschlüssel für Assistenzärzte unter Berücksichtigung der Operationsassistenten zu rechnen. Der wirtschaftliche Gewinn für die Klinik ist gleichzeitig ein Verlust für die Ausbildung der nächsten Chirurgengeneration.

Ähnliche Probleme gibt es auch bei der Ausbildung von Ärzten in nicht operativen Fachgebieten. So erfordert die Ausbildung junger

Kollegen, etwa bei Ultraschalluntersuchungen, Magen- oder Darmspiegelungen, Herzkatheter-Untersuchungen oder in der Narkosetechnik (um nur einige Beispiele zu nennen), geduldige und gute Lehrer und vor allem ein dafür eingeplantes Zeitfenster. Diese »Ausbildungszeiten« sind aber grundsätzlich nicht einkalkuliert, bestenfalls sollen sie außerhalb der Regelarbeitszeiten erfolgen. Fallen dann Überstunden an, so werden diese nicht akzeptiert oder bestenfalls »auf Halde« gelegt, um sie irgendwann in ferner Zukunft »abzufeiern«. Letzteres ist aber meist utopisch und so gibt es viele Kollegen, die am Ende, wenn sie die Klinik verlassen, mit mehr oder weniger Erfolg ihren Arbeitgeber verklagen, um wenigstens einen finanziellen Ausgleich dafür zu erhalten. Es gibt nicht wenige Chefärzte und Abteilungsleiter, die unter dem Druck der Geschäftsführung ihre Mitarbeiter dazu nötigen, keine Überstunden zu notieren. Überstunden werden nämlich von der Geschäftsführung nur dann akzeptiert, wenn sie »angeordnet« sind. Und das müssen Chefärzte und Abteilungsleiter schriftlich begründen und bestätigen. Regelmäßig geraten dann die Chefärzte ins Visier der Geschäftsführung. Viele von ihnen haben in sogenannten Zielvereinbarungen unterschrieben, dass sie die Zahl der Überstunden in ihren Abteilungen auf eine bestimmte Anzahl begrenzen. Ansonsten drohen ihnen Kürzungen der dafür vereinbarten Boni, also deutliche finanzielle Einbußen. Für die Geschäftsführung sind Überstunden einer Abteilung der eindeutige Beleg dafür, dass der Chefarzt das Management seiner Abteilungen nicht im Griff hat. Dass Mitarbeiter wegen Krankheit oder Schwangerschaft ausgefallen sind, Stellennachbesetzungen über Monate hinausgezögert wurden oder etwa die Personalstärke grundsätzlich schon für den »Normalbetrieb« unrealistisch ist, spielt in diesen Diskussionen meist kaum eine Rolle. Der Druck der Geschäftsführung wird noch dadurch gesteigert, dass in den monatlichen Krankenhausleitungskonferenzen auch ein »Ranking« der Abteilungsüberstunden vorgeführt wird. Natürlich ganz schlecht, wenn man oben auf der Liste steht und damit auch vor den anderen Kollegen so richtig vorgeführt wird. Meist geht das nicht ohne die Aufforderung, in manchen Fällen fast schon die Drohung, dass sich das schleunigst ändern müsse. Bereits akzeptierte Überstunden können natürlich nicht so einfach gestrichen werden. Dafür soll es einen Freizeitausgleich für die Mitarbeiter geben. Wie aber das bewerkstelligen, wenn schon der gesamte Dienstplan eher einer Mangelverwaltung gleicht? Der Druck geht somit von oben nach unten. Nach solchen »Einläufen« der Geschäftsführung geben manche Chefärzte diesen Druck an ihre Mitarbeiter weiter und verkünden, dass sie zukünftig keine Überstunden mehr akzeptieren können. Sie nehmen insbesondere die Mitarbeiter mit den meisten Überstunden ins Visier. Ob diese deshalb Überstunden machen, weil sie sehr akribisch und patientenzentriert arbeiten oder einfach langsamer sind, da ihnen die Erfahrung noch fehlt, macht kaum einen Unterschied. Viele Mitarbeiter machen dann trotzdem Überstunden, ohne diese jedoch zu notieren.

Die Ausbildung des Ärztenachwuchses verkümmert zusehends unter dem Diktat der Ökonomie. Die Auszubildenden sollen irgendwann selbständige Operateure sein und zu gut ausgebildeten Ober- und Chefärzten werden. Sie werden aber für die Basisarbeiten auf der Station und für die immer mehr geforderte Dokumentation benötigt und eingesetzt.

»Ich kenne zwischenzeitlich fast jede relevante Dokumentationsziffer des DRG-Systems auswendig, habe aber nur wenige operative Eingriffe als Operateur durchführen dürfen«, sagt mir der junge Assistenzarzt. Und fügt sarkastisch hinzu: »Wenn ich in diesem Tempo meine Ausbildung weitermache, habe ich vielleicht bis zu meiner Rente den erforderlichen Operationskatalog zusammen, den ich für meine Facharzteinreichung bei der Ärztekammer benötige.« Anstatt sie auszubilden, werden Assistenzärzte als reine Nutztiere missbraucht. Ich erinnere mich zurück an meine Ausbildung zum Chirurgen. Auch damals war die Situation nicht gerade ein Zuckerschlecken: Dienste über 24 Stunden, danach noch Stationsarbeiten und normales Weiterarbeiten, viele, nicht dokumentierte Überstunden, langes Im-OP-Stehen, danach Erledigung der allgemein anfallenden Arbeiten. Das Ausbildungsziel wurde damals durch eine Art Belohnungssystem erreicht: Effektives und gutes Arbeiten auf der Station wurde mit der Einteilung zu mehr eigenen Operationen »belohnt.«

Für ihre Schinderei können Assistenzärzte heute nicht einmal mehr damit rechnen, dass sie in einem vernünftigen Zeitrahmen gut ausgebildet werden und das selbständige und sichere Operieren erlernen. Die Ausbildung junger Kollegen ist aus Sicht der Krankenhausleitungen ein Luxus, den man sich kaum noch leisten kann. Gerade private Klinikkonzerne sind bei Assistenzarztstellen eher zurückhaltend. Wenn Personal notwendig ist, dann eher ein fertig ausgebildeter Fach- oder Oberarzt, von dem man erwarten kann, dass er selbständig und effizient arbeitet. In vielen Abteilungen ist deshalb bereits ein Ungleichgewicht entstanden, es fehlt der »Unterbau«: viele Häuptlinge, wenige Indianer. Dabei ist in der Fallpauschalen-Abrechnung unseres Vergütungssystems offiziell sogar ein »Ausbildungszuschlag« eingerechnet, das heißt, dass Kliniken Geld dafür bekommen, damit sie ihren Ausbildungsverpflichtungen nachkommen. Ob sie den Verpflichtungen tatsächlich nachkommen, überprüft allerdings niemand.

Vor allem privatwirtschaftlich orientierte Klinikkonzerne sind kaum an der Ausbildung junger Ärzte interessiert. Sie wollen lieber gute Mediziner vom Markt abschöpfen oder aus dem Ausland rekrutieren. Die Ausbildung überlässt man besser Universitätskliniken oder anderen Trägern. Aber auch dort wird die Situation zunehmend schlechter. Denn um im Konkurrenz- und Überlebenskampf bestehen zu können, wenden diese Institutionen und Kliniken zunehmend die gleichen Mechanismen an. Es besteht die Gefahr, dass eine Ärztegeneration herangezogen wird, die beste Kenntnisse für ein gewinnbringendes Wirtschaften besitzt, jedoch immer weniger Fertigkeiten hat, komplexe medizinische Probleme kreativ und frei von wirtschaftlichen Zwängen zu lösen. Die Zunahme chronisch Erkrankter, die Wissensexplosion in der Medizin mit einer Wissenshalbwertszeit von nur noch wenigen Jahren und der Anstieg von

Patienten mit Mehrfacherkrankungen benötigen aber mehr denn je die Auseinandersetzung zwischen erfahrenen Ärzten und der nachfolgenden Ärztegeneration. Während heute exzellente Möglichkeiten zum Erlernen theoretischer Wissensinhalte bestehen, hat sich am Grundprinzip des direkten und praktischen Erlernens nichts verändert. Intuition, Erfahrung, praktische Anleitung, Umgang mit Patienten, Empathie, Vorbild – das alles geht nur über den ständigen Austausch zwischen Lehrer und Lernendem. Schon in den Anfängen der Medizin und des Arztseins war die Weitergabe von Wissen und die Ausbildung von nachkommenden Ärzten ein zentraler Punkt.

Der Eid des Hippokrates, der als erste grundlegende Formulierung einer ärztlichen Ethik gilt, greift dieses besondere Verhältnis zwischen Lehrendem und Lernendem auf: »*Den, der mich diese Kunst lehrte, meinen Eltern gleich zu achten, mit ihm den Lebensunterhalt zu teilen und ihn, wenn er Not leidet, mitzuversorgen, seine Nachkommen meinen Brüdern gleichzustellen und, wenn sie es wünschen, sie diese Kunst zu lehren ohne Entgelt und ohne Vertrag, Ratschlag und Vorlesung und alle übrige Belehrung meinen und meines Lehrers Söhnen mitzuteilen, wie auch den Schülern, die nach ärztlichem Brauch durch den Vertrag gebunden und durch den Eid verpflichtet sind.*«[1] Ob die politisch Handelnden dieses Problem erkannt haben? Zumindest steht in einem Arbeitspapier der Arbeitsgruppe »Gesundheit« der Ampel-Koalition, dass zukünftig Kliniken, die sich verstärkt um Ausbildungen kümmern, dafür einen besseren finanziellen Ausgleich erhalten sollen.[2]

Daher bleibt zu hoffen, dass Ausbildungsbudgets künftig anders ausgestattet sind als beispielsweise bei diesem Fall: In einer Stellenanzeige im Ärzteblatt wurde eine Assistenzarztstelle mit folgendem Text von einer Klinik beworben: »Wir bieten Ihnen alle Möglichkeiten zur Weiterbildung in Ihrem Fachgebiet und fördern großzügig Fortbildungsmaßnahmen.« Der Chefarzt der Abteilung mit vier Ober- und fünf Assistenzärzten hat hierzu von seiner Klinikverwaltung ein Budget von jährlich 5000 Euro zur Verfügung – für alle Fortbildungsmaßnahmen, Kongressteilnahmen und Kurse. Für die gesamte Mannschaft! Ausgenommen davon sind natürlich verpflichtende und gesetzlich vorgeschriebene Fortbildungen, die für die Kliniken einen direkten Nutzen haben, wie beispielsweise Strahlenschutzkurse, denn ohne diese wären die Mitarbeiter nur eingeschränkt einsetzbar.

Zurück zu meinem Assistenzarzt. Am Ende unseres Gesprächs versuche ich ihm Hoffnung zu machen. Ich verspreche ihm, mein Möglichstes zu tun, um seine Ausbildung zu fördern. Gleichwohl muss ich eingestehen, dass auch wir mit unserer Abteilung in diesem Hamsterrad stecken und uns nicht ganz davon befreien können. Er ist mit dem Verlauf des Gesprächs sowie mit der Perspektive offensichtlich zufrieden und verspricht, dass er alles tun möchte, um später ein guter Chirurg zu sein. »Wissen Sie«, sagt er zuletzt augenzwinkernd, »ich möchte so gut sein, dass ich auch Sie sicher und gut operieren kann, falls das mal erforderlich sein sollte.«

18 Führungskräfte

Alle Jahre wieder lädt der Klinikkonzern seine Führungskräfte – Chefärzte, Abteilungsleiter, Pflegedienstleitungen, Geschäftsführer – zu den sogenannten »Executive Days« – in ein gehobenes Hotel in einer deutschen Großstadt ein. Ambiente, Rahmenprogramm, gute Verpflegung sind wichtig für eine positive Stimmung. Da der Konzern zwischenzeitlich gewachsen ist, muss die Veranstaltung wegen der großen Teilnehmerzahl zweimal angeboten werden. Es wird vom Konzern erwartet, dass man sich als Chefarzt dazu anmeldet, und es wird kontrolliert, ob man tatsächlich teilnimmt. Zwei Tage Programm. Die Themen sind festgelegt. Am Anfang der Auftritt der CEOs. Unwillkürlich erinnert dies an den Auftritt von Vorstandsvorsitzenden großer Automobilkonzerne bei der Aktionärs-Hauptversammlung. Ausführlich und stolz werden die Bilanzen, Zahlen, Gewinne, Neuerwerbungen von Kliniken und anderen Einrichtungen und die Bedeutung des Konzerns demonstriert. Auch die Zukunftsplanungen werden ausführlich erläutert. Man will expandieren, die Drei-Milliarden-Umsatzgrenze erreichen, sich im Konkurrenzkampf mit anderen Mitbewerbern und Klinikkonzernen am Markt behaupten. Natürlich fehlt es nicht an Hinweisen und versteckten Drohungen, dass man nur überleben könne, wenn bestimmte Maßnahmen konsequent umgesetzt würden. Dazu bedürfe es selbstverständlich strategischer Neuausrichtungen, Umorientierungen, Marktanpassungen und eines Wachstums. Die Teilnehmer werden wieder und wieder dazu angehalten, die Gewinninteressen ihrer Klinik und damit des Konzerns als

Ganzes im Auge zu behalten. Das Überleben, die Existenz von Abteilungen, ja ganzer Kliniken wird direkt davon abhängig gemacht. Im Kern die klare Aussage: Wer dieses Ziel nicht verfolgt und nicht erreicht, muss auch um seine eigene Existenz, um seinen Arbeitsplatz oder um die seiner Mitarbeiter fürchten. Die Wichtigkeit und Notwendigkeit privater Klinikkonzerne für das Überleben und zum Wohle unseres Gesundheitssystems werden betont. Eloquent und rhetorisch großartig werden die Argumente präsentiert. Am Ende ist man selbst von dieser Logik eingenommen und sogar begeistert. Eine raffinierte Strategie, die offensichtlich ihre Wirkung nicht verfehlt. Die in Teilen medizinfremde Logik wird Ärzten eingetrichtert und von diesen zunehmend verinnerlicht, ohne dass sie dies so richtig realisieren. Die Strategie dahinter ist klar: Chefärzte sollen sich als Mitunternehmer fühlen. Sie sollen nicht nur die Verantwortung für die medizinischen Bereiche tragen, sondern gleichzeitig auch für die ökonomische Bilanz ihrer Klinik. Therapien müssen sich an einer Kosten-Nutzen-Analyse ausrichten. Um erfolgreich zu sein, müssen sie sich die ökonomische Logik zu eigen machen. Vielen Ärzten ist diese subtile »Umprogrammierung« nicht bewusst oder sie akzeptieren sie stillschweigend, sei es aus persönlichen Motiven, weil sie Realitäten verdrängen oder die ökonomischen Argumente sie möglicherweise sogar überzeugen. Die Strategie der Konzernführungen ist dann erfolgreich, wenn sich die Ärzte »freiwillig« dieser ökonomischen Ausrichtung unterwerfen und überzeugt sind, dass diese Strategie alternativlos ist. Letztendlich sollen sich die Ärzte selbst von ihrem genuinen Selbstverständnis einer helfenden, sozialen und dienenden Medizin verabschieden. Den Eindruck, die Ökonomie erzwinge diesen Paradigmenwechsel, wollen die Protagonisten der Privatisierungsindustrie aber unter allen Umständen vermeiden. Weitere Programmpunkte solcher »Executive Days« sind Informationen zu aktuellen gesundheitspolitischen Themen; Gesetzgebungen im Gesundheitswesen, Vorgaben und Auswertungen der Qualitätssicherung, Hygienemaßnahmen, Digitalisierungs-Initiativen, Ergebnisse von Rechnungsüberprüfungen durch den Medizinischen Dienst und deren Vermeidungsstrategien, Maßnahmen zur besseren Personalrekrutierungen und viele weitere, eher technische, organisatorische und ökonomische Bereiche. Benchmarking ist ebenfalls ein großes Thema und eignet sich hervorragend, um den »Tabellenstand« der eigenen Klinik und der eigenen Abteilung im Wettbewerb vorgeführt zu bekommen.

Um wenigstens dem Anspruch nachzukommen, dass es darum geht, Führungskräfte »weiterzubilden«, gibt es im Programm auch Gruppenarbeit. Von professionellen Coaches moderierte Round-Table-Diskussionen zu verschiedenen Themen sollen das Gefühl vermitteln, dass man gehört wird, sich aktiv und gestalterisch einbringen kann und die eigene kritische Expertise erwünscht ist. Die Ergebnisse der Einzelgruppen werden dann im Plenum von einem Sprecher vorgestellt. Meist sehr moderat und diplomatisch formuliert. Nicht so, wie man es am Vorabend, nach einem guten Abendessen beim Glas Wein an der Bar, noch schonungslos und ganz offen angesprochen hat. Schließlich steht man unter der Beobachtung der Konzernführung. Manche Kollegen nutzen diese Gelegenheit auch eher zur Selbstpräsentation, denn das kann mit Blick auf die Karriere nicht schaden. Im Verlauf der Tagung wird nicht selten betont, wie wichtig es sei, diese Themen und Inhalte an seine Mitarbeiter weiterzugeben. Ratlos und zweifelnd kehrt man von solch einer Tagung zurück. Ich zumindest. Schön, dass man den einen oder anderen Kollegen wiedergetroffen hat und sich am Rande auch über andere Themen austauschen konnte. Aber will man die offiziellen Inhalte der »Fortbildung«, dieses Virus einer rein gewinnorientierten Gesundheitsindustrie oder, wie es Giovanni Maio in seinem Buch *Geschäftsmodell Gesundheit* formuliert, »die unausgesprochene Übernahme eines medizinfremdem Denkens«, tatsächlich an seine jungen Mitarbeiter weitergeben?[1] Bei einem Telefonat mit einem Chefarztkollegen einer anderen Klinik fragte dieser mich, ob wir uns nächste Jahr bei der »Gehirnwäsche« (er meinte die »Executive Days«) wiedersehen werden.

Um Ärzte zu rekrutieren, die für spätere Führungsaufgaben als Oberärzte oder Chefärzte geeignet sind, ist in manchen Fachgebieten, in denen ein Mangel herrscht, ein großer Konkurrenzkampf entbrannt. Das spüren gerade auch die privaten Klinikträger. Deshalb legt man Programme auf, um frühzeitig Personal aus den eigenen Reihen zu gewinnen. Das spart teure Annoncen in Ärzteblättern oder Prämien für Head Hunter. Eigentlich eine gute Idee. Man kümmert sich rechtzeitig darum, talentierte Nachwuchskräfte und Fachärzte heranzuziehen, die für Führungsaufgaben geeignet erscheinen. Dazu bieten Klinikkonzerne interne Seminare an. Als Chefarzt kann man dafür geeignete Kandidaten vorschlagen. Ein Kollege, der bei einem solchen mehrtägigen Seminar dabei war, kam enttäuscht und frustriert zurück. Die meiste Zeit, so seine Rückmeldung, beschäftigte man sich mit der Konzernstruktur, der Wirtschaftsleistung, den ökonomischen Vorgaben, dem Benchmarking und so weiter. Eben mit den Themen, die für eine primär ökonomisch ausgerichtete Medizin essentiell sind. Referenten kamen dabei aus dem zentralen Management der Konzernzentrale oder sind Geschäftsführer von Kliniken. Themen wie Mitarbeiterführung, Stressbewältigung, Eigenverantwortung seien sehr wenig vertreten, bestenfalls Randthemen gewesen.

Als Chefarzt zählt man in der eigenen Klinik zum »Führungspersonal«, solange es um Pflichten und Verantwortung geht oder wenn dies in der Außendarstellung wichtig ist. Vor allem, wenn es opportun erscheint, die Expertise und Qualität der Klinik zu bewerben. Keinesfalls aber dann, wenn es um ein Mitspracherecht bei Strukturplanungen oder Zukunftsentscheidungen geht.

Ein Chefarztkollege einer Klinik im Norden Deutschlands erzählte mir, dass er eines Morgens zusammen mit sechs weiteren Chefärzten und Abteilungsleitern von der Geschäftsführung seiner Klinik in den Konferenzraum gerufen wurde und ihnen dort kurzerhand mitgeteilt wurde, mehrere Abteilungen der Klinik, auch seine eigene, würden geschlossen. Deshalb sei man gezwungen, Personal zu entlassen. Ein Sozialplan würde selbstverständlich erstellt und ein Teil des Personals könnte auch in einer anderen, zum Konzern gehörenden Klinik übernommen werden. Die Chefärzte waren im Vorfeld weder in Gespräche miteinbezogen noch an Verhandlungen mit der Verwaltungs- oder Konzernebene oder an Planungen beteiligt worden. Dabei, so berichtet mir der Kollege, habe die Konzernspitze bei jeder Gelegenheit immer wieder betont, wie wichtig leitende Ärzte für eine Klinik seien. Nur wenige Monate zuvor sei er zu einem Seminar des Konzerns für Führungskräfte eingeladen worden. Er habe sich dort viele schöne Vorträge angehört: über den Umgang der Führungskräfte »auf Augenhöhe«, die Notwendigkeit gemeinsamer Ziele und die Ausschöpfung von Potentialen der Mitarbeiter. Ich kann verstehen, dass der Kollege enttäuscht und frustriert darüber ist, dass die Realität anders aussieht. Aber seine Geschichte ist kein Einzelfall. Nahezu alle Klinikkonzerne verfahren nach ähnlichen Methoden. Gefeierte Führungskraft ist man dann, wenn man die vorgegebenen wirtschaftlichen Ziele erreicht. Aber genauso schnell wird man geopfert, wenn die Erfolge nicht im Sinne des Konzerns sind.

Offiziell betont die Geschäftsführung einer Klinik die Bedeutung der Ärzte als Führungskräfte immer wieder. In der Realität sieht dies aber ganz anders aus. Es findet mindestens einmal monatlich eine »Krankenhausleitungskonferenz« statt, bei der sich neben der Geschäftsführung die kaufmännische sowie die Personalleitung und die Pflegedienstleitung sowie alle Chefärzte und leitenden Ärzte treffen. Ein Ritual, das einseitig gewichtet die wirtschaftliche Situation der Klinik im Fokus hat: Patientenzahlen, durchschnittliche Liegezeiten, Fallschwere (Case Mix Index), daraus sich ergebende Erlöse werden sowohl für die Gesamtklinik als auch für die jeweils einzelne Abteilung in Schaubildern dargestellt. Natürlich mit Gewinn- oder Verlustdarstellung im Vergleich zu den zum Jahresanfang festgelegten Zielvorgaben, ebenso im Vergleich zu den letzten beiden »Geschäftsjahren«. Es ist ähnlich einem Tribunal. Die Erlöse verschiedener Abteilung werden miteinander verglichen. Allein dadurch entsteht schon der beabsichtigte latente Druck. Natürlich gibt es Abteilungen, die erfolgreicher sind, und andere, die Verluste schreiben. Eine Abteilung, die zu fast 100 Prozent nur Patienten behandelt, die sie sich selbst aussuchen kann und in der die Patienten in Wartelisten abgearbeitet werden können, hat es da natürlich wesentlich leichter im Vergleich zu Abteilungen, deren Patienten in großem Umfang schwer erkrankte, multimorbide, oft sehr alte, sozialschwache Menschen sind, die häufig auch als Notfallpatienten in die Klinik kommen. Das ist von vornherein ein Vergleich von Äpfeln mit Birnen. Erstere sind die sogenannten Cash cows, also Abteilungen, die der Klinik Geld einfahren, letztere Abteilungen, die man als eher notwendiges Übel akzeptiert, welche aber ständig auf dem Prüfstand stehen und mit einer Schließung rechnen müssen. Diese Strategie des offenen »Bashings« ist gewollt und zeigt leider auch bei den Ärzten selbst Wirkung. Sie zerstört zunehmend die ärztliche und kollegiale Solidarität. Solange der Rotstift nicht in der eigenen Abteilung angesetzt wird, solange nicht die Abstrafung oder gar die Schließung der eigenen Abteilung droht, verhält man sich am besten ruhig. Die Geschäftsführung spielt geschickt die Partikularinteressen der Chefärzte aus. Widerspruch kommt meist nur, wenn die eigenen Interessen tangiert werden. Etwa, wenn man zugunsten einer anderen Abteilung OP-Kapazitäten oder Personal abgeben soll. Viele Kollegen bemerken nicht oder verdrängen es, dass sie sich mehr und mehr in die Abhängigkeit der Ökonomie begeben. So hat es die Klinikgeschäftsführung zunehmend leichter, ihre Interessen widerspruchslos durchzusetzen, denn sie muss nicht mit dem Widerspruch einer geeinten und starken Front der Ärzteschaft rechnen. Dass auch weniger ertragreiche Abteilungen für die Patientensicherheit, den Ruf einer Klinik und für das Zusammenwirken einer optimalen Patientenversorgung und den gegenseitigen raschen Austausch verschiedener ärztlicher Expertise notwendig sind, spielt in der Logik der Ökonomie keine Rolle. Man sollte eigentlich meinen, je mehr Abteilungen in einer Klinik vorgehalten werden, je besser sie zusammenarbeiten und aufeinander abgestimmt sind, desto effizienter und sicherer wird eine Patientenversorgung. Auf die Idee, auf eine Anästhesie zu verzichten, käme wohl niemand. Obwohl sie nicht im Sinne von eigenen Umsatzzahlen und eigener Patientenrekrutierung fungiert und deshalb auch schlecht mit Verlust und Gewinn dargestellt werden kann, ist sie in Kliniken mit Operationsabteilungen und größeren Intensivstationen unverzichtbar. Eine Anästhesieabteilung hat aus Sicht der Ökonomen die Rolle einer »Dienstleistungsmedizin« für die anderen Bereiche zu erfüllen. Natürlich arbeitet eine Geschäftsführung durchaus auch daran, die Kosten für diesen Bereich zu minimieren, so etwa die Personalressourcen bis über die Schmerzgrenze hinaus zu reduzieren. So will im Zweifelsfall niemand in der Geschäftsführung die Verantwortung dafür übernehmen, weil aus Personalmangel in der Anästhesie mehrfach Operationssäle geschlossen und Operationen abgesetzt werden müssen. In der Bilanz einzelner Abteilungen erscheinen solche »Verluste« aber schwarz auf weiß. Private Klinikkonzerne sind schnell dabei, Abteilungen, die aus ökonomischer Sicht unattraktiv sind, wieder aus ihrem Portfolio zu streichen. Dass es, insbesondere für die Patientensicherheit, möglicherweise Kollateralschäden geben kann, ist einkalkuliert und wird aber nach außen hin negiert. Kommt es etwa bei einem orthopädischen Eingriff zu einem Zwischenfall, zum Beispiel zu einer schweren Blutung bei einer Gefäßverletzung, so hat natürlich der betroffene Patient eine deutlich bessere Situation, wenn in der gleichen Klinik ein Gefäßchirurgenteam sofort zur Verfügung steht oder versierte Kardiologen und eine Herzkatheter-Einrichtung, sofern es unvorhergesehen zu Herzproblemen während oder direkt nach einer Operation kommt. Zugegeben: Diese Komplikationen treten sehr selten auf. Für die wirtschaftlich kalkulierenden Klinikmacher zu selten, als dass sich damit aus ihrer Sicht das Bestehen gewisser Abteilungen rechtfertigen ließe. Auf der anderen Seite ist jedoch in der Präsentation der Klinik nach außen hin wichtig, dass gewisse Abteilungen ihre Zertifizierungen erhalten. Diese schreibt man sich gerne auf die Fahne und wirbt damit, dass man »ein zertifiziertes Zentrum« hat. Fehlen jedoch bestimmte Grundvoraussetzungen, zum Beispiel gerade für Notfallsituationen wichtige andere Fachdisziplinen an der Klinik, können solche Zertifizierungen in Gefahr geraten. Man versucht dies dadurch zu umgehen, dass man Kooperationen mit anderen Kliniken eingeht. Dies bedeutet beispielsweise, dass zu einem Patienten, bei dem es zu einer schweren Blutung kommt, der Gefäßchirurg aus der Nachbarklinik angefordert werden muss. Ob der gerade frei ist und wie schnell er zur Verfügung steht, wird nicht geprüft. Wichtig ist, dass auf dem Papier eine Versorgung nachgewiesen wird. Und Papier ist ja bekanntlich geduldig.

Es wird ganz bewusst ein Wettbewerb angefacht, um einer Solidarität innerhalb der Ärzteschaft entgegenzuwirken. Eine heterogene, sich gegenseitig argwöhnisch beäugende, in Konkurrenzsituation befindliche Ärzteschaft ist leichte Beute für das Klinikmanagement. »Divide et impera«, teile und herrsche, wie die alten Römer sagten.

Nach demselben Prinzip wie die »Executive Days«, ökonomische Ergebnisse zuerst, verlaufen auch die sogenannten Jours fixes. Einmal im Monat sitzt der Chefarzt einer Abteilung dabei der Geschäftsführung gegenüber. Es werden die Leistungszahlen der Abteilung im Einzelnen abgehandelt nach dem Prinzip »Zuckerbrot und Peitsche«. Im positiven Fall gibt es ein Lob, weil die Zahlen sich erfreulich entwickelt haben oder man eine Punktlandung gemacht hat. Im negativen Fall werden die vermeintlichen Gründe gesucht und die klare Ansage gemacht, dass sich die Situation unbedingt verändern müsse. Sonst sei man gezwungen, darauf zu reagieren. Insbesondere der Kampf um Personalstellen, um zusätzliches Personal oder die Verlängerung befristeter Stellen wird mit aller Härte geführt. Zusätzliche Personalstellen sind überhaupt nur diskutierbar, wenn man in erhebliche Vorleistungen geht. Die zu überspringende Latte ist hierbei so hoch gelegt, dass man sie fast immer reißen wird. Gelegentlich werden auch medizinrelevante Themen besprochen. Man merkt natürlich, dass die stereotypen Reaktionen mancher Geschäftsführer in solchen Gesprächen dem entsprechen, was eine Konzernleitung von ihnen abverlangt und was ihnen eingetrichtert wurde. Denn schließlich müssen sie sich und ihre Klinikpolitik auf Konzernebene verteidigen. Und dort wird, wie aus dem Klinikkonzern ausgeschiedene Mitarbeiter und Insider berichten, mit noch viel härteren Bandagen gekämpft. Das häufige Auswechseln der Führungsebene in Kliniken privater Klinikkonzerne ist ein Beleg dafür. Insgeheim empfindet man manchmal sogar eher eine Art Mitleid bei Gesprächen mit dem Geschäftsführer. Manchmal meint man aus seinen Antworten und Reaktionen zu bemerken, dass er ein Getriebener ist. Letztendlich ist er Erfüllungsgehilfe des Konzernmanagements und muss Vorgaben erfüllen. Denn beim nächsten Treffen der Geschäftsführer in der Konzernzentrale müssen die Bilanzen stimmen. Eine schwarze Null ist viel zu wenig. Verluste sind eine existentielle Katastrophe, sowohl für die Zukunft der Klinik als auch möglicherweise für sie oder ihn. Als mir einer der Krankenhausgeschäftsführer bei einem letzten Gespräch mitteilt, dass er den Konzern wieder verlassen und als Geschäftsführer zu einem kirchlichen Krankenhaus wechseln wird, spüre ich Erleichterung und Freude bei ihm. Für die Klinik ist es der vierte Wechsel auf dieser Position in knapp neun Jahren. Executives, also Führungskräfte, sollen Vorbilder sein für ihre Mitarbeiter. Sie sollen Ideale, Visionen und Engagement vorleben. Sie sollten strategische Entscheidungen treffen und in Zukunftsentwicklungen eingebunden sein. Dass Chefärzte in zahlreichen Kliniken und insbesondere bei privaten Klinikkonzernen schon lange nicht mehr in Führungsaufgaben eingebunden sind oder auf Augenhöhe mit der Führungsetage der Ökonomie agieren, ist manchen von ihnen noch nicht so richtig bewusst geworden. Das liegt an der geglückten Strategie der Klinikkonzerne, die Logik der Ökonomie unterschwellig umzusetzen. Die Führung der Krankenhäuser als reine Wirtschaftsbetriebe geht einher mit einem Werteverlust der Medizin. »Executive Days« dienen vorwiegend dazu, das Prinzip der Gewinnmaximierung und die Notwendigkeit der Ökonomie in den Köpfen der Führungskräfte zu etablieren. Diese Tagungen haben dann ihr Ziel erreicht, wenn Ärzte und Ärztinnen das Gewinninteresse der eigenen Klinik als oberstes Ziel anerkennen. Letztendlich sind nicht ärztliche, soziale und medizinische Führungsverantwortung erwünscht, sondern einzig und allein effektive Dienstleistungen. Um nochmals Giovanni Maio zu zitieren: »Wenn Ärzte für ihre Patienten da sein sollen und ihnen gleichzeitig vom System beigebracht wird, gewinnwirtschaftlich zu denken, was unweigerlich die Übernahme einer ökonomischen Vorteilslogik bedeutet, so ist das ein Widerspruch in sich und ein Einstieg in die Sinnentleerung der ärztlichen Tätigkeit.«[2]

19 Kostenexplosion

Kostenexplosion im Gesundheitswesen. Bereits seit Mitte der Siebzigerjahre des letzten Jahrhunderts gehört dieser Begriff bei Diskussionen um unser Gesundheitswesen zum Waffenarsenal jedes Gesundheitspolitikers und wird als Argument in fast jeder Talk-Show verwendet, wenn es um die Finanzierung oder um die Zukunft unseres Gesundheitssystems geht. Geprägt wurde dieser Begriff 1974 vom damaligen rheinland-pfälzischen Sozialminister Heiner Geißler. 1975 veröffentlichte der *Spiegel* eine Artikelserie mit dem Titel: »Krankheitskosten: Die Bombe tickt«.[1] Wieder und immer wieder wurde in den letzten 50 Jahren von Gesundheitspolitikern, von Krankenkassen und Interessenverbänden das Gesundheitswesen in unserem Land als bald nicht mehr finanzierbar deklariert und dringender Handlungsbedarf angemahnt. Ansonsten würde unser so hochwertiges Gesundheitssystem vor dem Kollaps stehen. Bereits 1998 wurde ein Buch mit dem Titel »Das Märchen von der Kostenexplosion« veröffentlicht. Es war ein Bestseller.[2] Aber noch heute, fast 25 Jahre später, wird dieses Märchen von den explodierenden Kosten weitererzählt. Die dafür verantwortlichen Dämonen seien der medizinische Fortschritt, die Alterspyramide, immer kostenintensivere Therapien und die gestiegenen Ansprüche der Menschen, die durch Zivilisationskrankheiten immer kränker werden. Man müsse unbedingt die Kosten senken, ansonsten drohen eine Rationierung, Priorisierung, Selektierung und die massive Selbstkostenbeteiligung sowie eine Zwei- (oder gar Drei-)Klassen-Medizin als unvermeidliche Folge. Und das Horrorszenario wird bis heute weiter gepflegt.

In seinem Buch »Erkranken schadet Ihrer Gesundheit« widerlegt Bernd Hontschik[3] eindrücklich die seit nahezu 50 Jahren immer wieder kolportierte Behauptung einer Kostenexplosion durch die Alterspyramide. Dass unsere Gesellschaft immer älter wird, steht außer Frage. Wie Hontschik richtig konstatiert, verursacht der Mensch aber ganz unabhängig vom Alter 70 bis 80 Prozent der Kosten in seinem letzten Lebensjahr, egal, ob er mit 40, 50 oder 90 Jahren an einer schweren Erkrankung stirbt. Die Kosten und der Ressourceneinsatz liegen bei jüngeren Menschen naturgemäß meist sogar viel höher als bei sehr alten Menschen. Dieser Kompressionseffekt muss in der Diskussion berücksichtigt und nicht einer sich verändernden Alterspyramide zugeschoben werden. Die Kostenlawine mit der Alterung unserer Gesellschaft zu begründen, ist zu einfach.

Ganz aktuell stellt eine Studie der Boston Consulting Group (BCG) fest,[4] dass dem deutschen Gesundheitssystem eine gewaltige Kostensteigerung bevorstehe. So könnte es noch in diesem Jahrzehnt zu einer Steigerung der Gesundheitsausgaben um 155 Milliarden Euro auf 540 Milliarden Euro kommen. »Die Kosten im Gesundheitssystem laufen aus dem Ruder«, sagt Matthias Becker, Gesundheitsexperte und Mitautor der Studie. Die Studie fasst sehr dezidiert die Gründe zusammen, warum es in den letzten beiden Jahrzehnten zu steigenden Gesundheitskosten kam; gleichwohl kann man auch sie nicht dazu verwenden, um von einer »Kostenexplosion« zu sprechen. Lag vor 20 Jahren der Beitragssatz für die gesetzliche Krankenversicherung noch bei 13,6 Prozent, so ist er mittlerweile auf 15,7 Prozent gestiegen. Ein mäßiger Anstieg, zweifelsohne. Aber, so sagt es auch die Studie, keineswegs begründet durch eine Alterung der Gesellschaft, denn diese mache nur etwa 25 Prozent an der Kostensteigerung aus. Also sind es im Wesentlichen andere Faktoren. Es wird eine Vielzahl von Gründen genannt, die für die Ausgabensteigerung im Gesundheitswesen verantwortlich zeichnen. So sind 45 Prozent der Kostensteigerung durch Innovationen, medizinischen Fortschritt und Preissteigerungen bedingt. Ein zentraler Grund sei die Überinanspruchnahme von Leistungen durch Patienten, aber auch durch Ärzte. Die Studie verweist auch darauf, dass in einer 2019 von Monitor Versorgungsforschung durchgeführten Umfrage 83 Prozent der Bevölkerung vermuten, dass medizinisch unnötige Leistungen durchgeführt würden, weil Ärzte und Kliniken daran gut verdienen.[5] Eine Arbeitsgruppe der Leopoldina stellte schon 2016 fest, dass es »deutliche Hinweise auf Fallzahlsteigerungen gibt, die nicht allein medizinisch begründet sind«.[6] Also auch Kostensteigerungen, die absolut vermeidbar wären. Die Ansätze und Vorschläge in der genannten BCG-Studie, die zu einer Kostendämpfung beitragen könnten, sind in vielen Punkten sinnvoll, in manchen Punkten bedürfen sie aber einer vertieften Diskussion, welche im Rahmen dieses Buches zu weit führen würde. Unabhängig davon muss aber immer wieder betont werden, dass uns unsere Gesundheit und eine gute medizinische Versorgung etwas wert sein müssen. Die immer noch erzählte Mär von der Kostenexplosion und einem dadurch drohenden Zusammenbruch unseres Gesundheitswesens darf keinesfalls als Vorwand für manche Interessensgruppen dienen, unser in den vergangenen Jahrzehnten weitgehend gut funktionierendes Sozialsystem radikalen Restriktionen und nicht gerechtfertigten Rationierungen auszusetzen oder dem freien Markt zu überlassen. Eine Kostenexplosion hat es nie gegeben! Und trotzdem werden diese Themen heute immer noch diskutiert, umso vehementer, je mehr Wirtschafts- und Lobby-Interessen ins Spiel kommen. Die Ausschöpfung von Sparpotentialen hat in der politischen Diskussion nach wie vor oberste Priorität. Grundsätzlich ist es richtig, wenn man versucht, unnötige, überflüssige und überteuerte Therapien und die damit verbundenen Kosten, die schließlich zum großen Teil aus Sozialkassen und über Steuergelder finanziert werden, zu reduzieren. Es kann auch nicht im Interesse der Krankenversicherten und unserer Sozialkassen liegen, dass Medikamente oder Medizinprodukte von Pharmaunternehmen und Medizinprodukteherstellern mit unverhältnismäßig hohen Gewinnspannen über Krankenkassenbeiträge finanziert werden. Mit dem Argument der Kostenexplosion kann man aber von Versicherten nicht Leistungskürzungen abverlangen, solange sich auf der anderen Seite Konzerne und Aktionäre wie bei einem Selbstbedienungsladen aus dem Topf der Sozialkassen bedienen. Das Gesundheitswesen ist ein Kernstück unseres Sozialsystems und kann nicht nach den Regeln der freien Marktwirtschaft funktionieren. Wenn sich der Staat mehr und mehr aus diesem System zurückzieht und die Bühne zunehmend Investoren überlässt, die das Gesundheitssystem wie einen Wirtschaftszweig behandeln, gerät das Gesamtsystem in Gefahr.

Das ständige Wiederholen der angeblich drohenden Kostenexplosion führt auch bei politisch Verantwortlichen zu Aktionismus und zu oftmals kurzsichtiger und hektischer Betriebsamkeit. Die Freigabe des primären Gesundheitsmarktes für private Investoren wird zumeist mit der Hoffnung begründet, dass der Markt die Probleme regelt, an denen offensichtlich der Sozialstaat zu scheitern droht. So wird die Privatisierungswelle öffentlicher Krankenhäuser von Befürwortern damit gerechtfertigt, dass man das öffentliche Gesundheitssystem entlaste und privates Kapital in den Markt pumpe. Das würde dazu beitragen, den drohenden Kollaps zu verhindern. Da kommt natürlich manchen Investoren die Panikmache mit der Drohung eines ansonsten bald nicht mehr zu finanzierenden Gesundheitswesen gelegen. Dass sich schon seit Jahrzehnten das Krankenhauswesen durch die Einführung des DRG-Fallpauschalensystems und gerade durch die Klinikprivatisierungswelle in eine falsche Richtung entwickelt hat, wird durch diese mantraartig beschworenen Katastrophenszenarien immer wieder vergessen. Die in diesem Zusammenhang wiederholten Forderungen von Politikern quer durch die Parteienlandschaft, Leistungen des Staates müssten gekürzt, Eigenverantwortung gefördert und von jedem Einzelnen mehr Eigenleistung gefordert werden, sind zwar in Teilen nicht ganz falsch, lenken aber von weiterreichenden Reformvorschlägen ab. So etwa von der Idee, dass Gesundheitsabgaben linear zum Einkommen und damit sozial gerechter verteilt werden und Kinder bis zu einem gewissen Alter beitragsfrei bleiben.

Renditeorientierte Unternehmenskulturen, Gewinnvorgaben der Eigentümerketten, deren Marktstrategien und Selektionsdruck führen zu erheblichen Verzerrungen im System. Es muss aufhören, diese Entwicklung mit der seit fast 50 Jahren geäußerten Behauptung einer Kostenexplosion im Gesundheitswesen zu begründen. Diese gibt es nicht und sie hat es nie gegeben.

20 Zeitmanagement

Zeit haben für den Patienten. Das ist für Menschen, die in Heilberufen arbeiten, die Basis jeder therapeutischen Behandlung. Ohne Zeit kann kein Vertrauensverhältnis entstehen. Es braucht Zeit zuzuhören, zu verstehen, Therapieentscheidungen zu vereinbaren und gemeinsam die Behandlungsziele festzulegen. Ärzte müssen hilfesuchenden Patienten das Gefühl geben, dass sie für deren Sorgen und Ängste jederzeit ansprechbar sind. Das Vertrauen zwischen Arzt und Patient ist die Basis jeder Behandlung, selbst oder gerade dann, wenn am Ende das erwünschte Ziel beziehungsweise eine Heilung nicht erreicht wird. Befunde mit ärztlichen Kollegen und Pflegekräften durchgehen, darüber zu diskutieren, Therapiemaßnahmen kritisch zu hinterfragen und weitere Expertise einzuholen – auch das erfordert Zeit und Ruhe. Zeit, die unter dem Diktat einer Zeitökonomie im Klinikalltag immer weniger zur Verfügung steht. Die Notwendigkeit zur Behandlung von Patienten in immer kürzeren Zeitintervallen, die Zunahme von Diagnostik- und Therapiemaßnahmen pro Patient, eine ausufernde Bürokratie und Dokumentationspflicht sowie unzureichende Personalressourcen machen »das Zeithaben« für Patienten zu einem Luxus, den man sich kaum noch leisten kann. In einem auf Gewinn und ökonomischen Erfolg ausgerichteten System werden alle erdenklichen Maßnahmen ergriffen, die Beschleunigung, Rationalisierung und Effizienzsteigerung zum Ziel haben. In vielen Kliniken werden Zeitkontingente für bestimmte Maßnahmen minutengenau vorgegeben und kontrolliert. Keineswegs soll hier gegen effizientes Arbeiten sowie gut geplante und organisierte Arbeitsabläufe in Kliniken argumentiert werden, im Gegenteil. Wenn dies mit der Zielsetzung geschehen würde, mehr Zeit für eine persönliche Betreuung ihrer Patienten zur Verfügung zu haben, wären vermutlich alle Ärzte damit einverstanden. Der Ansatz der Ökonomen ist jedoch meist ein anderer, nämlich: mehr Operationen und mehr Patientenaufnahmen im selben Zeitraum durchzuführen, um damit Umsätze zu generieren. Noch mehr und noch schneller bedeutet aber auch: eine noch kürzere Taktung, eine Beschleunigung der Arbeitsabläufe und letztendlich keinerlei qualitative Verbesserung für die Abläufe ärztlichen Handelns. Vor allem aber keinen Zugewinn für die Arzt-Patienten-Beziehung.

Ein Beispiel für das restriktive Zeitmanagement ist der Operationsbetrieb. Er wird in fast allen Kliniken minutiös erfasst. Jede Aktion wird registriert. Das beginnt mit dem Abruf des Patienten von der Station in den OP. Danach wird notiert, wann der Patient vom Transportdienst auf der Station abgeholt und wann er in der Umbettschleuse des OPs eintrifft. Es wird festgehalten, wann der Patient im OP-Vorbereitungsraum ankommt, wann dort mit der Narkosevorbereitung begonnen und wann er anschließend in den OP-Saal gefahren wird. Als Nächstes wird der Zeitpunkt des Narkosebeginns erfasst, dann der Beginn der Lagerung und der OP-Vorbereitung und wann schließlich der Chirurg mit dem ersten Schnitt die Operation beginnt. Das Ende der Operation wird ebenso auf die Minute genau im PC dokumentiert wie anschließend das Ende der Narkosezeit und das Ausschleusen des Patienten, entweder in den Überwachungsraum zur Nachbeobachtung oder auf die Intensivstation. Aus allen diesen einzelnen Daten lassen sich viele Parameter gewinnen, die regelmäßig ausgewertet und dann einer kritischen Betrachtung unterzogen werden. Besteht zum Beispiel eine zeitliche Lücke zwischen der Lagerung des Patienten auf dem OP-Tisch und dem ersten operativen Schnitt, wird dies in der Regel dem Operateur angelastet und es erfolgt die klare Order, dass ein Chefarzt dafür zu sorgen hat, dass seine Mitarbeiter pünktlich parat zu stehen haben. Die sogenannte Schnitt-Naht-Zeit, also die OP-Zeit zwischen Beginn und Beendigung der Operation mit Abschluss der Hautnaht, ist für eine Klinik eine wichtige Information. Diese Zeit wird abgeglichen mit Daten aus anderen Kliniken. Meist werden dabei allerdings weder die Fallschwere oder Komplexität als Parameter einbezogen noch ob es sich um eine sogenannte Lehr- oder Ausbildungsoperation handelt, bei der einem jüngeren Kollegen von einem Oberarzt oder Chefarzt assistiert wurde. Durch diese Zahlen wird ein latenter Druck aufgebaut, der bei einigen Operateuren dazu führt, dass die Schnelligkeit einer Operation zum dominierenden Qualitätsmerkmal wird. Manchmal wird sogar eine Art sportlicher Wettbewerb zwischen Operateuren ausgetragen. In vielen Fällen wäre es aber angebracht, nicht mit Eile und Hast, sondern mit Überlegung und Präzision vorzugehen. Meist steht diese Variante gleichwohl gar nicht zur Wahl, denn das OP-Programm ist in der Regel so dicht getaktet, dass es für Verzögerungen keine Luft gibt.

Ein zweites Beispiel in Sachen Zeitmanagement: Ein Chefarztkollege erzählte mir ziemlich aufgebracht, dass man ihn seitens der Geschäftsführung »zu einem besseren Zeitmanagement« aufgefordert habe. Der Anlass war seine Beschwerde bei der Geschäftsführung. Diese hatte eine zusätzliche, tägliche Frühbesprechung des Betten- und Belegungsmanagements angesetzt, bei der von jeder Station eine Pflegekraft anwesend sein muss. Diese Besprechung sollte parallel zu den Morgenvisiten auf den Stationen stattfinden. Bei diesen Besprechungen wird koordiniert, welche Patienten zur Entlassung geplant sind, welche Betten damit frei und wie die Neuaufnahmen verteilt werden. Die Empörung des Chefarztkollegen bestand darin, dass die Visiten nun teilweise ohne pflegerische Unterstützung stattfinden müssen, weil das Pflegepersonal ohnehin schon knapp besetzt ist. Die Geschäftsführung erwiderte daraufhin, dass er sich zeitlich besser strukturieren oder die Visiten früher beginnen müsse. Dass bei einer Visite ohne Pflegepersonal der wichtige Austausch zur aktuellen Situation eines Patienten nicht mehr gegeben ist, interessierte nicht. Ebenso wenig, dass eine Visite ohne

Pflegepersonal einen zusätzlichen zeitlichen Aufwand für die Ärzte bedeutet. Bei voll belegter Station hat ein Arzt aber ohnehin schon kaum mehr als drei bis vier Minuten täglich für jeden Patienten. Die Zeitökonomie steht ganz im Zeichen der Effizienz und organisatorischen Abläufe. Eine humane Medizin mit der notwendigen Zeit für eine Zuwendung zu einem Patienten wird als verzichtbar erachtet. Als Arzt gerät man wegen dieses Zeitkorsetts in ein Dilemma, man hat ein permanentes Schuldgefühl.

Ich erinnere mich an einen Abend, als ich noch spät am Schreibtisch in meinem Arztzimmer sitze, um, wie so häufig, Büroarbeiten zu erledigen. Ich höre Stimmen vor der Tür, dann ein lautes Klopfen. Als ich die Tür öffne, steht eine meiner Patientinnen mit ihrem Rollator vor der Tür, begleitet von einer jüngeren Frau, die sich als ihre Tochter vorstellt. »Jetzt haben wir Sie endlich gefunden. Wir möchten mit Ihnen reden«, sagt die alte Dame. Sie möchte jetzt sofort ein Gespräch mit mir führen. Zunächst verwundert und auch etwas verärgert, lasse ich die beiden herein. Freundlich, aber doch vorwurfsvoll sagt mir die resolute Patientin, dass ich ihr bereits dreimal versprochen hätte, mich mit ihr über ihre Situation zu unterhalten. Sie habe zwar Verständnis, dass ich viel um die Ohren hätte, aber sie könne mir nun kaum noch glauben, dass wir ihr wirklich helfen wollen. Sie sei sehr enttäuscht. Deshalb habe sie mich nun gestellt und wolle Antworten. »Sonst werde ich die Klinik verlassen.« Mein Ärger weicht einer Betroffenheit und einem Schuldgefühl. Ich kann ihre Enttäuschung und Bitterkeit verstehen. Tatsächlich hatte ich ihr mehrmals versprochen, dass wir über ihre Erkrankung und über die Therapiemaßnahmen reden. In der Hektik des Klinikalltags hatte ich das verdrängt oder vergessen. Es wird eines der längsten Patientengespräche, das ich je geführt habe. Nicht nur ihre Krankheit wird zum Thema, sondern wir unterhalten uns über viele andere Ereignisse aus ihrem Leben. Die meiste Zeit lässt die Tochter ihre Mutter reden und greift selten ein. Spät in der Nacht beenden wir unser Gespräch. Die Patientin drückt mir fest und lange die Hand. »Herr Doktor, mir geht es jetzt viel besser und nun weiß ich, dass ich bei

Ihnen gut aufgehoben bin. Ich mache nun das, was Sie mir raten.« Als ich in dieser Nacht die Klinik verlasse, erlebe ich eine tiefe Zufriedenheit. Einerseits. Andererseits macht mich diese Begebenheit sehr nachdenklich.

Zu einer guten Patientenbetreuung gehören zwei Dinge: eine bestmögliche organisatorische, technische und medizinische Performance nach standardisierten Abläufen und vor allem eine offene Arzt-Patienten-Beziehung jenseits jeder Prozeduralisierung. Die Behandlung eines Menschen bedarf einer Beziehungsmedizin, die nur ermöglicht wird, wenn dafür Zeit eingeplant ist. »Ein betreuender Arzt muss Zeit zu verschenken haben, um dem Patienten kundzutun, dass er für ihn Sorge tragen möchte.«[1] Diese Aussage des Medizinethikers Giovanni Maio könnte das Thema Zeithaben nicht besser beschreiben. Aber wir Ärzte haben fast nichts mehr zu verschenken.

21 Schönreden

Schönreden bedeutet etwas in positivem Licht darstellen, obwohl es tatsächlich nicht so ist. Die Vorstände der privaten Klinikkonzerne und viele Klinikgeschäftsführer beherrschen dieses Metier perfekt.

Bei einer Fortbildung treffe ich einen mir gut bekannten Kollegen wieder. Wir waren Oberärzte an derselben Klinik, bevor wir beide jeweils eine Chefarztstelle übernahmen. Da er aus einer anderen Region stammt, hatte er sich dort auf die Chefarztstelle einer kleineren Klinik beworben, die im Besitz eines privaten Klinikkonzerns ist. Als ich nachfrage, wie es ihm geht, wirkt er deprimiert. Und dann erzählt er mir Folgendes: Der Konzern habe vor kurzem beschlossen, seine Klinik zu schließen. Den Mitarbeitern sei gekündigt worden, ihm auch. Zwar seien schon länger Gerüchte kursiert, dass die Klinik wirtschaftliche Probleme habe, aber es habe keine direkten Hinweise gegeben, dass ihre Existenz in Gefahr sei. Es habe auch bis zuletzt positive Signale aus der Politik und der Klinikverwaltung gegeben, dass die Klinik, die eine gute Reputation und Akzeptanz in der Bevölkerung habe, weiter geöffnet bleibe. Zuletzt sei sogar über die Eröffnung einer zusätzlichen Fachabteilung gesprochen worden. Und dann der Eklat: Völlig ahnungslos und unvorbereitet seien an einem Tag alle Chefärzte von der Klinikverwaltung zum Gespräch einbestellt worden. Es wurde ihnen lapidar mitgeteilt, dass »Umstrukturierungen« innerhalb des Klinikverbundes notwendig seien, und im Zuge dieser »unumgänglichen Maßnahmen« müsse ihre Klinik geschlossen werden. Mit Worthülsen verschleiern Konzerne brutale Maßnahmen, Kündigungen werden geradezu bagatellisiert. Da spricht man dann von Umstrukturierung, Neuorientierung, neuer Zielausrichtung und notwendiger Anpassung. Die Kunst des Schönredens ist wesentlicher Teil der Strategie.

Ein Beispiel aus jüngster Zeit zeigt dies anschaulich. Es geht um den Verkauf der bisher unter dem privaten *SANA*-Konzern geführten Kliniken Ostholstein an den Schweizer Klinikkonzern *Ameos*. 2018 hatte das Bundeskartellamt noch die Übernahme untersagt, im Oktober 2021 jedoch seine Zustimmung gegeben.[1] Die Kartellwächter hatten 2018 noch Bedenken, weil *Ameos* bereits über einen gemeinsamen Investor im Besitz der *Schön-Klinik* Neustadt war, die sich ebenfalls in Ostholstein befindet. Diese Beteiligung wurde 2021 beendet, um die Übernahme zu ermöglichen. Die *Ameos*-Gruppe ist einer der großen privaten Gesundheitsversorger im deutschsprachigen Raum und besitzt mittlerweile über 95 Kliniken und Einrichtungen an über 50 Standorten.[2] Beide, Käufer und Verkäufer, versichern wortreich, dass sich nichts ändern solle. Vertreter der Gewerkschaft hingegen befürchten, dass der *Ameos*-Konzern, »der nicht gerade für eine Unternehmenskultur im Sinne der Beschäftigten steht«, strukturelle Veränderungen vornehmen werde. *Ameos* teilt mit, dass es keinen Arbeitsplatzabbau (immerhin geht es um etwa 1 000 Beschäftigte) geben werde und dass man sich »auf die neuen Kolleginnen und Kollegen der *SANA*-Klinik Ostholstein freut«. Wer zwischen den Zeilen liest, wird jedoch etwas nachdenklicher, wenn das Vorstandsmitglied von *Ameo*, Frank-Ulrich Wiener, sagt: »Wir haben selbstverständlich vor, uns mit dem Angebot auseinanderzusetzen, das dort vorgehalten wird – und werden dies auf die Bedürfnisse der jeweiligen Umgebung und den Einzugsbereich anpassen.«[3] Wenn man folgenden Hintergrund kennt, kann man erahnen, was *Ameos* unter »anpassen« versteht: Der *SANA*-Konzern wollte die Kliniken Ostholstein schon länger loswerden. Da spielten wohl auch die Erfahrungen der Vergangenheit eine Rolle. Denn bereits 2017 hatte es mächtig Ärger gegeben, weil die *SANA* damals ankündigte, die sogenannte Regelversorgung durch die zu den *SANA*-Kliniken Ostholstein gehörende Klinik Oldenburg einzustellen. Die Begründung war: gescheiterte Verhandlungen mit dem Betriebsrat über Bereitschaftsdienstregelungen. Unmissverständlich wurde der Klinikbetreiber damals vom Gesundheitsministerium aufgefordert, die Regelversorgung der Bevölkerung sicherzustellen, denn eine Einstellung der Notfallversorgung widerspreche dem im Krankenhausplan ausgewiesenen Versorgungsauftrag der Klinik. Dem Klinikbetreiber wurde ferner nahegelegt, notfalls auch auf einen externen Personaldienstleister zurückzugreifen.[4] Ein weiteres Beispiel: Was der *Helios*-Konzern unter »Umstrukturierungen« im Personalbereich versteht und wie diese umgesetzt werden, zeigen die Stellenstreichungen Anfang 2021 im ärztlichen Bereich. Es gab massive Kritik seitens der Ärzteschaft. »Der übermäßige Abbau ärztlicher Stellen bei *Helios* ist unverantwortlich«, kritisierte der Präsident des Verbandes leitender Krankenhausärzte Deutschlands, Michael Weber.[5] »Er gefährdet nicht nur die Versorgung von Patienten, sondern er schränkt sie ein und macht daraus ein Geschäftsmodell.« Und weiter meint er, dass das System *Helios* an einem Punkt angekommen sei, an dem die selbstregulierenden Kräfte des Krankenhausmarktes nicht mehr greifen. »Dort, wo die Gesundheit von Menschen durch EBIT-Vorgaben[6] und dem Streben nach Gewinn gefährdet wird, muss der Gesetzgeber zum Schutz der Patienten und des ärztlichen Personals aktiv werden.« Der Marburger Bund kritisierte, dass der Medizinkonzern *Fresenius* hohe Gewinne mit seinen *Helios*-Kliniken einfahre und seinen Aktionären Dividenden verteile, gleichzeitig jedoch Arztstellen streiche.[7] *Helios* selbst wehrt sich gegen die Kritik. Dem Konzern zufolge nützten ärztliche Interessenverbände und Gewerkschaften die Situation aus, um ihre Forderungen an die Politik zu untermauern. Bei *Helios* spricht man nicht vom »Abbau ärztlicher Stellen«, sondern von »Einzelfallprüfungen von Nach- und Neubesetzungen im ärztlichen Dienst« und dass der Konzern in seinen Kliniken insgesamt 150 Stellen im ärztlichen Bereich identifiziert habe, deren »Nachbesetzung nicht erforderlich« sei.[8] Das klingt doch schon viel weniger dramatisch. Ausführlich erläutert *Helios* auf seiner Website, man habe die Anzahl der Ärztinnen und Ärzte in den Kliniken zwischen 2015 und 2019 um vier Prozent erhöht. Allerdings seien die stationären Behandlungsfälle in dieser Zeit ebenfalls um etwa vier Prozent angestiegen.

Zur Begründung der Stellenreduktion muss nun auch die Corona-Pandemie herhalten: 2020 seien 15 Prozent weniger Patienten in den *Helios*-Kliniken behandelt worden. Man habe auf eine Trendwende gehofft, die jedoch nicht eingetreten sei. Man geht also in der Konzernzentrale davon aus, dass dies dauerhaft auf diesem Niveau bleiben werde. Als weiterer wichtiger Grund wird genannt, dass zukünftig mehr Patienten im ambulanten Sektor behandelt würden, und der Konzern rechnet daher mit einem Wegfall von 120 000 Patienten. Es sei deshalb unternehmerisch geboten, über Stellennachbesetzungen im ärztlichen Dienst nachzudenken, um dauerhaft wirtschaftlich zu bleiben. Nur dadurch sei es möglich, Investitionen zu tätigen, die der hohen Qualität der Patientenversorgung zugutekommen, höchste Standards in der Medizintechnik und eine gute bauliche Infrastruktur garantieren. Die Argumente klingen plausibel und sind aus unternehmerischer Sicht konsequent. Dahinter verbirgt sich aber eine klare Strategie: Man rechnet damit, dass der ambulante Bereich sich auf Kosten des stationären ausweiten wird. Also wird weniger Personal in Kliniken benötigt. Man geht davon aus, dass auch nach dem »Einbruch« der stationären Patientenzahlen durch die Corona-Pandemie zukünftig, wegen der Verlagerung stationärer Leistungen in den ambulanten Sektor, nicht mehr das Niveau der Vor-Corona-Zeit erreicht wird. Also bereitet man sich schon auf diese vermutete, keinesfalls aber gesicherte Entwicklung vor.

Die großen Klinikkonzerne spekulieren schon längst in diesem Wachstumsmarkt im ambulanten Sektor und forcieren deshalb ihre Aktivitäten zur Akquirierung von Marktanteilen. Medizinische Versorgungszentren und ambulante Einrichtungen stehen auf der Einkaufsliste. Hier besteht ein attraktiver Gesundheitsmarkt mit großem Entwicklungspotential und gewinnversprechender Zukunft. Zahlreiche medizinische Versorgungszentren gehören schon jetzt internationalen Konzernen. Man möchte den Shareholdern auch künftig etwas bieten. Dass die Privatisierung dann auch im ambulanten Versorgungsbereich Gewinner und Verlierer produzieren wird, ist vorhersagbar.

Klinikkonzerne versprechen auf ihren Werbeplattformen eine Medizin auf höchstem Niveau und die Reinvestition der Gewinne in modernste Techniken und Entwicklungen. Wortgewaltig werben sie für ihre Ziele. Weniger gern reden sie über die kaum noch überschaubaren Firmengeflechte, die internationalen Beteiligungen, über Renditen, Börsenspekulationen, Übernahmen insolventer Kliniken, über die Anhäufung von Milliardenvermögen in Immobilien und über die Zweckentfremdung des Krankenhaus- und Gesundheitswesens. Nur bei genauem Hinsehen fällt die zweckorientierte Schönfärberei mit ihrer Verharmlosung auf. So zum Beispiel, wenn der Verwaltungspräsident der *Porterhouse Group AG*, Felix Happel, Sohn des in der Schweiz lebenden Industrieunternehmers und Multimilliardärs Otto Happel, zum Erwerb der *Paracelsus-Kliniken* sagt: »Gemeinsam wollen wir wieder Paracelsus zu einem stabilen und profitablen Unternehmen entwickeln, das aus eigener Kraft und auch durch Zukäufe wächst.«[9] Die Schweizer *Porterhouse Group* hatte den Bieterwettbewerb zweier Milliardäre um die insolvent gewordene private deutsche Klinikkette *Paracelsus-Kliniken* gewonnen. Kontrahent von Happel war Bernard große Broermann, Eigentümer des *Asklepios*-Konzerns. Die *Paracelsus*-Kette beschäftigt immerhin 5200 Menschen, die in über 40 Krankenhäusern und Rehabilitationseinrichtungen arbeiten. Die zitierte Aussage von Happel zum Kauf von *Paracelsus* macht in Worten deutlich, was Triebfeder und Motivation der Investoren ist: ein stabiles und vor allem »profitables Unternehmen«, das durch »Zukäufe wachsen soll«. Kliniken dienen als Investitionsobjekte, sie werden als Wirtschaftsunternehmen eingestuft. Der Kampf der Klinikkonzerne um Marktanteile tobt im Hintergrund, oft wenig bemerkt vom Großteil der Bevölkerung.

Verharmlosende Umschreibungen dieses harten Wettbewerbs um das Krankenhauswesen sind nichts anderes als das Schönreden einer realen Gefahr: nämlich der, dass Krankenhäuser ihrer eigentlichen Funktion – der Daseinsfürsorge für die Bevölkerung – enthoben werden.

22 Killerkeime

»Acinetobacter baumannii« – die Diagnose schlägt ein wie eine Bombe. Wir erhalten die Nachricht vom Labor, dass bei einem unserer Patienten dieser Keim in der Wunde und im Hautabstrich nachgewiesen wurde. Eine Krisensitzung mit dem Krankenhaushygieniker und der Geschäftsführung wird einberufen und die Situation sowie das weitere Vorgehen beraten.

Acinetobacter baumannii ist ein Stäbchenbakterium und gehört zur Gruppe der multiresistenten gramnegativen Bakterien.[1] Diese relativ neue Generation von sogenannten nosokomialen, also Krankenhausinfektionen verursachenden Keimen ist so gut wie auf alle bekannten Antibiotikagruppen resistent. Der Erreger kommt weltweit vor, bestimmte Regionen und Länder, insbesondere mit tropischem Klima, sind deutlich stärker betroffen und gelten deshalb als Risikogebiete. Die ersten Patienten, bei denen Infektionen mit dem Acinetobacter-baumannii-Bakterium nachgewiesen wurden, waren US-Soldaten, die im Irak-Krieg verwundet wurden. Während das Bakterium für gesunde Menschen so gut wie ungefährlich ist, kann es bei abwehrgeschwächten Menschen schwere Erkrankungen auslösen. Wund- und Blutstrominfektionen, Lungenentzündungen, Harnwegsinfektionen und Hirnhautentzündungen können auftreten und verlaufen oftmals tödlich. Das Bakterium überträgt sich über kontaminiertes Wasser oder Lebensmittel, über die Raumluft, vor allem aber durch direkten Kontakt. Die Erreger können lange infektiös bleiben, die Überlebensfähigkeit des Bakteriums auf unbelebten Flächen kann mehrere Wochen betragen.

Acinetobacter baumannii ist wegen seiner Unempfindlichkeit auf gängige Antibiotika zu einem »Problemkeim« geworden. Die amerikanische Gesellschaft für Infektionskrankheiten zählt ihn zu den gefährlichsten Keimen.[2] Jedes Jahr werden in Deutschland Ausbrüche von Krankenhausinfektionen registriert, verursacht durch diesen multiresistenten Keim, meistens eingeschleppt durch eine im Ausland hospitalisierte Person. Kein Wunder also, dass in Kliniken Alarmstimmung herrscht, wenn dieser Keim auftaucht. Denn seine Ausbreitung gefährdet andere Patienten und hat desaströse Auswirkungen auf die ganze Klinik! Betroffene Kliniken müssen teilweise ihren gesamten Operationsbetrieb stilllegen, einen Patientenaufnahmestopp verkünden und ihre Intensivstationen herunterfahren. Und das alles über mehrere Wochen. Also nicht auszudenken, was das für Konsequenzen auch für unsere Klinik hätte.

Diese Sorge bewegt natürlich auch die Geschäftsführung. Wir klären zunächst, wie der Patient in unsere Klinik gelangte und warum er aufgenommen wurde. Es handelt sich um einen Patienten mittleren Alters, der bereits mehrfach wegen Durchblutungsstörungen an den Beinen, verursacht durch Arterienverschlüsse, in unserer Klinik behandelt und operiert wurde. Unter anderem wurde ihm an einem Bein ein Bypass, eine Umgehung einer verschlossenen Arterie mit einem Kunststoffröhrchen, implantiert. Der Patient war dadurch lange beschwerdefrei und konnte wieder normal gehen. Nun verbrachte er einen Urlaub in der Türkei. Leider vergaß er, seine blutverdünnenden Medikamente einzunehmen, so dass es zu einem Bypassverschluss mit einer bedrohlichen Durchblutungsstörung und zu starken Schmerzen im Bein kam. Statt sofort eine Klinik aufzusuchen, versuchte er es mit der Einnahme eines Schmerzmittels. Erst verspätet begab er sich in eine Klinik in der Nähe des Urlaubsortes. Fast zu spät, denn die Durchblutungsstörung des Gewebes war schon weit fortgeschritten. Den türkischen Chirurgen gelang es, mit einer aufwendigen Operation den Bypass wieder zu eröffnen. Aber es kam in der Folge, wohl auch bedingt durch die bereits durchblutungsgeschädigten Muskel- und Weichteilgewebe, zu einer Wundinfektion am operierten Bein. In dieser Situation wollte der Patient zurück nach Deutschland gebracht werden. Über den ADAC wurde ein Rücktransport mit dem Rettungsflieger organisiert und der Patient in unserer Klinik angemeldet. Zu diesem Zeitpunkt gab es noch keinen Nachweis auf eine Kontamination der Wunde mit Acinetobacter baumannii. Trotzdem wurde der Patient bei Aufnahme in der Klinik in einem Einzelzimmer isoliert und die entsprechenden Vorsichtsmaßnahmen getroffen. Es wurden nochmals Wundabstriche für den bakteriologischen Erregernachweis durchgeführt. Die Situation erforderte es, dass er mehrfach am Bein operiert werden musste. Letztendlich waren alle Bemühungen vergebens, der Oberschenkel musste am Ende doch amputiert werden. Der Patient war schon einige Tage in stationärer Behandlung, da kam die Diagnose: Nachweis von Acinetobacter baumannii. Nun also die Krisen-Konferenz, um das weitere Vorgehen zu besprechen. Natürlich wurden sofort alle erforderlichen Maßnahmen eingeleitet; das Pflegepersonal wurde informiert, der Patient noch strenger isoliert und alle notwendigen Hygienemaßnahmen getroffen.

Die erste Frage der Geschäftsführung bei der Besprechung lautete: Wieso wurde der Patient überhaupt in unserer Klinik aufgenommen? Da gäbe es doch in der Stadt weitaus geeignetere Kliniken, die speziell dafür ausgestattet und vorbereitet seien, Patienten mit Infektionen zu behandeln. Die Gegenargumente aus medizinischer Sicht werden erläutert: Erstens war der Patient schon zuvor mehrfach in unserer Abteilung gewesen, deshalb war den Ärzten seine Krankengeschichte und Situation gut bekannt. Außerdem war es der Wunsch des Patienten, in unsere Klinik verlegt zu werden, zu »seinen« Ärzten. Zweitens kam der dringliche Anruf der ADAC-Zentrale und unter dem Zeitdruck der offensichtlich kritischen Situation des Patienten musste eine schnelle Entscheidung getroffen werden. Und drittens war zum Zeitpunkt der Übernahme des Patienten die Infektion mit diesem kritischen Keim nicht bekannt. Trotzdem kommt der Einwand der Klinikleitung: Bei diesem Patienten hätte man angesichts der Vorgeschichte und der Tatsache, dass er längere Zeit in einer Klinik in der Türkei lag, darauf schließen müssen, dass eine Risikokonstellation besteht. Deshalb wäre es von Anfang an besser gewesen, diesen Patienten in eine andere, dafür besser ausgerüstete Klinik zu verweisen. Jetzt sei es zu spät und man müsse nun alles dafür tun, dass es zu keiner Verbreitung des Keimes in der Klinik komme. Aber ganz wichtig sei es, dass keine Information über die Existenz eines so gefährlichen Keimes in der Klinik nach außen dringe. Denn das könnte für die Klinik fatale Folgen haben. Diese Situation hatte eine Nachbarklinik vor einiger Zeit erlebt: Wegen dieses Keimes musste sie mehrere Wochen ihr OP-Programm herunterfahren, die Intensivstation schließen und Patientenaufnahmen absagen. Da auch in der lokalen Presse darüber berichtet wurde, mieden in der Folge Teile der Bevölkerung die Klinik. Selbst nach dem Verschwinden des Keimes vergingen mehrere Wochen, bis die Sache in Vergessenheit geriet und die Klinik wieder ihren Normalbetrieb aufnehmen konnte. Für eine Klinik, insbesondere wenn sie privatwirtschaftlich geführt wird, ist das wirtschaftlich betrachtet ein Horrorszenario, das unbedingt vermieden werden muss. Insofern ist diese Sorge aus kaufmännischer Sicht berechtigt.

Nicht ganz schuldlos an der Angst der Bevölkerung vor gefährlichen Keimen ist ein Teil der Medien, insbesondere die Sensationspresse, die den Begriff »Killerkeime« eingeführt hat und immer wieder den völlig missverständlichen und sogar grundsätzlich falschen Begriff der »Krankenhauskeime« benutzt. Es gibt keine Keime, die im Krankenhaus entstehen. Die Keime sind ubiquitär, das heißt, überall auf der Welt verbreitet. Patienten und Besucher bringen sie mit. Bakterien sind billionenfach auf unserer Haut und in unserem Körper. Wir benötigen sie für viele Stoffwechselfunktionen und leben größtenteils mit ihnen friedlich zusammen. Würde man bei allen Menschen, die durch ein Klinikportal hereinkommen, bakteriologische Abstriche machen, würde man Tausende verschiedener Bakterien entdecken; darunter sicher auch manche potentiell gefährlichen wie das Acinetobacter-baumannii-Bakterium. Die weitaus meisten Bakterien machen jedoch nur krank, wenn sie in größerer Menge in den Körper, zum Beispiel in die Blutbahn oder in Wunden, gelangen. Vor allem immungeschwächte Patienten sind dann gefährdet. Bei gesunden Menschen hilft in der Regel das Immunsystem, es wird aber nicht immer mit allen Erregern fertig. Da kommen dann Antibiotika zum Einsatz. Aber Bakterien haben die Fähigkeit, Resistenzen gegenüber einem Medikament zu entwickeln, sogar »multiresistent« zu werden. Zuletzt helfen die Antibiotika nicht mehr und es kann zu schweren Krankheitsverläufen kommen. Weltweit, so schätzt man, sterben jedes Jahr mehrere Hunderttausend Menschen an Infektionen mit solchen multiresistenten Keimen.[3] Die Gründe für die Zunahme der Resistenzen sind wohl bekannt, vor allem die exzessive Anwendung von Antibiotika beim Menschen, aber ebenfalls in der Massentierhaltung. Es ist also ein höchst berechtigtes Anliegen in Krankenhäusern, die Ausbreitung potentiell gefährlicher Erreger zu vermeiden. Trotzdem müssen Kliniken grundsätzlich auf diese Entwicklung und solche Szenarien vorbereitet sein. Da hilft es wenig, den »schwarzen Peter« weiterzureichen. Vor allem wird es sehr fragwürdig, wenn rein wirtschaftliche Kriterien über die stationäre Aufnahme und Behandlung von Patienten entscheiden. Einige Kliniken sind tatsächlich auf solche Patienten besser vorbereitet. Andere sind es nicht mehr: Denn sie haben beispielsweise Isolierstationen mit Einzelzimmern und Bettenschleusen aus einer wirtschaftlichen Interessenslage heraus aufgelöst oder sogar zu Privatstationen umgebaut. Gerade die Corona-Pandemie machte deutlich, wie unzureichend manche Kliniken auf die Isolation von Patienten vorbereitet und ausgerüstet sind. Für Kliniken, die sich intensiver um Infektionspatienten kümmern, diese aufnehmen und behandeln, müssten deshalb bessere finanzielle Vergütungen geschaffen werden. Andere Kliniken, die sich dem eher verweigern, dürfen sich darüber dann nicht beschweren.

Unser Acinetobacter-baumannii-Patient kam schließlich auch auf die Agenda der Krankenhausleitungskonferenz. Es gab die eindeutige Empfehlung, solche Patienten schon bei einem erhöhten Verdacht auf eine solche Konstellation möglichst an andere Kliniken zu verweisen. Sollte die Diagnose vorab bekannt sein, solle man den Patienten grundsätzlich ablehnen und an eine andere Klinik schicken. Ein als Witz gedachter Kommentar eines Teilnehmers, man könne ja zusätzlich einen Tipp an die Presse mit Nennung der anderen Klinik geben, löste ein gequältes Lachen aus. Vielleicht ist der Begriff Killerkeime ja doch korrekt, aber in einem anderen Sinn: weil diese Keime nicht nur Menschenleben gefährden, sondern sogar das Potential haben, die wirtschaftliche Situation einer Klinik existentiell zu bedrohen.

23 Waisenmedizin

»Waisenmedizin – PACEM e. V.«, so nennt sich ein Verein, der im Jahr 2000 von Ärzten, Pharmazeuten, Chemikern, Wissenschaftlern, Ökonomen, Geistlichen und Studenten gegründet wurde.[1] Er hat seinen Sitz in Freiburg. Auch in der Schweiz wurde 2003 ein solcher Verein gegründet. Er ist eine sogenannte NGO (Non Governmental Organisation, also Nichtregierungsorganisation). Die gemeinnützige Organisation hat als Ziel, sich um vernachlässigte Erkrankungen zu kümmern und diese immer wieder in den Fokus der Öffentlichkeit zu rücken. Klinische Forschung zu solchen Krankheiten, an denen die industrielle Forschung und Entwicklung wenig oder kein Interesse haben, soll gefördert werden. Es geht also um eine »verwaiste Medizin«. Im englischsprachigen Raum hat sich der Begriff »Orphan Diseases«, also »Waisenkrankheiten«, etabliert. Allerdings sind damit im Allgemeinen lebensbedrohliche und chronische Krankheiten gemeint, die sehr selten auftreten.[2] Dieser Ansatz trifft aber nicht ganz die Idee des Vereins Waisenmedizin. Es sind durchaus nicht nur seltene Krankheiten, die die Organisation in den Mittelpunkt ihres Handelns stellt, sondern Erkrankungen, an denen weltweit viele Tausend Menschen leiden, meist in Ländern oder Regionen mit sehr schlechter Einkommens- und Sozialstruktur. An der Entwicklung von Medikamenten und Therapien für diese Erkrankungen besteht aber seitens der Pharmaindustrie und der Forschung wenig Interesse, weil es sich meist um keine gewinnversprechenden Absatzmärkte handelt. Aus diesem Grund werden diese Krankheiten vernachlässigt, sie sind also »verwaist«. Die Intention des Vereins spiegelt sich in besonderer Weise in der Erweiterung seines Namens wider, nämlich »PACEM«, das lateinische Wort für Frieden. Diese Abkürzung steht für »Promoting Access to Care with Essential Medizin« (Förderung des Zugangs zur Versorgung mit lebenswichtiger Medizin). Der Verein möchte den Zugang aller Menschen zu einer medizinischen Grundversorgung ermöglichen, unabhängig von der wirtschaftlichen und sozialen Situation der Betroffenen. So fördert und initiiert der Verein Projekte, die eine finanzierbare Behandlung von Patienten mit vernachlässigten Erkrankungen ermöglichen sollen. Er versucht, Entscheidungsträger dafür zu sensibilisieren, dass das Recht auf Zugang zur medizinischen Grundversorgung ein Menschenrecht ist, und beruft sich dabei auf die Europäische Sozialcharta.[3] Dieses Menschenrecht ist nicht nur von entscheidender Bedeutung für die Würde des Einzelnen, sondern auch für den sozialen Frieden in einer Gemeinschaft. So wurden und werden Projekte und Initiativen in Ländern der Mittelmeer-Nordafrika-Region (MENA), in Afghanistan, Pakistan, Syrien und im Iran unterstützt und auch wissenschaftliche und medizinische Nachwuchskräfte in diesen Ländern gefördert.

Die Leishmaniose ist ein Beispiel für eine in diesen Ländern sehr häufig vorkommende Erkrankung. Sie wird durch sogenannte Leishmanien ausgelöst.[4] Das sind Parasiten, die durch Stiche der Sandfliegen auf Menschen und Tiere übertragen werden. In der Medizin wird die Leishmaniose auch als Kala-Azar, als Orient- oder Aleppobeule, bezeichnet. Je nach Krankheitsverlauf kann es zu Hautgeschwüren, einem Schleimhautbefall, bei manchen Formen der Leishmaniose auch zu schweren Milz-, Leber- oder Knochenmarksschäden kommen. Man schätzt, dass circa zwölf Millionen Menschen weltweit erkrankt sind. Die Leishmaniose ist besonders in den Tropen und im Mittelmeerraum verbreitet, durch den Tourismus können aber auch Urlauber daran erkranken. Aufgrund des Klimawandels sind Leishmanien mittlerweile auch schon in den gemäßigten Zonen Europas aufgetreten. Eine bestimmte Form der Leishmaniose, die sogenannte kutane Form, führt zur Ausbildung von oberflächlichen, sehr schmerzhaften und tiefen Hautgeschwüren. Meist bilden sich diese in den nicht bedeckten und deshalb Mückenstichen besonders ausgesetzten Körperregionen, wie Gesicht, Armen und Beinen, aus. Diese Geschwüre (Ulcera) heilen nur langsam ab und hinterlassen bei den Betroffenen oft hässliche und entstellende Narben. Medikamente können helfen und zu Heilungen führen, insbesondere bei schweren Verläufen, wenn Organe befallen sind. Diese Medikamente sind jedoch teuer, haben erhebliche Nebenwirkungen und müssen teilweise infundiert werden. Außerdem ist eine gute und regelmäßige medizinische Betreuung erforderlich. Voraussetzungen einer erfolgreichen Behandlung sind demzufolge, dass den Erkrankten ein starkes Gesundheitswesen und die finanziellen Mittel zur Verfügung stehen. Beides ist jedoch in vielen Ländern und Regionen der Erde nicht der Fall.

Der Verein Waisenmedizin hat deshalb zusammen mit verschiedenen Labors und Wissenschaftlern die Entwicklung eines lokalen Behandlungsmittels gefördert. Das Beste daran: Die Behandlung kostet nur wenige Cent und die Betroffenen können das Mittel immer wieder selbst auf die Ulcera auftragen. Der Verein hat die Pharmaindustrie um Unterstützung und finanzielle Hilfe zur Weiterentwicklung dieses Mittels gebeten – es wurde abgelehnt. Kein Geld, keine Unterstützung, kein Interesse! Die Idee der »Waisenmedizin« passt nicht in das Konzept einer Pharmaindustrie. Das Ziel, einfach anzuwendende Medikamente zu entwickeln und kostengünstige Therapieformen anzubieten oder sich in unsichere Absatzmärkte zu begeben, interessiert Pharmafirmen nicht.

Der Verein Waisenmedizin kämpft nicht nur für die Entwicklung und Zulassung eines einfach anzuwendenden und kostengünstigen Lokaltherapeutikums. Er kämpft für einen Mentalitätswandel im Gesundheitswesen. Es scheint ein Kampf David gegen Goliath. Auf seiner Homepage formuliert der Verein seine Intention so: »Ein Menschenrecht auf Krankheit besteht nicht, es gibt keine ethische Rechtfertigung für ein Versagen bei der medizinischen Versorgung, unabhängig davon, ob die Patienten körperlich oder geistig krank sind.« Und man möchte gerne ergänzen: »... auch unabhängig davon, ob sie sich diese Medizin leisten können.«

Die Entwicklung einer zunehmend gewinnorientierten und privatisierten Krankenhausmedizin in Deutschland bringt die Gefahr mit sich, dass auch hierzulande eine »verwaiste Medizin« entsteht; weil sich eine Behandlung mehr und mehr daran orientiert, ob am Ende mit Therapien und Maßnahmen gut verdient wird. Wenig gewinnversprechende oder verlustbringende Bereiche werden zunehmend vernachlässigt. Das führt paradoxerweise auf der einen Seite zu einer Überversorgung, weil Angebote für gewinnversprechende Sparten ausgebaut werden, auf der anderen Seite zu Engpässen, weil sich keiner so richtig um diese kostenintensiven Bereiche kümmern möchte. Wie an Beispielen bereits gezeigt, orientieren sich Klinikkonzerne bei Kaufinteresse eines Krankenhauses einzig an der Frage, ob das Haus sanier- und umstrukturierbar ist, so dass sich damit Gewinne erzielen lassen. Bei der Selektion eines Klinik-Portfolios wird darauf geachtet, die Anzahl kostenintensiver Patienten von vorneherein möglichst gering zu halten. Therapien, die sich nicht rechnen oder bei denen man sogar befürchten muss, auf Kosten sitzenzubleiben, sollen vermieden werden. Dazu zählen beispielsweise Patienten, die teure Krebsmedikamente benötigen, oder solche mit seltenen Stoffwechsel- und Bluterkrankungen. Selbst bei weitgehender Kostenerstattung über Sonderfinanzierungen sind bei diesen Patienten in vielen Fällen Aufenthaltsdauer und Ressourcenverbrauch nicht vorhersehbar. Kliniken müssen am Ende meist doch »draufzahlen«. Streit und Diskussionen mit Krankenkassen über Kostenerstattungen geht man deshalb am besten von vorneherein aus dem Weg. Auch sozial schwache Bevölkerungsschichten oder Risikopatienten, zum Beispiel Drogenkonsumenten, sind meist nicht so gern gesehen. Ein hoher Anteil an Privatpatienten hingegen ist selbstverständlich sehr willkommen. Durch immer teurer werdende Therapiekosten, vor allem für seltene Erkrankungen, kommen nicht nur Ärzte und Ethiker in Konflikte, sondern auch Klinikbetreiber. Der Aufsichtsratsvorsitzende der *Rhön-Kli-*

niken AG, Eugen Münch, beschrieb bereits 2009 diese Patientenauswahl so: »Es gibt ein ›Cash-Kuh-Segment‹, also junge, schnell genesende Patienten und die ›geschützten Patienten‹, Patienten mit seltenen Krankheiten sowie Alte, die lange Zeit behandelt werden müssen und deshalb teuer werden.«[5]

Das Dilemma der für die Wirtschaftlichkeit einer Klinik Verantwortlichen ist aber ein ganz anderes als das der Ärzte und Ethiker. So berichtete mir ein Chefarztkollege einer anderen Klinik davon, was passierte, nachdem die Krankenkassen nur einen Teil der hohen Kosten für die Behandlung zwei seiner Patienten mit einer sehr seltenen Bluterkrankung erstatteten: Die Klinikleitung habe daraufhin eine Liste erstellt, die festlegte, welche Patienten mit kritischen Diagnosen nicht mehr in der Klinik aufgenommen werden sollen. Erst nachdem sich Ärzte dagegen wehrten, der Streit zu eskalieren und das Thema sogar an die Öffentlichkeit zu geraten drohte, habe man diese Liste wieder zurückgezogen. Bei der Weiterentwicklung der medizinischen Forschung ist davon auszugehen, dass sich solche Konflikte häufen. Man muss dazu nicht unbedingt das Beispiel des derzeit teuersten Medikaments der Welt, des Gentherapeutikums Zolgensma® der Firma Novartis, heranziehen, das bei Kindern mit Spinaler Muskelatrophie (Muskelschwund) verwendet wird: Eine einzige Spritze kostet 1,9 Millionen Euro![6] Die Diskussionen um die Finanzierung solch teurer Therapien mit Kostenträgern und Krankenkassen sind lange noch nicht abgeschlossen. Im Extremfall kann eine Klinik auf einem Großteil der Kosten sitzen bleiben. Wenn sich aber private Klinikbetreiber von vornherein und grundsätzlich diesem Konfliktbereich durch die Auswahl ihrer Kliniken entziehen, werden diese Diskussionen vorwiegend in öffentlich-rechtlichen Häusern und an Universitätskliniken geführt. Diese müssen sich dann gegenüber der Politik und den Kostenträgern rechtfertigen, warum sie, anders als ihre privaten Konkurrenten, nicht in Gewinnzonen kommen. Es ist zu befürchten, dass die Spaltung des Krankenhausmarktes in For-Profit- und Non-Profit-Kliniken auch zu einer Stigmatisierung und einer Verschlechterung der Therapieangebote für Patienten mit diesen seltenen, oft nur mit teuren Behandlungsmaßnahmen zu therapierenden Erkrankungen führt. Am Ende besteht die Gefahr, dass eine »verwaiste Medizin« übrig bleibt, also eine Medizin, um die sich niemand mehr richtig kümmern möchte, weil sie teuer ist und man mit ihr keine Gewinne erzielen kann. Dabei ist das Recht auf Gesundheit sogar völkerrechtlich bindend festgehalten; jeder Mensch hat das Recht auf das »jeweils höchste erreichbare Maß an körperlicher und geistiger Gesundheit«. So steht es im UN-Sozialpakt von 1966.[7] Fatal, wenn dieses Recht der Rendite geopfert wird.

24 Dystopie oder Utopie?

Das Krankenhaussystem in Deutschland hat sich in den letzten 25 Jahren in eine völlig falsche Richtung entwickelt. Marktradikale Strukturen einer Kapitalverwertungslogik haben sich innerhalb dieses Systems ausgebreitet. Sie haben dazu geführt, dass Kliniken ihre ursprüngliche Aufgabe mehr und mehr aus den Augen verloren haben: Sie sind nur noch in geringem Umfang Teil der öffentlichen Daseinsvorsorge; ihr einst selbstverständliches Label »wertebasierte Einrichtung« haftet an vielen Häusern nicht mehr. Die beiden wesentlichen Ursachen dieser Fehlentwicklung sind, wie in diesem Buch dargestellt, die Einführung des DRG-Fallpauschalensystems sowie die Welle der Klinikprivatisierungen. Betriebswirtschaftliche Zielvorgaben, die Übernahme renditeorientierter Unternehmenskulturen und der schleichende Übergang von einem Gesundheitswesen zu einer Gesundheitsindustrie machen Patienten zu Kunden. Die Kenngrößen einer erfolgreichen Behandlung sind nicht mehr »Heilung und bestmögliche Therapie«, sondern »Umsatz und Gewinn«. Anhand verschiedener Beispiele habe ich geschildert, dass die Auswirkungen in Einzelfällen eklatant sein können. Patienten, die sich nicht mehr darauf verlassen können, dass die Entscheidung, ob Behandlungen und Eingriffe ausschließlich aus medizinischen Gründen notwendig, angemessen und sinnvoll sind, getroffen werden, verlieren das Vertrauen in die Medizin. Aber genau das ist die Währung einer Klinik und die der behandelnden Ärzte: das Vertrauen! Wie kann man diese Entwicklung stoppen, damit sie nicht zur Dystopie wird und Großkonzerne über unsere Gesundheit entscheiden? Wie kann eine andere Perspektive, ein Krankenhaussystem der Zukunft aussehen?

Es wird sehr schwer werden, den Krankenhaussektor wieder zu »rekommunalisieren« und Krankenhäuser dem Einfluss von Konzernen zu entziehen. Deshalb müssen klare politische Rahmenbedingungen vorgegeben werden, die ein Zweiklassensystem der Krankenhausbetreiber verhindern und den Einfluss sowie die Macht von Wirtschaftskonzernen beschränken. Private Klinikbetreiber müssen verpflichtet werden, das Betreiben eines Krankenhauses in erster Linie als eine soziale Aufgabe im Sinne einer Gemeinnützigkeit zu verstehen. Zwingt man private Klinikbetreiber mit Restriktionen und gesetzlichen Regelungen zur Erfüllung dieser Grundvoraussetzungen, würde das mit Sicherheit dazu führen, dass das Interesse gewinnspekulierender Konzerne an Krankenhäusern weitgehend erlischt. Gleichzeitig gilt: Nicht jede Privatisierung ist schlecht. Es gibt Bereiche im Gesundheitswesen, die, privatwirtschaftlich geführt, viel effektiver und besser funktionieren als eine planwirtschaftliche »Staatsmedizin«. Wir sind in Deutschland mit diesem System in der Vergangenheit gut zurechtgekommen und vieles hat sich bewährt: etwa das Hausarzt- und Facharztwesen, spezialisierte kleine Fachkliniken oder der gesamte Bereich des sekundären Gesundheitsmarktes.

Wenigstens ansatzweise versuchte der Gesetzgeber in den letzten Jahren Fehlsteuerungen, wie das erwähnte DRG-Fallpauschalensystem, zu modifizieren. So etwa mit dem Pflegepersonalstärkungsgesetz, das die Kosten für die Pflege herausnimmt und diese nach dem Selbstkostendeckungsprinzip berechnet.[1] Offensichtlich besteht bei den politisch Verantwortlichen doch eine gewisse Einsicht darüber, dass große Fehlanreize in diesem System stecken. Trotzdem tragen die bisherigen Maßnahmen nur sehr eingeschränkt zu einer gerechteren Finanzierung und damit zu einer größeren Existenzsicherheit von Kliniken bei. Sie ändern auch nichts Grundsätzliches an der erklärten Absicht und den Zielen der privaten Klinikkonzerne: sich dauerhaft hohe Renditen am Gesundheitsmarkt zu sichern und

Marktanteile sowie Investitionsmöglichkeiten zu erkämpfen. Öffentlich-rechtlich und gemeinnützig geführte Kliniken haben hingegen zuallererst das Ziel, ihre wirtschaftliche Basis zu sichern, um am Ende eine schwarze Null zu erreichen. Sie sollten deshalb nicht in die Situation gezwungen werden, aus den Mitteln für die Krankenversorgung Gewinne generieren zu müssen, weil ansonsten keine Töpfe für notwendige Investitionen und Sanierungen zur Verfügung stehen. Deshalb muss der Gesetzgeber verlangen, dass die Bundesländer ihren Verpflichtungen wieder nachkommen, aus der sie sich in den letzten Jahren herausgeschlichen haben: Sie müssen mehr Steuermittel für Investitionen in die Klinik- und Infrastruktur zur Verfügung stellen. Sonst haben öffentlich-rechtlich und gemeinnützig geführte Krankenhäuser keine Chance gegenüber der Konkurrenz, den privaten Klinikbetreibern. Wenn öffentlich-rechtlich geführte Kliniken in wirtschaftliche Schieflage geraten, dann geht es ihnen wie in der Natur: Das geschwächte Tier wird zur leichten Beute für den Jäger.

Dass es in den nächsten Jahren zu Klinikschließungen in Deutschland kommen wird und muss, darf kein Tabuthema sein. Wenn Strategieermittlungen ergeben, dass unnötige Doppelstrukturen und eine Überversorgung bestehen oder die kritische Masse für eine qualitativ gute Medizin unterschritten ist, dann müssen Krankenhausschließungen erfolgen. Dazu haben Bund und Länder mit dem Krankenhausstrukturfonds viel Geld zur Verfügung gestellt.[2] Keinesfalls sollten jedoch Klinikschließungen in dem von manchen Gesundheitspolitikern und Gesundheitsökonomen geforderten Ausmaß geschehen – vor allem nicht aufgrund der geplanten Kriterien: Es sollen in erster Linie die Kliniken vom Markt verschwinden, die sich ökonomisch nicht rechnen. Das würde zu einem enormen Qualitätsverlust der medizinischen Versorgung großer Teile der Bevölkerung führen, zum Beispiel in ländlichen, struktur- und wirtschaftlich schwachen Regionen. Die Idee, dort Kliniken zu schließen und dafür ambulante Gesundheitszentren aufzubauen, ist nur bedingt tauglich und täuscht der Bevölkerung eine Versorgungssicherheit vor, die real nicht existiert. Geburtshilfliche Abteilungen, Kinderkliniken oder Herzkatheter-Einrichtungen sollten, wie zuvor erläutert, in deutlich weniger als einer halben Stunde erreichbar sein. Ein Ausbau des Rettungsdienstes kann nur in Teilen den Faktor Zeit bei der stationären Versorgung von Notfällen kompensieren. Die Versorgungssicherheit durch eine stationäre Krankenversorgung im Zusammenspiel mit komplementären Versorgungseinrichtungen sowie die Notfall- und Basisversorgung muss in jeder Region gesichert sein. Bei der Entscheidung, eine Klinik möglicherweise zu schließen, müssen Bevölkerung und verantwortliche Regionalpolitiker einbezogen werden. Immerhin soll, laut einem Vertragsentwurf der Arbeitsgruppe »Gesundheit« der Ampel-Koalition, der Bund zukünftig Krankenhäuser mitfinanzieren. Neben einer auf Leistungsgruppen und Versorgungsstufen basierenden Krankenhausplanung sollen auch erlösunabhängige Vorhaltepauschalen bezahlt und ein Teil der Investitionsfinanzierungen der Länder vom Bund übernommen werden.[3] Außerdem sollen bedarfsgerechte und auskömmliche Finanzierungen für die Pädiatrie, Notfallversorgung und Geburtshilfe erfolgen. Es sind erste Anzeichen, dass man auch in der Politik die Zeichen der Zeit erkannt hat und auf Missstände und Fehlentwicklungen reagieren möchte. Es bleibt aber abzuwarten, ob solche Vorhaben konsequent umgesetzt werden und weitere, dringend notwendige Maßnahmen folgen.

Wenn die Gesundheitspolitik keinen Paradigmenwechsel vornimmt und keine klaren gesetzlichen Regelungen schafft, wird die Privatisierung im Krankenhauswesen weitergehen, mit allen ihren negativen Folgen. Unser Gesundheitssystem verkommt so zu einer reinen Gesundheitsindustrie. Das Krankenhauswesen als Teil unserer sozialen Marktwirtschaft braucht den Staat als Schiedsrichter. Dieser hat jedoch das Spielfeld Krankenhaus verlassen.

Wie stelle ich mir das Krankenhaus der Zukunft vor? Ist es eine Utopie, eine Vision?

Als Arzt möchte ich das Gefühl und die Sicherheit haben, Menschen ausschließlich nach genuin ärztlichen Regeln behandeln zu dürfen.

Ich möchte Zeit und Ressourcen für sie haben, sie als Einzelschicksale annehmen und eine humane Medizin als Maßstab anlegen. Die Ökonomie muss ausschließlich Dienerin sein. Sie hat die Aufgabe, Ärzten und Pflegekräften den Rücken freizuhalten, damit sie sich auf ihre eigentlichen Tätigkeiten konzentrieren können, sie ist nicht Herrscherin über die Medizin.

Ich möchte als Arzt Patienten nicht in Krankheitskategorien einteilen müssen, die auf wirtschaftlichen Kriterien basieren, und eine ganzheitliche medizinische Behandlung aufgeben.

Ich möchte keinen Wohnsitzlosen aus der Klinik verbannen, weil er sich »nicht rechnet«, und keinen Patienten in eine ungewisse Versorgungssituation entlassen, weil die Krankenkassen die Kosten nicht mehr übernehmen.

Ich stelle mir ein Krankenhaus vor, in dem Pflegekräfte gerne arbeiten und keine Leiharbeitskräfte benötigt werden, um die schlimmsten Personalengpässe zu stopfen. Pflegekräfte müssen wieder echte Fürsorge für Patienten leisten können und nicht bis an den Rand psychischer und physischer Erschöpfung gehetzt werden – und dadurch sich selbst und andere gefährden.

Ich möchte, dass Patienten wieder uneingeschränktes Vertrauen haben können, weil ihre Ärzte alle Maßnahmen ausschließlich mit dem Ziel ergreifen, zu helfen und zu heilen.

Ich möchte in keine Situation geraten, in der ich den Einsatz medizinischer Implantate vorwiegend nach einer Kosten-Nutzen-Kalkulation treffen muss.

Ich wünsche mir, dass Ärzte nicht zu Dienstleistern degradiert werden. Dass ihre Arbeit auf Augenhöhe mit den ökonomisch Verantwortlichen einer Klinik stattfindet und das Diktat einer Zeitökonomie und Effizienzsteigerung beendet wird. In dieser Klinik ist der ärztliche Ermessensspielraum wieder der Gradmesser. Dort finden junge Ärzte wieder Lehrer, die sich mit Geduld und Zeit um ihre Ausbildung kümmern. Eine suggestive sowie sublime Umprogrammierung der Ärzte zu Ökonomen existiert nicht mehr. Die Heilkunst gewinnt ihren Stellenwert zurück. Es ist meine Vision, mich wieder mit ganzem Herzen mit meinem Beruf zu identifizieren. Wollen wir unser Gesundheitswesen weiter in die Richtung einer Gesundheitsindustrie abdriften lassen und erlauben, dass der Markt die Heilkunst abschafft?[4] Ich denke, es ist höchste Zeit zur Reflexion, zur Umkehr und zur Neuorientierung!

Das Krankenhaus-Monopoly ist derzeit in vollem Gange. Wenn nicht große Teile der Bevölkerung ebenso wie Krankenhausärzte und Bedienstete die Verlierer sein wollen, muss dieses »Spiel« beendet werden. Die Monopoly-Erfinderin Elizabeth Magie verfolgte übrigens eine ganz andere Absicht mit ihrer Spielidee, als sie diese 1903 patentieren ließ. Sie wollte zeigen, wie verheerend sich eine Monopolmacht auswirken kann – dabei hatte sie unter anderem die Rockefeller-Dynastie vor Augen. Ihr Spiel hieß ursprünglich »The Landlord's Game« und hatte zwei Spielvarianten: eine monopolistische und eine anti-monopolistische. Magies Spielziel war dabei nicht die Gewinnmaximierung, sondern das Streben nach Gemeinwohl. Müßig, darüber nachzudenken, ob die Welt heute eine andere wäre, wenn Millionen Menschen weltweit seit über 100 Jahren beim Monopolyspielen mit den Prinzipien einer Solidargemeinschaft in Berührung gekommen wären.

Dank

Während meiner Ausbildung hatte ich viele großartige Lehrer, die mir nicht nur die Kunst der Chirurgie beibrachten, sondern auch Vorbilder waren für das »Arztsein«. Es sind zu viele, als dass ich sie einzeln nennen kann. Diesen Kollegen bin ich in besonderer Weise zu Dank verpflichtet. Sie alle haben mich gelehrt, mit Mut und Engagement für die Profession Arzt einzustehen und für eine humane Medizin zu kämpfen. Motiviert durch diese Erfahrungen sowie durch Anregungen und Diskussionen mit vielen meiner ärztlichen Kolleginnen und Kollegen wurde ich ermutigt, dieses Buch zu schreiben. Während meiner langjährigen ärztlich-chirurgischen Tätigkeit in verschiedenen Kliniken hatte ich viele Begegnungen mit Patienten und Klinikmitarbeitern, die mich ebenfalls zu diesem Buch inspiriert haben. Für die redaktionelle Begleitung und das Lekorat bei der Erstellung des Manuskripts bedanke ich mich herzlich bei Herrn Tobias Keil, Politikwissenschaftler, und Manuela Pfann, Journalistin. Ich bedanke mich bei allen Ärztinnen und Ärzten, Pflegenden und in der Medizin Tätigen, die sich gegen die Umwandlung der Humanmedizin zu einer profitorientierten Industrie zur Wehr setzen.

Anmerkungen

1 Krankenhaus-Monopoly

1 Statistisches Bundesamt: »Krankenhäuser: Einrichtungen, Betten und Patientenbewegung«, https://www.destatis.de/DE/Themen/Gesellschaft-Umwelt/Gesundheit/Krankenhaeuser/_inhalt.html, 20.12.2021.
2 Böcken, Jan: »Neuordnung der Krankenhaus-Landschaft«. Spotlight Gesundheit: Daten, Analysen. Bertelsmann Stiftung, Perspektiven Nr. 2 2019.
3 Statistisches Bundesamt: »Krankenhäuser in Deutschland«, https://www.destatis.de/DE/Themen/Gesellschaft-Umwelt/Gesundheit/Krankenhaeuser/Tabellen/eckzahlen-krankenhaeuser.html, 04.02.2021.
4 Lage, Klaus: Lied »Monopoli« 1985.

3 Ärzte-Manager

1 Papst Franziskus: Botschaft zum Welttag der Kranken 2021, https://www.vatican.va/content/francesco/de/messages/sick/documents/papa-francesco_20201220_giornata-malato.html.
2 Lohmann, Heinz: »Ärzte lernen Ökonomie, Manager auch Medizin?«, 6. Österreichischer Gesundheitswirtschaftskongress, Wien 2014.
3 Radtke, Rainer: Statista – Anzahl von Krankenhausbetten in OECD-Ländern in den Jahren 2017 bis 2020 (je 1000 Einwohnern), https://de.statista.com/statistik/daten/studie/77168/umfrage/anzahl-von-krankenhausbetten-in-oecd-laendern/, Juni 2021.
4 Nordrheinische Ärztekammer: »Berufsordnung für nordrheinische Ärzte und Ärztinnen«, Rheinisches Ärzteblatt 7/2020.
5 Maio, Giovanni: Geschäftsmodell Gesundheit. Wie der Markt die Heilkunst abschafft. Medizin Human, Suhrkamp Verlag 2014.
6 Maio, Giovanni: »Abschaffung des ärztlichen Ermessensspielraumes«, in: Geschäftsmodell Gesundheit. Wie der Markt die Heilkunst abschafft. Suhrkamp-Verlag 2014.
7 Fölsch, U.R., Märker-Hermann, E., Schumm-Draeger, P.M. et al.: »DGIM-Studie Ärzte-Manager 2013. Konfliktpotenzial im Krankenhaus: Die Zusammenarbeit zwischen ärztlicher und kaufmännisch-wirtschaftlicher Leitung«, Dtsch. Med. Wochenschr, 139: S. 726–734, 2014.

8 Hontschik, Bernd: »Medizin nach Postleitzahl«, in: Erkranken schadet ihrer Gesundheit, Westend Verlag 2019.

4 Case Mix

1 Hontschik, Bernd: »Totalschaden«, in: Erkranken schadet ihrer Gesundheit. Westend Verlag 2019.
2 Institut für das Entgeltsystem im Krankenhaus (InEK): aG-DRG-Fallpauschalenkatalog und Pflegerlöskatalog 2021.
3 Flintrop, Jens: »Lexikon Basisfallwert«. Dtsch Ärztebl 103 (17) 2006.
4 Medizinischer Dienst des Spitzenverbandes Bund der Krankenkassen: Statistik – Personal der Medizinischen Dienste, https://md-bund.de/statistik/personal-der-medizinischen-dienste.html, 2020.
5 Hontschik, Bernd: »Eine Krankenkasse ist genug«, in: Erkranken schadet ihrer Gesundheit, Westend Verlag 2019.

5 Krankenhaussterben

1 Ärzte Zeitung Gesundheitspolitik: »Klinikzahl erreicht kritische Größe«, https://www.aerztezeitung.de/Politik/Klinikzahl-erreicht-kritische-Groesse-338971.html, 02.09.2019.
2 Weyand, Florian: »So lange fahren Sie ins Krankenhaus.« Westfalen-Blatt, 28.08.2019.
3 Statistisches Bundesamt: Zahl der Krankenhäuser in Deutschland, https://www.destatis.de/DE/Themen/Gesellschaft-Umwelt/Gesundheit/Krankenhaeuser/_inhalt.html, 2021.
4 Statistisches Bundesamt: Krankenhausstatistik, https://www.destatis.de/DE/Themen/Gesellschaft-Umwelt/Gesundheit/Krankenhaeuser/Publikationen/Downloads-Krankenhaeuser/grunddaten-krankenhaeuser-2120611197004.html, 2019.
5 Busse, Reinhard: »Krankenhäuser sind in Deutschland überflüssig.« Der Tagesspiegel, 22.09.2021.
6 Ärzteblatt: »Diskussion um Krankenhausschließungen wird lauter.« 25.09.2021.
7 Leopoldina: »Zum Verhältnis von Medizin und Ökonomie im deutschen Gesundheitswesen«. Dokumentation Symposium, 21.01.2016.
8 Böcken, Jan: »Neuordnung der Krankenhaus-Landschaft«. Daten, Analysen, Perspektiven. Bertelsmann-Stiftung, Februar 2019.
9 Böcken, Jan: »Zukunftsfähige Krankenhausversorgung«. Studie Bertelsmann-Stiftung, Juli 2019.
10 Krankenkassen-Startseite: »Dänen finanzieren Gesundheit mit hoher Einkommenssteuer«, https://www.krankenkassen.de/gesetzliche-krankenkassen/gesundheitsreform/gesundheitsreform-ausland/gesundheitsreform-daenemark/2021.
11 Heintze, Cornelia: »Meilenweit entfernt von dänischen Verhältnissen.« Zeit Online, 28.05. 2018.

12 Deutsche Krankenhausgesellschaft: »Krankenhausstatistik«, https://www.dkgev.de/service/zahlen-fakten/, 2021.
13 Sozialgesetzbuch V: »Paragraph 135a SGB V, Verpflichtung der Leistungserbringer zur Qualitätssicherung«, 2021.
14 Bundesministerium für Gesundheit: »Krankenhaus-Strukturgesetz (KHSG)«, https://www.bundesgesundheitsministerium.de/service/gesetze-und-verordnungen/guv-18-lp/stellungnahmen-refe/khsg.html, 07.12.2017.
15 Bundesärztekammer: »Qualitätssicherung auf dem Irrweg!« Methodische Einschätzung der Bundesärztekammer zu den vom Gesetzgeber geplanten Änderungen der einrichtungsübergreifenden Qualitätssicherung. Positionspapier, September 2016.
16 Montgomery, Frank: »Portalbetreiber müssen Geschäftsmodelle überdenken.« Pressemitteilung Bundesärztekammer 2/2018.
17 Kusche, Katrin: »Geplantes Krankenhauszukunftsgesetz fördert Bettenabbau«, in: Gemeingut in BürgerInnenhand 11.9.2020.
18 Zacher, Judith: »Kleine Krankenhäuser. Corona sorgt für Defizite.« BR 24, 8.7.2021.
19 Strausberg, Jürgen; Beinhauer, Bettina; Scheu, Christoph: »Kennzahlen zur stationären Versorgung von Covid-19-Patienten in kleineren und mittleren Krankenhäusern«. MVF Online First 2021.
20 Bundesamt für Statistik: Basistabelle Krankenhausbetten 2021, https://www.destatis.de/DE/Themen/Laender-Regionen/Internationales/Thema/Tabellen/Basistabelle_Krankenhaus.html.
21 ARD-Tagesschau: Faktenfinder »Flugblatt zu Corona. Desinformation in Millionenauflage«, 10.2.2021.
22 Aerzteblatt.de: »Heil für Überprüfung des Gesundheitssystems nach Ende der Corona-Krise«, 03.04.2020.
23 Mittler, Dietrich: »Her mit den kleinen Krankenhäusern!«, *Süddeutsche Zeitung*, 18.03.2020.
24 Röhn-Klinikum AG: Geschäftsbericht 2019, https://www.rhoen-klinikum-ag.com/investor-relations/publikationen-praesentationen/geschaeftsberichte.html.

6 Klinikkonzerne

1 Fresenius, Homepage, https://www.fresenius.de/index, 2022.
2 Healthcare Marketing; »Fresenius Helios erwirbt spanische Krankenhausgruppe Quirónsalud«, 2016.
3 *Süddeutsche Zeitung*: »Ärmer scheinen – aber reicher werden.« 21.01.2020.
4 *Der Tagesspiegel*: »Darf man mit Gesundheit Gewinne machen? Rendite ist gut für die Patienten.« 20.09.2021.
5 *Die Welt*: »Patienten sollen bereit sein, größere Distanzen zurückzulegen.« 13.05.2019.
6 Asklepios: Homepage. »Auf einen Blick. Asklepios Kliniken«, https://www.asklepios.com/konzern/.
7 Knirke, Christina; Hülsen, Isabell; Müller, Martin: »Asklepios-Kliniken. Der kranke Konzern«. Magazin Spiegel, Dezember 2016.
8 *Süddeutsche Zeitung*; »Bundeskartellamt genehmigt Mega-Klinikübernahme«, Februar 2014.

9 Hildebrandt, Dietrich: »Die Krankenhausverdiener. Wollen Sie noch mal krank sein? Ich nicht! Das Resümee eines langjährigen Chefarztes«. Verlag Schwarzkopf & Schwarzkopf, 2016.
10 ARD-Magazin Kontraste: »Parchimer Kinderklinik unter Druck.« Sendung vom 14.01.2020.
11 ARD Kontraste: »Schwere Vorwürfe gegen Asklepios-Konzern«, Sendung 20.07.2020.
12 *Zeit Online*: »Kinderstation im Krankenhaus Parchim wieder voll in Betrieb«, 12.10.2021.
13 SANA Homepage: Gemeinsam Großes bewirken. SANA im Überblick, https://www.sana.de/.
14 Timmreck, Christian: Mergers & Aquisitions im Krankenhaussektor: Privatisierung und Konsolidierung. Kohlhammer Verlag 2016.
15 KMA Magazin Online: SANA erwirbt Mega-MVZ in Berlin. Thieme 26.01.2015.
16 Weinberger, Jakob; *Frankfurter Allgemeine*; »Offenbach verkauft Klinikum für einen Euro.« 2013.
17 https://news.cision.com/capio/r/capio-expands-its-successful-system-for-health-care-into-one-of-europe-s-key-markets,c66593.
18 Zur Definition und Abgrenzung des Begriffes »Private Equity«, siehe https://www.mitbestimmung.de/html/was-ist-der-private-equity-monitor-6728.html.
19 »Capio acquires Spain's Grupo Sanitario IDC for 331 mln eur UPDATE« in: Finanznachrichten.de, 27.01.2005, https://www.finanznachrichten.de/nachrichten-2005-01/1867655-capio-acquires-spain-s-grupo-sanitario-idc-for-331-mln-eur-update-020.htm, abgerufen am 17.02.2022.
20 Ramsay Health Care: »Ramsay Health Care completes the Acquisition of Capio UK«, in: www.ramsayhealth.com, 26.11.2007, http://www.ramsayhealth.com/-/media/Documents/RHC/Investor/2007/mb26112007919.pdf, abgerufen am 17.02.2022.
21 CVC: »Creating a Healthcare Leader in Europe«, https://www.cvc.com/private-equity/case-studies/quironsalud, abgerufen am 17.02.2022.
22 Bergman Clinics: »Bergman Clinics zet stap naar Duitsland met overname Capioklinieken«, in: www.bergmanclinics.nl, 15.09.2020, https://www.bergmanclinics.nl/nieuws/944/bergman-clinics-zet-stap-naar-duitsland-met-overname-capioklinieken, abgerufen am 17.02.2022.
23 Bobsin, Rainer: »Internationales Krankenhaus-Monopoly: Das Beispiel Capio-Kliniken. Eine unendliche Geschichte des Kaufens und Verkaufens, des Fusionierens und Abspaltens?«, Offizin-Verlag 2021.
24 Sandel, Michael; »Was man für Geld nicht kaufen kann. Die moralischen Grenzen des Marktes«, Ullstein Verlag München 2012.

7 Privatisierungsstrategien

1 Gnirke, Christina, Hülsen, Isabel, Müller, Martin; »Asklepios. Der kranke Konzern«, *Spiegel* 2016.
2 Deutsche Krankenhausgesellschaft. Zahlen und Fakten: »Krankenhausstatistik«, https://www.dkgev.de/service/zahlen-fakten/ 2020.

3 Klinikum Stuttgart: Jahresbericht 2019, https://www.klinikum-stuttgart.de/fileadmin/mediapool/downloads/SCC/20201221_Jahresbericht_final_Druck.pdf.
4 Rheinisch-Westfälisches-Institut für Wirtschaftsforschung (RWI); »Krankenhaus Rating Report 2021: Wirtschaftliche Lage deutscher Krankenhäuser hat sich 2019 erneut verschlechtert«, Pressemitteilung Juni 2021.
5 Tubenbauer, Oliver; »Massenentlassung bei Servicegesellschaft der Sana Kliniken«, Sendung BR 24 28.April 2021.

8 Ethik oder Monetik

1 Stern: Ärzteappell »Medizin für Menschen – Ärzte fordern Rückbesinnung auf Heilkunst statt Profit.« September 2019.
2 Deutsche Gesellschaft für Innere Medizin: »Klinik Codex Medizin vor Ökonomie.« Deutsches Ärzteblatt 114, 49, S. 2338–2340, 2017.
3 Montgomery, Ulrich, Parsa-Parsi, Ramin Walter, Wiesing, Urban: Das Genfer Gelöbins des Weltärztebundes. Revidiert unter Leitung der Bundesärztekammer. Ethik Med 30 (S. 67–69) 2018.
4 Bundesministerium der Justiz: Grundgesetz für die Bundesrepublik Deutschland, Artikel 1.
5 Bundesministerium der Justiz: Grundgesetz für die Bundesrepublik Deutschland, Artikel 2.
6 Bundesministerium für Gesundheit: Patientenrechtegesetz, https://www.bundesgesundheitsministerium.de/service/begriffe-von-a-z/p/patientenrechtegesetz.html.

9 Leihschwester

1 LabourNet Germany: »Überlastung treibt Pflegekräfte in die Leiharbeit«, 22.11.2021.
2 Bundesagentur für Arbeit: Bericht »Aktuelle Entwicklung der Zeitarbeit«, Juli 2021.
3 Statista: »Anzahl der als Zeitarbeitnehmer Tätigen in Gesundheits- und Krankenpflege, Rettungsdienst und Geburtshilfe in Deutschland nach Bundesländern«, 31.12.2020.
4 Bundesministerium für Gesundheit: Pflegeberufegesetz, https://www.bundesgesundheitsministerium.de/pflegeberufegesetz.html, 5.08.2021.
5 Bundesministerium für Gesundheit: Pflegepersonaluntergrenzen, https://www.bundesgesundheitsministerium.de/themen/pflege/pflegepersonaluntergrenzen.html, 27. Juli 2021.
6 Berliner Krankenhausgesellschaft: Pressemitteilung »Patientensicherheit steht für Krankenhäuser an erster Stelle.« 17.09.2021.
7 KMA Online, Thieme Verlag, KMA Entscheider-Blog: »Zeitarbeit vom Problemlöser zum Problem«, 21.08.2019.
8 Bundesverband privater Anbieter sozialer Dienste (BPA), Pressemitteilung: »Deutliches Signal gegen Leiharbeit in der Pflege«, 15.12.2021.

9 Deutscher Pflegerat, Pressemitteilung: »Fehlentwicklungen bei der Leiharbeit in der Pflege müssen gestoppt werden«, September 2019.
10 Deutscher Pflegerat und Aktionsbündnis Patientensicherheit: »Positionspapier: Fehlentwicklungen bei der Leiharbeit in der Pflege stoppen«, September 2019.
11 ÄrzteZeitung: »Senat geht gegen Leiharbeit-Wildwuchs vor« 12.02.2020.
12 Hartmann PflegeComeBack Studie. »Fast jede zweite ehemalige Pflegekraft kann sich Rückkehr vorstellen«, https://www.hartmann.info/de-de/wissen-und-news/2/2/pflegecomeback, September 2018.

10 Beinamputation

1 ZDF Panorama: Urteil im Brustimplantat-Skandal: TÜV Rheinland muss Schadenersatz zahlen. 20.05.2021.

11 Controlling

1 Institut für das Entgeltsystem im Krankenhaus (InEK): »aG-DRG-System 2020. Kodierrichtlinien. Grouper Zertifizierung«, https://www.g-drg.de/aG-DRG-System_2021/Kodierrichtlinien/Deutsche_Kodierrichtlinien_2021.
2 Bundesinstitut für Arzneimittel und Medizinprodukte: International Classification of Diseases (ICD), Klassifikationen, 10. Revision 2021.
3 Bundesinstitut für Arzneimittel und Medizinprodukte: Operationen- und Prozedurenschlüssel (OPS), Klassifikationen, Version 2021.
4 Medtronic: Reimbursement Teil 4 »Wie wird aus einem Patienten eine DRG?« Blogbeitrag, 10.12.2014.
5 *Handelsblatt*: »Falsche Abrechnungen der Kliniken steigen auf Rekordniveau. Um ihre Bilanz aufzubessern, rechnen Krankenhäuser häufig falsch ab. Doch der Prüfdienst der Krankenkassen kommt ihnen auf die Schliche.« 13.02.2019.
6 Deutsche Krankenhausgesellschaft (DKG): Stellungnahme der deutschen Krankenhausgesellschaft zum Referentenentwurf eines Gesetzes für bessere und unabhängige Prüfungen. MDK-Reformgesetz, 04.06.2019.
7 Bundesrechnungshof: Krankenhausabrechnungen durch die Krankenkassen der gesetzlichen Krankenversicherung. Bericht, https://www.bundesrechnungshof.de/de/veroeffentlichungen/produkte/beratungsberichte/2019/2019-bericht-krankenhausabrechnungen-durch-die-krankenkassen-der-gesetzlichen-krankenversicherung, 06.05.2019.

12 Arzt oder Betriebswirt

1 Klinikum Stuttgart, https://www.klinikum-stuttgart.de/ueber-uns/startseite, 18.01.2022.
2 Stellungnahme der Zentralen Kommission zur Wahrung ethischer Grundsätze in der Medizin und ihrer Grenzgebiete (zentrale Ethikkommission) bei der Bundesärztekammer: »Ärztliches Handeln zwischen Berufsethos und

Ökonomisierung. Das Beispiel der Verträge mit leitenden Krankenhausärztinnen und -ärzten.« Dtsch Ärztebl 110 (38), 2013.
3 Berufsverband der Deutschen Chirurgen (BDC): »70 Prozent angehender Chefarzt-AspirantInnen sehen Einflussmöglichkeiten in der Balance zwischen Ökonomie und Ethik.« Pressemitteilung, 14.04.2021.
4 Maio, Giovanni: »Geschäftsmodell Gesundheit. Wie der Markt die Heilkunst abschafft.« Suhrkamp Verlag, 2013.
5 Mintrop, Rudolf: »*Rückbesinnung auf das Krankenhaus*«, Gefäßchirurgie 24, S. 467–469, 2019.

13 Marketing

1 Bundesministerium der Justiz: Gesetz über die Werbung auf dem Gebiet des Heilwesens, https://www.bundesrechnungshof.de/de/veroeffentlichungen/produkte/beratungsberichte/2019/2019-bericht-krankenhausabrechnungen-durch-die-krankenkassen-der-gesetzlichen-krankenversicherung, letzte Änderung vom 27.09.2021.
2 Berufsordnung für die in Deutschland tätigen Ärztinnen und Ärzte (Stand 2021), https://www.bundesaerztekammer.de/recht/berufsrecht/muster-berufsordnung-aerzte/.
3 Statistisches Bundesamt: Gesundheitsausgaben im Jahr 2019 auf über 400 Milliarden Euro gestiegen. Pressemitteilung 167, 06.04.2021.
4 Roland Berger Studie zum zweiten Gesundheitsmarkt: Chancen für Politik und Unternehmen – Deutsche geben immer mehr Geld für Gesundheit aus. Pressemitteilung, Berlin/München 2007.
5 *Stuttgarter Zeitung* 14.09.2013.
6 Fresenius Helios, https://www.fresenius.de/fresenius-helios.
7 SANA Kliniken AG, https://www.sana.de/.
8 Asklepios Kliniken International, https://www.asklepios.com/konzern/.
9 Peter Schwarz: Intransparente Siegel-Geschäfte. Fragwürdige Geschäfte für Ärzte. ZDF, Frontal 21, 10.11.2020.
10 Marc Bartl: »Zweistelliger Mio-Umsatz, 50 Mitarbeiter: Warum für Burkhard Graßmann das Focus-Siegelgeschäft so wichtig ist.« Kress News 25.09.2017.

14 Outsourcing

1 Borges, Peter; Böhnke, David; Claßen, Anne; Benning, Sebastian; Werner, Jan-Philipp: »Labormarkt – Quo vadis?« in: aktiva – Beratung im Gesundheitswesen GmbH, Herbst 2020.
2 Deutsche Krankenhausgesellschaft: »Zahlen und Fakten – Krankenhausstatistik« 2021, https://www.dkgev.de/service/zahlen-fakten/.
3 »Effizienzsteigerung durch Diagnostik und Intervention im Hybrid-OP«, Atlas digitale Gesundheitswirtschaft, 25.11.2020.

15 Indikation

1 Hontschik, Bernd: »Hippokrates for sale: Von der schleichenden Zerstörung des solidarischen Gesundheitswesens.« Weissbooks GmbH, Frankfurt 2014.
2 Faktencheck Gesundheit: »Rückenoperationen. Daten, Analysen, Perspektiven«. Bertelsmann-Stiftung, Nr. 7 2017.
3 Deutsche Gesundheitsnachrichten: »OECD: Es herrscht Überversorgung bei stationären Leistungen.« 2013.
4 Köhnke, Sonja: »Zahlen und Fakten: Arthrose auf dem Vormarsch.« Uhlig PR und Kommunikation 11.10.2018.
5 Ärztezeitung: »Arthroskopie. Ruf nach Neubewertung.« 2013.
6 Bundesärzteordnung, Antiphon 2020.
7 Mintrop, Rudolf: »Rückbesinnung auf das Krankenhaus.« Gefäßchirurgie 24, S. 467–469, 2019.
8 Maio, Giovanni: »Medizin ohne Maß? Vom Diktat des Machbaren zu einer Ethik der Besonnenheit.« Stuttgart, Trias 2014.

16 Grenzverweildauer

1 Reimbursement Institute: Verweildauer einer DRG – einfach erklärt mit Schaubild! https://reimbursement.institute/glossar/verweildauer/, 2021.
2 aG-DRG-Katalog gem. § 17b Abs. 1 S. 4 KHG, https://www.g-drg.de/aG-DRG-System_2021/Fallpauschalen-Katalog/Fallpauschalen-Katalog_2021.

17 Ärzteausbildung

1 Der hippokratische Eid, https://www.aerztekammer-bw.de.
2 Burgdorf, Friederike: »AG Gesundheit: Bund soll zukünftig Krankenhäuser mitfinanzieren – Förderung der Ambulantisierung durch Hybrid-DRGs.« Passion Chirurgie 11(12), Dezember 2021.

18 Führungskräfte

1 Maio, Giovanni: »Geschäftsmodell Gesundheit. Wie der Markt die Heilkunst abschafft: Theoretische Implikation einer ökonomisierten Medizin.« Suhrkamp Verlag 2014.
2 Maio, Giovanni: »Geschäftsmodell Gesundheit. Wie der Markt die Heilkunst abschafft: Praktische Auswirkungen einer ökonomisierten Medizin.« Suhrkamp Verlag 2014.

19 Kostenexplosion

1 Spiegel Politik: »Krankheitskosten: Die Bombe tickt«, Der Spiegel 1975.

2 Braun, B. , Kühn, H. , Reiners, H.: »Das Märchen von der Kosten-Explosion. Populäre Irrtümer zur Gesundheitspolitik.« Fischer 1998.
3 Hontschik, Bernd: »Märchen im Gesundheitswesen« in: Erkranken schadet ihrer Gesundheit. Westend Verlag, S. 22–26, 2019.
4 »Die 300-Milliarden-Euro-Frage – Perspektive für ein nachhaltiges Gesundheitssystem«. Studie der Boston Consulting Group, https://web-assets.bcg.com/a1/e5/29e680e2480894bde866bc617562/perspektive-fur-ein-nachhaltiges-gesundheitsystem.pdf, 28.01.2022.
5 Grote Westrick, M., Volbracht, E.: »Überversorgung schadet den Patienten und der Gesellschaft – eine Spurensuche«, in: »Monitor Versorgungsforschung« (01/20), S. 61–67, DOI:10.24945/MVF.01.20.1866-0533.2204
6 Nationale Akademie der Wissenschaften Leopoldina: »Zum Verhältnis von Medizin und Ökonomie im deutschen Gesundheitssystem«, 2016.

20 Zeitmanagement

1 Maio, Giovanni: »Ermöglichung von Zeit, Aufmerksamkeit, Gespräch und Wertschätzung« in: Geschäftsmodell Gesundheit. Wie der Markt die Heilkunst abschafft. Suhrkamp, S. 158–161, 2014.

21 Schönreden

1 »Klinikkonzern Ameos übernimmt Sana-Kliniken Ostholstein.« Aerzteblatt.de 16.09.2021.
2 Die Ameos Gruppe – einer der größten Gesundheitsversorger, www.ameos.eu.
3 »Kartellamt gibt sein Okay: Ameos darf Sana-Kliniken übernehmen.« NDR 1 14.10.2021.
4 »Sana Klinik Oldenburg muss Regelversorgung sicherstellen.« *Mitteldeutsche Zeitung* 03.02.2017.
5 »Stellenstreichungen bei Helios: Andere Träger planen keinen Stellenabbau.« Aerzetblatt.de 04.06.2021.
6 EBIT: Earnings before interest and taxes = Gewinn vor Zinsen und Steuern; Wörterbuch.
7 »Marburger Bund wirft Helios Gewinnmaximierung um jeden Preis vor.« Aerzteblatt.de 21.05.2021.
8 Helios das Unternehmen: »Abbau von Arztstellen bei Helios – Faktencheck«, https://www.helios-gesundheit.de/unternehmen/aktuelles/pressemitteilungen/detail/news/abbau-von-arztstellen-bei-helios-faktencheck/.
9 Knirke, Christina: »Nach Bieterkampf: Milliardär Happel übernimmt Paracelsus-Kliniken.« *Spiegel*-Wirtschaft 20.04.2018.

22 Killerkeime

1 Siegmund-Schultze, Nicola: »Acinetobacter baumannii: Bei diesem Keim in der Klinik ist Feuer unter dem Dach.« Ärzte Zeitung, Springer Medizin 29.06.2010.

2 Epidemiologische Bulletin: »Acinetobacter baumannii – ein Krankenhauskeim mit beunruhigendem Entwicklungspotential.« Robert-Koch-Institut 12.08.2013.

3 »Weltweit 700 000 Tote im Jahr durch Antibiotikaresistenzen«, Aerzteblatt.de 03.09.2018.

23 Waisenmedizin

1 Waisenmedizin e. V. – PACEM, https://www.waisenmedizin.org.

2 Seltene Erkrankungen (Orphan Diseases), Gelbe Liste, https://www.gelbe-liste.de/seltene-erkrankungen.

3 Europäische Sozialcharta, https://www.sozialcharta.eu.

4 Infektionskrankheiten A–Z: Leishmanios. Robert-Koch-Institut 10.12.2020.

5 *Frankfurter Rundschau*: »Täter, Opfer, cash cows und Röhm«, 21.04.2009.

6 Zolgensma: Wie das teuerste Medikament der Welt eingesetzt werden sollte. Aerzteblatt.de 09.06.2020.

7 https://www.sozialpakt.info/gesundheit-3269/.

24 Dystopie oder Utopie?

1 Sofortprogramm Pflege: Gesetz zur Stärkung des Pflegepersonals. Bundesministerium für Gesundheit. Inkrafttreten 01.01.2019.

2 Der Krankenhausstrukturfonds. Bundesamt für soziale Sicherung. Inkrafttreten 01.01.2016.

3 Burgdorf, Friederike: »AG Gesundheit: Bund soll zukünftig Krankenhäuser mitfinanzieren – Förderung der Ambulantisierung durch Hybrid-DRGs.« Passion Chirurgie 11(12), Dezember 2021.

4 Maio, Giovanni. »Geschäftsmodell Gesundheit. Wie der Markt die Heilkunst abschafft.« Suhrkamp Verlag, 2014.